하나님께서 사랑하시는

_____ 님께

드립니다.

20   .   .   .

　　　　　　　드림

하나님의 구원

보충판

하나님의 구원

구원의 복음에 관한
120가지 말씀 묵상

조대현 변호사 엮음
이혜춘 목사 감수

HOSANNA

말씀 묵상을 엮으면서

2011년 5월 예수원에 가서 '헌법재판관 임기를 마치면 무엇을 할까요' 여쭈었습니다.

갈2:20 내가 그리스도와 함께 십자가에 못 박혔나니, 그런즉 이제는 내가 사는 것이 아니요 오직 내 안에 그리스도께서 사시는 것이라.

수24:14 그러므로 이제는 여호와를 경외하며 온전함과 진실함으로 그를 섬기라.

그랬습니다. 30년간 교회에 다니면서도, 저는 제 뜻대로 살아왔고, 판사 일이 많다고 신앙생활은 뒷전이었습니다.

그래서 2012년 3월부터 8개월간 예수전도단 예수제자훈련을 받았습니다. 진정한 성도의 모습을 보았고, 성경 말씀을 묵상하는 법도 배웠습니다.

말씀 묵상은 하나님의 말씀을 되풀이 읽고 되새기면서 하나님께서 저에게 주시는 깨우침을 듣고, 마음에 새기고, 순종하는 것입니다.

구원은 사람이 창조주 하나님의 다스림을 받으며 하나님의 사랑과 은혜 속에서 살아가는 것이라고 생각합니다.

① 창조주 하나님께서 나의 생명과 능력과 인생을 만드시고 주관하시니, 하나님과 함께 살아가면 행복하게 살아갈 수 있다.
② 사람이 하나님께 죄를 지으면, 거룩하신 하나님과 분리되어 하나님과 함께 살아갈 수 없다.
③ 하나님께서 사람이 죄에서 벗어나 하나님과 함께 살아가는 길을 만드셨으므로 누구든지 하나님의 구원을 받아들이면 구원 받는다.
④ 예수님을 그리스도로 믿고 나의 구주로 영접하고 나의 죄를 고백하면, 모든 죄를 사함 받는다.
⑤ 죄를 사함 받으면, 하나님의 자녀가 되어 성령님의 인도로 하나님의 뜻에 따라 살면서 하나님의 사랑과 은혜를 누리게 된다.

⑥ 성도가 하나님의 뜻에 순종하여 살아가면, 예수님께서 재림하실 때 하늘 나라로 올려져 완전한 행복을 영원히 누리게 된다.

하나님의 구원에 관한 말씀을 여러 주제로 나누어 묵상하였습니다. 주제와 말씀은 제 마음대로 구분하였지만, 성령님께서 가르쳐 주신 것도 있습니다. 말씀은 주로 개역 개정 성경에서 따오면서 제 생각대로 일부를 생략하기도 하고 구두점을 찍기도 하였습니다.

묵상 내용은 개포감리교회의 새벽기도와 제자학교에서, 순회선교단 복음학교에서, 여러 책에서, 성령님께서 가르쳐 주신 것들에서, 모아 담았습니다. 체계와 논리에 꿰어 맞추는 법률가의 버릇 때문에 하나님 말씀의 참 뜻을 왜곡시키지 않았는지 걱정됩니다.

제 자신의 신앙 생활이 말씀을 제대로 따르지 못함을 구구절절 느낍니다. 이 말씀 묵상집을 가지고 다니면서 수시로 마음과 삶을 다져야 하겠습니다.

하나님의 세계는 무한하고 성경 말씀에 담긴 진리도 무궁무진하지만, 이 책에 수록된 것은 지극히 적은 일부에 불과합니다. 이 책을 실마리로 이용하여 성경 말씀 속에 담겨 있는 무궁무진한 보배를 캐내어 이 책의 내용을 보충하시기 바랍니다.

시작하게 하시고, 가르쳐 주시고, 두려워 주저앉으려 할 때 격려해 주신 하나님께 감사와 찬양을 드립니다.

그리고 저의 신앙을 이끌어 주시고 저의 묵상 내용을 꼼꼼이 읽어 주시고 과분한 추천의 말씀을 주신 개포교회 안성옥 담임목사님께 깊이 감사드립니다.

〈2015. 3. 일원동 하나님 나라에서 조대현 드림〉

추천의 말씀

개포교회 새가족부장 조대현 장로의 말씀 묵상을 엮은 "하나님의 구원"이 출간됨을 매우 기쁘게 생각합니다.

그것은 조대현 장로의 신앙 고백입니다.

본인은 개포교회 담임목사로서 27년 이상 조대현 장로의 신앙생활을 지켜 보았습니다. 판사와 헌법재판관으로 일할 때에는 매일 새벽 하나님 앞에 나와 지혜를 채워 주셔서 진실을 알게 해달라고 기도하였습니다. 문제가 어렵다면서 인간의 한계를 고백하고 하나님께 매달리면서 살아왔습니다.

헌법재판관 임기를 마친 뒤에는, 하나님께서 제대로 믿으라고 책망하셨다면서, 예수전도단 시니어 DTS에 지원하였습니다. 장관 대우를 받는 최고 법관까지 지낸 사람이 겸손하게 하나님 말씀에 순종하여 중학교 교장을 지낸 아내와 함께 8개월간 예수제자훈련을 받는 모습은 그야말로 참된 성도의 모습이었고 감동이었습니다.

그러더니 개포교회 새가족들에게 신앙생활을 안내하여야 한다고 하면서, "성도 신앙"이라는 책자(A5 80쪽)를 만들고, 새가족들에게 5시간에 걸쳐 ①기독교인은 무엇을 믿는가, ②하나님은 어떠한 분인가, ③예수님은 어떠한 분인가, ④하나님을 믿으면 어떻게 되는가, ⑤신앙생활은 어떻게 하는가를 가르쳤습니다.

2014년 6월에는 순회선교단 복음학교에 들어가 하루 15시간씩 5박 6일간 복음을 배우고 왔습니다.

감리교단의 재판에서 패소한 쪽 사람들의 고발로 피고인 신분으로 재판을 받게 되고 언론에 크게 보도되는 상황에서도, 세상의 명예를 내려 놓게 하시기 위하여 하나님께서 허락하신 일이라고 생각하고 마음의 평정을 잃지 않았고, 더욱더 하나님의 말씀을 파고 들면서 하나님의 뜻을 물었습니다.

　그 결과로 나온 것이 "하나님의 구원" 묵상집입니다.

　하나님의 구원에 관한 하나님의 말씀을 100항목으로 나누고, 각 항목마다 하나님의 말씀을 모아 놓고, 그 말씀을 통하여 얻은 하나님의 뜻을 간명하게 적었습니다.

　법률가답게 체계적으로 항목을 나누고 말씀 묵상도 논리적으로 전개하고 있습니다. 하나님과 사람의 관계로부터 시작해서, 사람이 왜 하나님을 믿고 주님으로 섬겨야 하는지, 어떻게 믿고 어떻게 섬겨야 하는지, 성경 말씀에 근거하여 논리적으로 설명하고 있습니다.

　여기에 실린 성경 말씀은 성경 말씀 중에서도 매우 중요한 말씀들이므로 암기할 정도로 반복하여 읽고 묵상하여야 할 말씀들입니다. 뿐만 아니라, 조대현 장로가 묵상 내용으로 적어놓은 콤멘트도 심오한 내용을 매우 간결하게 압축한 것이어서 구절마다 단어마다 깊이 생각하면서 읽게 합니다.

　이 묵상집은 성도의 믿음을 키우고 바로 세우는데 매우 유익한 자료가 될 것입니다. 성도들이 이 묵상집을 항상 가지고 다니면서 말씀 묵상 생활에 이용하면, 신앙을 바르게 성숙시켜 신앙의 승리자가 될 것으로 믿습니다.

　그래서 모든 성도들에게 이 묵상집을 추천합니다. 진심으로 추천합니다. 나에게도, 가족들에게도, 개포교회 성도들과 교역자들에게도, 목자의 마음으로 추천합니다.

2015년 3월
하나님과 개포교회를 섬기는 종 안성옥 드림

보충판 안내

　제주에서 문현봉 장로님 부부, 문동주 장로님 부부와 함께 하나님의 구원 〈증보판〉을 읽고 묵상하고 나눌 때 성령님께서 성경 말씀과 묵상 내용을 보충하여 주셨습니다. 그 내용을 정리하여 보충판을 내게 되었습니다.
　제 눈이 고장나 4년이 넘도록 글을 읽기 어려운 처지여서 감히 엄두도 낼 수 없는 일이었지만, 성령님께서 매주 한두 주제씩 보충 원고를 정리할 수 있도록 도와 주셨습니다. 18개월에 걸쳐 기도하게 하시고 귀로 듣게 하시고 깨우쳐 주시고 주저앉을 때마다 일으켜 주시고 부축하여 주신 성령님께 감사 드립니다. 그리고 구원의 복음에 관한 설교를 통하여 말씀과 내용을 보충하여 주신 김녕 교회 이혜춘 목사님께도 감사를 드립니다.
　보충판도 하나님의 죄인 구원에 관한 복음의 말씀을 주제 별로 모아 묵상한다는 체제에는 변함이 없습니다. 다만, 묵상 주제가 100개에서 120개로 늘어났고, 〈신앙생활〉 부분에서는 재건축이라 할 만큼 묵상 주제의 제목과 내용이 많이 바뀌었습니다. 그렇지만 구원의 원리와 구원 받는 길에 관한 근본 입장에는 달라진 게 없다고 생각합니다.
　주제와 관련하여 보충할 필요가 있다고 생각되면 동일한 성경 말씀이나 묵상 내용이 되풀이 수록되는 것을 피하지 않았습니다. 그러면서도 한 주제 두 쪽의 원칙을 지키려고 했습니다. 그래서 책 용지의 크기를 키우면서도 성경 말씀과 묵상 내용의 조정이 불가피했습니다.

　보충판이라고 했지만 보충할 내용을 다 채우지 못했습니다. 추가로 보완하는 일은 이 자료를 이용하여 묵상하시는 분들 각자에게 맡겨 드립니다. 묵상하실 때 누락되거나 부족한 부분이 느껴지시면 성령님의 개별 인도(Rhema)라고 생각하시고 각자 보충하셔서 각자의 보충판을 만들어 가시면 좋을 것입니다.
　18개월간 함께 말씀을 묵상하고 나누어 주신 장로님들과 권사님들께 감사드리고, 원고를 꼼꼼하게 교정하여 주신 이성민·이태민 형제에게도 감사를 드립니다.
　바쁘신 중에도 보충판 원고를 감수하여 주시고 추천의 말씀까지 써 주신 김녕교회 이혜춘 위임목사님께 깊이 감사드립니다.
　하나님의 구원에 관한 복음 말씀을 묵상하면 성령님께서 하나님의 사랑과 은혜를 알게 하시고 하나님 나라의 신령한 행복을 누리게 하여 주실 것입니다. 묵상하실 때마다 성령님께서 인도하여 주시길 기도드립니다.
　그리고 기독교의 정통 교리에 굳게 서서 이단의 왜곡된 교리에 미혹되지 않기를 빕니다.

2020. 7. 행원리 서조주택에서 조대현 드림

보충판 추천의 말씀

　　조대현 장로님의 신앙고백서 '하나님의 구원'이 보충판으로 다시 태어나게 된 것을 매우 기쁘게 생각합니다.

　　눈이 고장나서 불편한 것이 "말씀을 묵상하고 기도하라는 하나님의 뜻"이라며 하나님께 순종하기 위해서 말씀에 귀를 기울이며 매일 새벽 주님 앞에 겸손히 엎드리고 하나님의 말씀과 뜻을 하나님의 관점으로 해석하시는 모습을 보면서 은혜가 되었습니다.

　　말씀을 통해 하나님의 음성을 듣고 묵상하면서 녹여낸 명료하면서도 통찰력 있는 주제들은 심오한 하나님의 구원 역사로 펼쳐진 파노라마와 같습니다.

　　이 책은 스스로 계시는 하나님의 창조와 인간의 타락과 죄와 절망, 피할 수 없고 돌이킬 수도 없는 죽음의 심판을 재판관이 판결하듯이 논리적으로 명확하게 말하면서도 독생자 예수 그리스도의 십자가의 죽음을 통해서 대속의 은총과 영생의 소망을 주신 크고 놀라우신 하나님의 사랑을 선포하고 있습니다.

　　보충판 원고의 내용 중에 성경의 진리에 어긋나는 부분이 있는지 감수하여 달라는 요청을 받았으나, 구원의 복음에 관한 120가지의 말씀 묵상은 땅 속에

　감춰진 보화를 발견하여 캐내듯이 하나님과 깊은 만남이 있는 묵상을 통해서 복음의 진수를 캐내어 담아 놓은 보물단지입니다.
　이 책은 인간의 이성과 지성, 상식으로는 이해하기 어려운 하나님의 통치의 주권과 섭리들을 '구슬이 서 말이라도 꿰어야 보배'라는 속담처럼 하나님의 관점으로 엮어 놓은 값진 진주목걸이입니다.
　모든 성도들에게 이 묵상집을 추천합니다.
　인간의 실존과 전능하신 하나님, 사랑의 하나님을 더 알고 싶은 분들에게는 모르는 길도 척척 안내하는 내비게이션처럼 자기 발견과 하나님을 확실하게 만날 수 있도록 안내해 줄 것입니다. 천국을 사모하는 하나님의 자녀가 주님과 동행하며 믿음으로 아름다운 성화의 삶을 살도록 디딤돌이 될 것이라고 확신합니다.

2020년 7월
김녕교회를 섬기는 하나님의 지극히 작은 종 이혜춘 드림

목차

구원의 원리

1. 창조주 하나님, 주님
2. 스스로 존재하시는 신(神)
3. 하나님은 영(靈)이시니
4. 전지전능하신 하나님
5. 사람은 존귀한 피조물
6. 사람은 영적 존재(靈的 存在)
7. 사람의 존재와 삶
8. 사람에게 능력과 은혜를 주신다
9. 하나님께서 사람에게 원하시는 것
10. 하나님 나라 에덴
11. 창조주 하나님을 경외(敬畏)하라
12. 온전한 마음을 찾으신다
13. 사람이 하나님께 죄를 짓다
14. 사람은 모두 하나님께 죄인
15. 죄인은 하나님과 분리된다
16. 하나님을 떠난 인생
17. 죄인에게 진노하신다
18. 대홍수 심판
19. 소돔 심판
20. 지옥의 영원한 형벌
21. 회개하고 돌아오라
22. 하나님은 사랑이시라
23. 죄를 사(赦)하시는 은혜
24. 하나님의 구원 언약
25. 하나님 삼위일체의 구원
26. 사망에서 생명으로
27. 하나님의 백성으로
28. 하나님 나라의 회복
29. 사람으로 오신 하나님
30. 자기 백성을 구원할 자
31. 큰 기쁨의 좋은 소식
32. 죽으러 오신 예수님
33. 죄 값을 대신 치르셨다
34. 사랑이 공의보다 크셔서
35. 죄를 대속하시고 사면하심
36. 십자가 대속의 범위
37. 죽으셨다가 부활하셨다
38. 부활이요 생명이다
39. 부활하신 예수님
40. 부활의 열매
41. 영생을 얻는 길
42. 유일한 그리스도
43. 영접(迎接)하면 새로운 인생
44. 성령 받아 거듭난다
45. 성령님께서 내주(內住)하신다
46. 진리로 인도하신다
47. 진리가 자유롭게 하리라
48. 구원의 복음은 생명의 법이다
49. 구원의 길로 부르신다
50. 구원의 부르심은 한시적이다

구원 받는 신앙 생활

51. 믿고 따르면 구원 받는다
52. 신앙의 길
53. 신앙의 열매
54. 신앙을 방해하는 것
55. 신앙의 결단
56. 나의 하나님, 나의 주님
57. 선하시고 인자하신 아버지
58. 하나님께 돌아가자
59. 하나님께 돌아가는 길
60. 하나님께 나아가는 자격, 칭의

61 죄 사함을 받게 하는 회개	91 모두 다 하나님의 은혜
62 회개, 죄 사함, 의롭다 하심	92 고난도 유익이라
63 의인으로 여기시는 은혜	93 범사에 감사하라
64 내가 너를 지명하여 불렀나니	94 주님께 맡기고 염려하지 말라
65 힘써 하나님께 나아가자	95 주 안에서 항상 기뻐하라
66 하나님을 알게 하신다	96 차원 높은 행복을 추구한다
67 성경 말씀 속에 계시는 하나님	97 구원 영생의 길로 나아간다
68 하나님 말씀을 읽고 듣고 묵상하자	98 육신의 정욕을 제어하라
69 하나님의 성도로 지으신다	99 돈을 사랑하지 말라
70 하나님을 주님으로 섬긴다	100 거룩하신 소명으로 부르셨다
71 영과 진리로 예배드린다	101 빛의 자녀들처럼 행하라
72 하나님을 사랑한다	102 자비로운 자가 되라
73 하나님 나라를 소망한다	103 제일은 사랑이라
74 믿음, 소망, 사랑을 키운다	104 네 이웃을 네 자신같이 사랑하라
75 하나님 나라에 속한다	105 정죄하지 말고 용서하라
76 내가 거룩하니 너희도 거룩하라	106 그리스도의 제자가 되자
77 하나님의 자녀로 삼으신다	107 구원의 복음을 전파하라
78 하나님과 함께 살아간다	108 하나님의 일을 하라
79 매사에 하나님 뜻을 따른다	109 마귀를 대적하라
80 성령님의 인도를 받는다	110 믿음의 선한 싸움을 싸우라
81 성령으로 충만함을 받는다	111 네 마음을 지키라
82 성령의 열매를 맺는다	112 그리스도의 교회
83 성령 안에 있는 의와 평강과 희락	113 주님 안에서 하나가 되라
84 하나님께 기도한다	114 합력하여 선을 이루어 간다
85 이렇게 기도하라	115 주께 받은 것으로 주께 드린다
86 쉬지 말고 기도하라	116 성화를 이루어 영화를 얻자
87 하나님과 친밀하게 교제한다	117 이기면 하늘로 올려진다
88 겸손하게 전심으로 섬긴다	118 마지막 때가 가까우니 깨어 있으라
89 그리스도 예수의 본을 따른다	119 주님께서 심판주로 오신다
90 하나님께서 자녀를 돌보신다	120 주님께서 구원을 완성하신다

나의 신앙 고백

001 — 창조주 하나님, 주님

- **창세기 1:1,31** 태초에 하나님이 천지를 창조하시니라. 하나님이 지으신 그 모든 것을 보시니 보시기에 심히 좋았더라.
- **시편 24:1** 땅과 거기에 충만한 것과 세계와 그 가운데에 사는 자들은 다 여호와의 것이로다.
- **로마서 1:20** 창세로부터 그의 보이지 아니하는 것들 곧 그의 영원하신 능력과 신성이 그가 만드신 만물에 분명히 보여 알려졌나니, 그러므로 그들이 핑계하지 못할지니라.
- **요한계시록 4:11** 우리 주 하나님이여, 영광과 존귀와 권능을 받으시는 것이 합당하오니, 주께서 만물을 지으신지라. 만물이 주의 뜻대로 있었고 또 지으심을 받았나이다.
- **창세기 1:27** 하나님이 자기 형상 곧 하나님의 형상대로 사람을 창조하시되 남자와 여자를 창조하시고,
- **시편 139:16** 내 형질이 이루어지기 전에 주의 눈이 보셨으며 나를 위하여 정한 날이 하루도 되기 전에 주의 책에 다 기록이 되었나이다.
- **이사야 64:8** 여호와여, 이제 주는 우리 아버지시니이다. 우리는 진흙이요 주는 토기장이시니 우리는 다 주의 손으로 지으신 것이니이다.
- **사도행전 17:24-25,28** 우주와 그 가운데 있는 만물을 지으신 하나님께서는 천지의 주재(主宰)시니 – 만민에게 생명과 호흡과 만물을 친히 주시는 이심이라. 우리가 그를 힘입어 살며 기동하며 존재하느니라. [주재(主宰) : 주인으로서 다스림]
- **이사야 43:7,21** 내가 내 영광을 위하여 창조한 자를 오게 하라. 이 백성은 내가 나를 위하여 지었나니, 나를 찬송하게 하려 함이라.
- **전도서 12:13** 일의 결국을 다 들었으니 하나님을 경외하고 그의 명령들을 지킬지어다. 이것이 모든 사람의 본분이니라.

* 묵 상 *

1. 하나님은 창세 전부터 스스로 존재하시면서 우주 만물과 모든 생명을 창조하시고 다스리신다. 그래서 하나님은 우리의 주님(창조주, 주인, 통치자)이시고, 우리는 하나님을 주님으로 섬기며 주님 뜻에 따라 살아가야 한다. 이것이 성경이 가르치는 첫째 진리이고, 신앙의 출발점이고, 신앙생활의 근간이다.

2. 하나님은 모든 물질과 생물을 종류대로 창조하시며 각각 모양과 성능과 생명 질서를 서로 구별되게 창조하시고 아름다운 조화를 이루게 하셨다. 하나님 보시기에 좋았다.

3. 하나님은 우주의 질서를 정하시고(시 74:16-17), 지구를 자전시키고 공전시켜서 밤낮과 계절과 날과 해를 정하시고(창 1:14) 햇빛이 지구를 골고루 비추게 하신다. 하나님은 땅과 햇빛과 물과 공기를 공급하셔서 모든 생물이 살아갈 수 있게 하신다.

4. 하나님은 각종 생명을 다양하게 창조하시고 주관하신다. 창조주께서 피조물에게 주신 생명(生命)은 창조된 대로 살라는 명령이다. 창조주의 뜻을 어기면 생명을 회수 당한다. 나무는 뿌리를 땅 속에 박아야 살고, 물고기가 물을 벗어나면 죽는다.

5. 하나님께서 창조하신 우주 만물이 하나님께서 설계하시고 만드시고 존재하게 하시는 대로 존재하면서 하나님의 신성과 전지전능하신 능력과 다스리심을 나타내어(롬 1:20) 창조주를 찬양한다. 오직 사탄과 사람만이 교만해져서 창조주의 뜻을 배반하고 있다.

6. 하나님만이 유일한 창조주이다. 만물의 영장인 사람도 하나님의 피조물이고 아무 것도 창조하지 못한다. 사람은 자녀의 성별·모습·적성·능력을 정하지 못한다. 인간의 과학과 문명은 하나님께서 창조하신 내용을 탐구하고 활용하는 것에 불과하다.

7. 사람도 하나님의 피조물이고, 하나님께서 창조하시고 다스리시는 세상 속에서 살아간다. 사람에게 먹을거리를 제공하고 그것을 소화시켜 생명력을 온 몸에 공급하는 것도 하나님의 창조 능력이다. 하나님께서 만들어 주신 적성과 재능에 따라 살면 행복하다. 그러므로 사람이 하나님을 창조주로 인정하고 주님으로 섬기며 살아가는 것이 진실에 맞는 도리이고(전 12:13), 창조주의 뜻이다(사 43:21).

8. 하나님은 사람이 하나님과 교제하면서 하나님의 뜻에 따라 살아가게 하시기 위하여, 사람을 하나님 형상대로 영적 존재로 지으시고, 사람이 하나님께 죄를 지어 하나님과 분리되자 예수님의 대신 속죄로 사람의 죄를 용서하시고 성령을 주어 영적으로 거듭나게 재창조하셔서(요 3:5-7) 하나님과의 영적 교제를 회복시켜 주신다.

9. 성도가 성령님 인도에 순종하여 천국 백성으로 적합하게 성화되면, 재림 예수님께서 신령한 몸으로 재창조하셔서(고전 15:44,52) 하늘 천국으로 들어올려 영생하게 하신다.

002 ── 스스로 존재하시는 신(神)

- **출애굽기 3:14-15** 하나님이 모세에게 이르시되, 나는 스스로 있는 자이니라. – 너희 조상의 하나님 여호와 – 이는 나의 영원한 이름이요 대대로 기억할 나의 칭호니라.
- **요한계시록 1:8** 주 하나님이 이르시되, 나는 알파와 오메가라. 이제도 있고 전에도 있었고 장차 올 자요 전능한 자라 하시더라.
- **예레미야 10:10** 여호와는 참 하나님이시요 살아 계신 하나님이시요 영원한 왕이시라.
- **디모데전서 6:15-16** 하나님은 복되시고 유일하신 주권자이시며 만왕의 왕이시며 만주의 주시요, 오직 그에게만 죽지 아니함이 있고 – 존귀와 영원한 권능을 돌릴지어다.
- **이사야 55:9** 하늘이 땅보다 높음같이 내 길은 너희의 길보다 높으며 내 생각은 너희의 생각보다 높음이니라.
- **예레미야 23:24** 여호와의 말씀이니라. 사람이 내게 보이지 아니하려고 누가 자신을 은밀한 곳에 숨길 수 있겠느냐. 여호와가 말하노라. 나는 천지에 충만하지 아니하냐
- **예레미야 29:13** 너희가 온 마음으로 나를 구하면 나를 찾을 것이요 나를 만나리라
- **이사야 55:6-7** 너희는 여호와를 만날 만한 때에 찾으라 – 여호와께로 돌아오라. 그리하면 그가 긍휼히 여기시리라 – 너그럽게 용서하시리라.
- **에베소서 1:17** 아버지께서 지혜와 계시의 영을 너희에게 주사 하나님을 알게 하시며
- **호세아 6:3** 그러므로 우리가 여호와를 알자. 힘써 여호와를 알자.
- **신명기 6:4-5** 이스라엘아 들으라. 우리 하나님 여호와는 오직 유일한 여호와이시니, 너는 마음을 다하고 뜻을 다하고 힘을 다하여 네 하나님 여호와를 사랑하라

* 묵 상 *

1. 여호와 하나님의 본질은 스스로 존재하시는 신(神)이다. 친히 알려 주셨다.
2. 스스로 존재한다는 것은 자기 존재에 필요한 생명과 형상과 능력을 스스로 창조한다

는 뜻이다. 그래서 창세 전에 스스로 존재하기 시작하셨고 항상 생명력이 충만하시고 영원히 살아계신 여호와이시다. 피조물이 아니고 자존(自存)하는 유일한 존재이시다.

3. 여호와는 자기의 존재와 활동에 필요한 성품과 지혜와 능력을 스스로 창조하신다. 그래서 전지전능하시고 완전하신 하나님이 되셔서 하나님 나라를 설계하시고 우주만물을 창조하셔서 온 세상의 존재와 역할을 주시고 최고의 주권자로 영원히 다스리신다.

4. 하나님은 성부·성자·성령이 각자 인격을 가진 주체로서 활동하시면서도 한 영으로 연결되어 한 마음 한 뜻으로 일체를 이루신다(요 10:30). 예수님은 성부 하나님의 뜻을 이루셨고(요 6:38), 성령님은 예수님께서 개설하신 구원의 길로 인도하신다(요 14:26).

5. 하나님은 존재하시는 시기·장소·모습을 스스로 마음대로 정하신다. 시간과 공간과 차원을 초월하여 존재하신다. 말씀 속에 계시고(요 1:1), 사람 예수로 태어나셨고(요 1:14), 성도의 마음 안에 성령으로 계신다(요 14:17). 존재를 중단했다가 다시 존재하실 수 있다(요 10:18). 예수님의 사망과 부활은 계획되고 예고된 것이다(행 2:23).

6. 하나님은 우주의 모든 곳과 세상의 모든 곳에 존재하신다. 하나님의 다스림이 미치지 않는 곳은 없다. 언제 어디서나 하나님을 찾으면 만날 수 있다(렘 29:13) 원하면 그 다스림을 받을 수 있다(잠 8:17). 하나님의 눈길을 피할 곳은 어디에도 없다(시 139:7).

7. 스스로 존재하시는 신과 피조물은 존재와 삶의 차원과 품격이 다르다. 하나님은 다른 모든 존재와 구별되는 거룩하신 분이다(레 19:2). 피조물을 신으로 섬기거나 하나님의 이름을 함부로 부르는 것은 거룩하신 하나님께 죄를 짓는 것이다(출 20:3-7).

8. 여호와께서 아브라함, 이삭, 야곱과 그 후손 민족의 하나님이 되겠다고 언약하셨다(창 17:6-8,26:2-5,28:13-15). 하나님은 완전한 지혜로 최고의 사랑과 은혜를 베풀어 최선의 행복을 주신다. 하나님의 뜻과 구원을 따르지 않는 것은 우매한 짓이다.

9. 하나님은 차원 높은 영적 존재이므로, 사람의 능력으로는 하나님과 하나님의 통치를 알 수 없고(고전 2:14), 영적 존재로 거듭나서 성령님의 인도를 받아야 하나님과 하나님 세계를 알 수 있다(고전 2:10, 엡 1:17).

10. 하나님께 죄를 지은 사람은 거룩하신 하나님과 분리되어(사 59:2) 하나님을 만날 수 없지만, 예수 그리스도를 구주로 영접하여 죄를 용서 받고 성령을 받으면, 성령님의 인도로 하나님의 다스림을 받아 차원 높은 인생을 살아갈 수 있다(롬8:14).

11. 하나님이 없다 하는 자도 있고(시14:1), 마음에 하나님 두기를 싫어하는 자도 많지만(롬1:28), 하나님은 스스로 살아계시며 온 세상과 모든 인생을 다스리고 계신다.

003 하나님은 영(靈)이시니

- 요한복음 4:24 하나님은 영이시니, 예배하는 자가 영과 진리로 예배할지니라.
- 스가랴 4:6 만군의 여호와께서 말씀하시되, 이는 힘으로 되지 아니하며 능력으로 되지 아니하고 오직 나의 영으로 되느니라.
- 요한복음 1:18 본래 하나님을 본 사람이 없으되 아버지 품 속에 있는 독생하신 하나님이 나타내셨느니라.
- 골로새서 1:15 그는 보이지 아니하는 하나님의 형상이시요
- 요한복음 14:9-10 나를 본 자는 아버지를 보았거늘 어찌하여 아버지를 보이라 하느냐 - 내가 너희에게 이르는 말은 스스로 하는 것이 아니라 아버지께서 내 안에 계셔서 그의 일을 하시는 것이라.
- 요한복음 18:36 예수께서 대답하시되, 내 나라는 이 세상에 속한 것이 아니니라.
- 고린도전서 2:9-11 하나님이 자기를 사랑하는 자들을 위하여 예비하신 모든 것은 눈으로 보지 못하고 귀로 듣지 못하고 - 오직 하나님의 성령으로 이것을 우리에게 보이셨으니 - 하나님의 일도 하나님의 영 외에는 아무도 알지 못하느니라.
- 요한복음 3:5 사람이 물과 성령으로 나지 아니하면 하나님의 나라에 들어갈 수 없느니라.
- 요한복음 14:6 예수께서 이르시되, 내가 곧 길이요 진리요 생명이니, 나로 말미암지 않고는 아버지께로 올 자가 없느니라.
- 사도행전 2:38 너희가 회개하여 각각 예수 그리스도의 이름으로 세례를 받고 죄 사함을 받으라. 그리하면 성령의 선물을 받으리니,
- 요한복음 14:16,20 내가 아버지께 구하겠으니 그가 또 다른 보혜사를 너희에게 주사 영원토록 너희와 함께 있게 하시리니 - 그날에는 내가 아버지 안에, 너희가 내 안에, 내가 너희 안에 있는 것을 너희가 알리라.
- 에베소서 1:17 우리 주 예수 그리스도의 하나님, 영광의 아버지께서 지혜와 계시의 영을 너희에게 주사 하나님을 알게 하시고,

- **요한복음 16:13** 진리의 성령이 오시면 그가 너희를 모든 진리 가운데로 인도하시리니,
- **고린도전서 12:3** 성령으로 아니하고는 누구든지 예수를 주시라 할 수 없느니라.
- **로마서 8:14** 무릇 하나님의 영으로 인도함을 받는 사람은 곧 하나님의 아들이라.

＊ 묵 상 ＊

1. 하나님은 항상 살아계셔서 천지만물을 창조하시고 다스리시지만, 영이시므로 사람의 눈이 보지 못하고, 그 뜻이 높고 무궁하여 사람의 지능이 깨닫지 못한다(롬 11:33). 그래도 보이는 피조물에 끌리지 말고 보이지 않는 창조주를 의지하여야 한다(고후 4:18).

2. 하나님과 하나님의 섭리는 영적 세계이므로 하나님께서 계시해 주셔야 알 수 있다(마 11:27). 하나님께서 천지만물과 사람을 신묘(神妙)하게 창조하셔서 자신의 신성과 다스리심을 계시하시고(롬 1:20), 말씀으로 하나님의 뜻을 계시하신다(요 20:31). 성자가 사람으로 오셔서 하나님의 사랑과 뜻을 나타내셨고(요 1:18), 성령님께서 성도 안에 내주하시며 하나님의 뜻으로 인도하신다.

3. 성부·성자·성령은 영으로 연결되어 한 마음 한 뜻으로 일하신다(요 10:30,14:10). 성도가 성령님의 인도에 순종하면 성부·성자의 뜻과 하나로 되고(요 17:21-23) 하나님의 아들로 된다(롬 8:14).

4. 성령의 깨우침을 받으면, 우주 만물의 존재와 역할이 모두 하나님의 능력과 은혜로 설계·창조되고 다스려지는 하나님 나라이고(행 17:24), 내가 태어나고 성장하고 살아가는 것도 모두 하나님의 사랑과 은혜임을 깨닫게 된다(고전 2:12).

5. 성령의 인도를 받으면, 성경 말씀과 기도로 하나님과 교제하여 하나님의 뜻을 깨달을 수 있고, 하나님의 섭리에 순종하며 하나님과 함께 살아가면서 영적 세계인 하나님 나라의 신령한 행복(롬 14:17)을 누릴 수 있다(엡 1:17-19).

6. 그러나 사람이 하나님께 죄를 짓고 하나님과 분리되면(사 59:2), 성경을 읽어도 하나님의 뜻을 알지 못하고(고전 2:14) 하나님께 기도드려도 듣지 않으신다(요 9:31). 사람이 죄에서 벗어나야 하나님과 교제할 수 있고 성령의 인도를 받을 수 있다.

7. 사람이 그리스도의 대속을 의지하여 죄를 회개하면 죄를 사함 받고 성령을 받아 영적 존재로 거듭나서 하나님께 나아가고 교제(예배·말씀·기도)할 수 있고(히 10:19-20), 하나님의 영적 세계에 들어가 하나님과 함께 살아가는 영광과 존귀를 누릴 수 있다.

004 전지전능하신 하나님

- 창세기 17:1 나는 전능한 하나님이라. 너는 내 앞에서 행하여 완전하라[cf. 신18:13].
- 욥기 12:13 지혜와 권능이 하나님께 있고 계략과 명철도 그에게 속하였나니
- 마태복음 19:26 예수께서 그들을 보시며 이르시되, 사람으로는 할 수 없으나 하나님으로서는 다 하실 수 있느니라.
- 사무엘상 2:6-7 여호와는 죽이기도 하시고 살리기도 하시며, 스올에 내리게도 하시고 거기에서 올리기도 하시는도다. 여호와는 가난하게도 하시고 부하게도 하시며, 낮추기도 하시고 높이기도 하시는도다.
- 전도서 3:14 하나님께서 행하시는 모든 것은 영원히 있을 것이라. 그 위에 더할 수도 없고 그것에서 덜할 수도 없나니, 하나님이 이같이 행하심은 사람들이 그의 앞에서 경외하게 하려 하심인 줄을 내가 알았도다.
- 야고보서 4:10 주 앞에서 낮추라. 그리하면 주께서 너희를 높이시리라.
- 잠언 9:10 여호와를 경외하는 것이 지혜의 근본이요, 거룩하신 자를 아는 것이 명철이니라.
- 예레미야 11:4 너희는 내 목소리를 순종하고 나의 모든 명령을 따라 행하라. 그리하면 너희는 내 백성이 되겠고 나는 너희의 하나님이 되리라.
- 로마서 1:16 이 복음은 모든 믿는 자에게 구원을 주시는 하나님의 능력이 됨이라.
- 역대하 16:9 여호와의 눈은 온 땅을 두루 감찰하사 전심으로 자기에게 향하는 자들을 위하여 능력을 베푸시나니,
- 빌립보서 4:13 내게 능력 주시는 자 안에서 내가 모든 것을 할 수 있느니라.
- 이사야 55:6-7 너희는 여호와를 만날 만한 때에 찾으라 - 악인은 그의 길을, 불의한 자는 그의 생각을 버리고 여호와께로 돌아오라. 그리하면 그가 긍휼히 여기시리라.
- 시편 139:2-3 주께서 내가 앉고 일어섬을 아시고, 멀리서도 나의 생각을 밝히 아시오

며, 나의 모든 길과 내가 눕는 것을 살펴 보셨으므로 나의 모든 행위를 익히 아시오니,

- 전도서 12:14 하나님은 모든 행위와 모든 은밀한 일을 선악 간에 심판하시리라.

＊ 묵 상 ＊

1. 스스로 존재하시는 여호와는 자기의 존재와 활동에 필요한 지혜와 능력을 스스로 창조하셔서 전지전능한 하나님이 되시고 천지만물을 지으시고 다스리신다.

2. 하나님의 지혜와 능력은 우주만물을 설계하시고 창조하신 것처럼 무궁무진하고 완전하다. 사람이 이해할 수 있는 범위를 초월하므로 사람의 능력으로는 하나님 뜻을 온전히 이해하기 어렵다(롬11:33). 주님으로 섬기며 성령님의 인도를 구하여 하나님 뜻을 깨닫고 경외하는 마음으로 순종해야 한다(전12:13).

3. 하나님은 사람을 다른 피조물보다 존귀하게 창조하셨다(시8:5). 사람을 하나님 형상대로 영적 존재로 지으셔서 하나님과 교제하여 하나님 뜻에 따라 살아가며 하나님의 피조물들을 다스리게 하셨다(창1:28). 사람이 하나님께서 주신 능력과 사명에 따라 살아가면 영광과 존귀를 누리게 되지만, 하나님의 섭리를 벗어나면 망한다(대상28:9).

4. 전지전능하신 하나님의 생각과 계획은 차원이 높고 완전하다(사55:9). 사람이 할 수 없는 일을 하셔서 하나님의 능력을 나타내시고 영광 받으신다(요2:11,9:3). 사람의 능력으로 하나님의 뜻과 계획을 알기 어렵더라도 선하신 하나님을 믿고 의지하며 살아가는 것이 최고의 지혜이고 명철이다.

5. 하나님은 지극히 선하시고 인자하셔서 피조물 사람과 함께 사시면서 사랑과 은혜를 베푸시길 원하시고(민6:24-26), 사람에게 유익하도록 가르치시고 사람이 마땅히 행할 길로 인도하신다(사48:17). 사람이 하나님의 다스림을 벗어나 자기 능력으로 잘 살 수 있다고 생각하면 창조주 앞에 교만한 죄를 지어 패망하게 된다(잠16:18).

6. 사람이 하나님께 인간의 한계를 고백하고 하나님의 지혜와 능력을 구하면, 하나님은 꾸짖지 아니하시고 후히 주신다(약1:5). 사람이 죄를 회개하고 하나님을 찾으면, 하나님의 지혜와 능력으로 천국의 삶으로 인도하신다(고전1:24).

7. 사람이 하나님께 죄를 짓고 하나님과 분리되자, 하나님께서 아들 예수님을 희생시켜 사람들의 죄를 대속하게 하셨고, 죄인이 죄를 회개하면 성도로 거듭나게 하시고, 성화된 성도를 신령한 몸으로 재창조하여 하늘 천국에서 하나님과 함께 영생하게 하신다. 누가 전심으로 하나님을 주님으로 섬기며 온전히 순종하는지 정확하게 아신다.

005 ─── 사람은 존귀한 피조물

1. 삼위일체 하나님께서 사람을 하나님의 형상대로 창조하셨다. 사람이 독자적으로 생각하고 결정하며 살아가는 인격 주체로 지으시고, 하나님 뜻을 사모하게 하시고(전3:11) 하나님과 교제하며 하나님 백성으로 살아가는 영화와 존귀를 누릴 수 있게 하셨다.

- **창세기 1:27** 하나님의 형상대로 사람을 창조하시되 남자와 여자를 창조하시고
- **시편 8:5** 그를 하나님보다 조금 못하게 하시고 영화와 존귀로 관을 씌우셨나이다.

2. 땅의 흙으로 사람의 육신을 만들고 하나님의 생기로 사람의 생명과 영혼을 만드셨다. 사람의 육신은 땅의 소산을 먹으며 살다가 죽어서 흙으로 돌아가고, 사람의 영은 하나님과 교제하며 하나님의 나라를 소망하다가 하나님께로 돌아간다(전12:7).

- **창세기 2:7** 여호와 하나님이 땅의 흙으로 사람을 지으시고 생기를 그 코에 불어넣으시니 사람이 생령이 되니라.
- **마태복음 4:4** 사람이 떡으로만 살 것이 아니요 하나님의 입으로부터 나오는 모든 말씀으로 살 것이라

3. 하나님은 사람마다 모양과 적성과 재능을 모두 다르게 만드시고 각자의 인생과 행복을 누리게 하시고(전3:22), 친히 설계하시고 지으신 작품을 다 사랑하신다(시145:9).

- **시편 139:14,17** 내가 주께 감사하옴은 나를 지으심이 심히 기묘하심이라. 하나님이여, 주의 생각이 내게 어찌 그리 보배로우신지요, 그 수가 어찌 그리 많은지요

4. 사람에게 하나님처럼 언어를 사용하고 생각하고 판단하고 결정하는 자율권을 주셨다. 그러나 사람의 존재와 인생은 하나님께서 주재하신다. 하나님을 주님으로 섬기며 성령님의 인도를 따르면 하나님 자녀의 존귀한 인생을 살아가게 하신다(롬8:14).

- **역대상 29:12** 주는 만물의 주재가 되사 손에 권세와 능력이 있사오니, 모든 사람을 크게 하심과 강하게 하심이 주의 손에 있나이다.
- **사도행전 17:28** 우리가 그를 힘입어 살며 기동하며 존재하느니라.

5. 사람에게 영을 주신 것은 하나님과 영적 교제하며 하나님 뜻에 따라 살아가라는 소명이고, 하나님의 아들로 되어 영화와 존귀를 누릴 수 있게 하시는 특별 은혜이다.

- 요한복음 16:13 진리의 성령이 오시면 그가 너희를 모든 진리 가운데로 인도하시리니,
- 로마서 8:9,14 누구든지 그리스도의 영이 없으면 그리스도의 사람이 아니라. 무릇 하나님의 영으로 인도함을 받는 사람은 곧 하나님의 아들이라.

6. 하나님께서 사람에게 하나님의 창조 내용을 이해하고 활용할 수 있는 능력을 주셨다(창1:28). 그 능력으로 문화와 문명을 이루면서 사람이 인본주의와 교만에 빠졌다. 자기 능력을 자랑하고 하나님을 주로 섬기기 싫어하고 영화롭게 하지 않는다(롬1:21).

- 창세기 1:28 하나님이 그들에게 복을 주시며 – 모든 생물을 다스리라 하시니라.
- 로마서 1:22,28 스스로 지혜 있다 하나 어리석게 되어 – 마음에 하나님 두기를 싫어하매

7. 선하신 하나님께서 사람을 선하게 창조하시고 선악과를 먹지 말라고 명령하셨는데(창2:17), 사탄의 유혹에 이끌려 하나님 명령을 어겼다. 그래서 하나님과 영적 교제가 끊어지고(영적 사망) 사탄의 지배를 받아들여 사람 안에 선과 악이 공존하게 되었다.

- 전도서 7:29 하나님은 사람을 정직하게 지으셨으나 사람이 많은 꾀들을 낸 것이니라.
- 로마서 7:21,24 내가 한 법을 깨달았노니, 곧 선을 행하기 원하는 나에게 악이 함께 있는 것이로다. 오호라, 나는 곤고한 사람이로다. 이 사망의 몸에서 누가 나를 건져내랴!

8. 사람이 하나님 말씀에 충실하지 못하여(창3:3) 하나님 명령을 어기는 죄를 짓고 하나님과 분리되어 영화와 존귀를 상실하고(롬3:23) 죽은 뒤 심판을 받게 되었다(히9:27).

- 로마서 3:23 모든 사람이 죄를 범하였으매 하나님의 영광에 이르지 못하더니,

9. 사람이 죄악에 빠져 구원이 필요하자, 하나님께서 성자와 성령을 동원하여 죄를 사면하시고 영적 교제를 회복시켜 하나님 자녀로 살아가며 영화와 존귀를 누리게 하신다.

- 요한복음 3:16 하나님이 세상을 이처럼 사랑하사 독생자를 주셨으니, 이는 그를 믿는 자마다 멸망하지 않고 영생을 얻게 하려 하심이라.
- 골로새서 3:1 너희가 그리스도와 함께 다시 살리심을 받았으면 위의 것을 찾으라.

006 ── 사람은 영적 존재(靈的 存在)

- **창세기 1:27** 하나님이 자기 형상 곧 하나님의 형상대로 사람을 창조하시되
- **고린도전서 2:11,14** 하나님의 일도 하나님의 영 외에는 아무도 알지 못하느니라 – 그러한 일은 영적으로 분별되기 때문이라.
- **에스겔 36:27** 내 영을 너희 속에 두어 너희로 내 율례를 행하게 하리니, 너희가 내 규례를 지켜 행할지라.
- **사도행전 2:38** 너희가 회개하여 각각 예수 그리스도의 이름으로 세례를 받고 죄 사함을 받으라. 그리하면 성령의 선물을 받으리니,
- **에베소서 2:4-5** 긍휼이 풍성하신 하나님이 – 허물로 죽은 우리를 그리스도와 함께 살리셨고(너희는 은혜로 구원을 받은 것이라),
- **요한복음 14:16** 내가 아버지께 구하겠으니 그가 또 다른 보혜사를 너희에게 주사 영원토록 너희와 함께 있게 하시리니,
- **로마서 8:9** 누구든지 그리스도의 영이 없으면 그리스도의 사람이 아니라.
- **고린도전서 3:16-17** 너희는 너희가 하나님의 성전인 것과 하나님의 성령이 너희 안에 계시는 것을 알지 못하느냐. – 하나님의 성전은 거룩하니 너희도 그러하니라.
- **요한복음 16:13** 진리의 성령이 오시면 그가 너희를 모든 진리 가운데로 인도하시리니,
- **로마서 8:14** 무릇 하나님의 영으로 인도함을 받는 사람은 곧 하나님의 아들이라.
- **에베소서 2:22** 너희도 성령 안에서 하나님이 거하실 처소가 되기 위하여 그리스도 예수 안에서 함께 지어져 가느니라.
- **에베소서 4:30** 하나님의 성령을 근심하게 하지 말라. 그 안에서 너희가 구원의 날까지 인치심을 받았느니라.
- **데살로니가전서 5:19,22** 성령을 소멸하지 말며, 악은 어떤 모양이라도 버리라.
- **에베소서 5:18** 오직 성령으로 충만함을 받으라.

* 묵 상 *

1. 하나님은 사람과 함께 살면서 사랑과 은혜를 베푸시기 원하시지만(민 6:24-26), 하나님은 차원 높은 영이시므로 사람이 보고 듣지 못하고 하나님 뜻도 알 수 없다. 그래서 사람이 하나님과 교제하며 하나님의 뜻에 따라 살아갈 수 있도록, 사람을 영적 존재로 지으시고 사람의 영이 죄로 인하여 죽자 성령을 주셔서 죽은 영을 다시 살리신다.

2. 하나님은 사람을 하나님 형상대로 영적 존재로 지으셔서 영이신 하나님과 교제하여 하나님의 뜻에 따라 성민으로 살아가게 하셨다. 피조물이 창조주 하나님과 함께 살아가며 존귀와 영화를 누릴 수 있는 특별 은혜를 주신 것이다.

3. 사람의 영은 하나님의 영과 교제하여 하나님 뜻을 깨닫고, 혼은 세상 지식과 자아를 형성하고 육신을 움직인다. 나의 영이 하나님 말씀과 기도를 통하여 하나님 뜻을 깨닫고 그 뜻에 따라 혼을 다스리고, 혼이 영의 다스림에 순종하여 몸을 다스리면, 나의 영혼과 삶이 성령충만하게 되고 하나님 나라의 신령한 행복을 누릴 수 있다(엡1:3).

4. 그러나 사람이 하나님께 죄를 지으면 하나님과 분리되고 하나님과 교제할 수 없다(사 59:2). 아담과 하와가 하나님의 명령을 어기는 죄를 짓고 하나님 곁에서 쫓겨나고 불칼 장벽으로 분리되었다(창 3:24). 하나님과의 영적 교제가 끊어져 영적으로 사망하고 육신의 존재로 전락하여(창 6:3) 각종 인생고와 사망을 겪게 되었다(시 107:10-11).

5. 죄인은 거룩하신 하나님과 분리되므로 하나님께 예배나 기도를 드려도 죄의 장벽으로 막힌다(요 9:31). 그래서 하나님께서 성자 하나님을 사람 예수로 보내어 사람들의 죄를 대속하게 하시고 그 대속 은혜를 영접하고 자기 죄를 회개하는 사람에게 죄를 사면하여 분리 장벽을 해소하시고 성령을 주셔서 영적으로 거듭나게 하신다.

6. 사람이 죄를 사함 받고 성령을 받으면, 의로운 성도로 거듭나고 성령님이 내주하시는 성전이 되고 하나님과 함께 살아가는 인생이 시작된다. 성도가 성령님의 인도를 구하고 순종하면, 그 마음과 삶에 하나님 나라가 임하고 하나님 뜻에 맞게 살아가게 되고, 하나님 나라의 평강과 희락을 누리게 된다(롬 14:17).

7. 하나님께서 사람을 영적 존재로 지으시고 또 영적으로 거듭나게 하시는 것은 하나님과 교제하며 하나님 뜻에 따라 살아가라는 뜻이다(살전 5:10). 그것이 영적 존재의 사명이다. 영적 존재는 하나님의 성민으로 되어 거룩하게 살아가야 한다.

8. 내 안에 계시는 성령님을 잊거나 불순종하면 하나님 뜻을 거스르는 죄인으로 된다.

007 ─ 사람의 존재와 삶

- **사도행전 17:24-25,28** 우주와 그 가운데 있는 만물을 지으신 하나님께서는 천지의 주재(主宰)시니 - 이는 만민에게 생명과 호흡과 만물을 친히 주시는 이심이라. 우리가 그를 힘입어 살며 기동(起動)하며 존재하느니라.
- **사무엘상 2:6-7** 여호와는 죽이기도 하시고 살리기도 하시며, 스올에 내리게도 하시고 거기에서 올리기도 하시는도다. 여호와는 가난하게도 하시고 부하게도 하시며, 낮추기도 하시고 높이기도 하시는도다.
- **야고보서 4:15** 주의 뜻이면 우리가 살기도 하고 이것이나 저것을 하리라
- **신명기 30:19-20** 내가 생명과 사망과 복과 저주를 네 앞에 두었은즉, 너와 네 자손이 살기 위하여 생명을 택하고, 네 하나님 여호와를 사랑하고 그의 말씀을 청종하며 또 그를 의지하라.
- **예레미야 11:4** 너희는 내 목소리를 순종하고 나의 모든 명령을 따라 행하라. 그리하면 너희는 내 백성이 되겠고 나는 너희의 하나님이 되리라.
- **시편 107:10-11** 사람이 흑암과 사망의 그늘에 앉으며 곤고와 쇠사슬에 매임은 하나님의 말씀을 거역하며 지존자의 뜻을 멸시함이라.
- **로마서 8:13-14** 너희가 육신대로 살면 반드시 죽을 것이로되 영으로써 몸의 행실을 죽이면 살리니, 무릇 하나님의 영으로 인도함을 받는 사람은 곧 하나님의 아들이라.
- **로마서 6:23** 죄의 삯은 사망이요, 하나님의 은사는 그리스도 예수 우리 주 안에 있는 영생이니라
- **사도행전 3:19** 그러므로 너희가 회개하고 돌이켜 너희 죄 없이 함을 받으라. 이같이 하면 새롭게 되는 날이 주 앞으로부터 이를 것이요
- **요한복음 1:12-13** 영접하는 자 곧 그 이름을 믿는 자들에게는 하나님의 자녀가 되는 권세를 주셨으니, 이는 - 오직 하나님께로부터 난 자들이니라.
- **고린도후서 5:17** 그런즉 누구든지 그리스도 안에 있으면 새로운 피조물이라. 이전

것은 지나갔으니, 보라 새것이 되었도다.

- 요한복음 3:5-7 진실로 진실로 네게 이르노니, 사람이 물과 성령으로 나지 아니하면 하나님의 나라에 들어갈 수 없느니라. 육으로 난 것은 육이요 영으로 난 것은 영이니 내가 네게 거듭나야 하겠다 하는 말을 놀랍게 여기지 말라.
- 베드로전서 2:10 너희가 전에는 백성이 아니더니 이제는 하나님의 백성이요, 전에는 긍휼을 얻지 못하였더니 이제는 긍휼을 얻은 자니라.
- 로마서 6:22 이제는 너희가 죄로부터 해방되고 하나님께 종이 되어 거룩함에 이르는 열매를 맺었으니 그 마지막은 영생이라.

＊ 묵 상 ＊

1. 창조주 하나님은 사람의 생명과 인생을 창조하시고 다스리시며 사람이 살아가는 법을 가르치신다(사 48:17). 하나님은 사람의 생명과 인생의 원천이시므로(시 36:9), 사람이 하나님의 뜻에 따라 살아가는 것이 올바른 인생법이다.

2. 하나님은 사람의 육신이 살아가게 하신다. 사람의 생존에 필요한 모든 것 – 땅·물·공기·햇빛·먹을거리를 주시고, 사람의 호흡과 혈액 순환을 주관하셔서 생명력을 온 몸에 공급하신다. 사람은 언제나 하나님의 은혜로 살아간다.

3. 하나님은 사람마다 보배로운 인생을 만들어 주신다(시 139:17). 나의 적성과 재능은 나를 지으신 창조주의 뜻이고 내 인생의 진로이다. 그에 맞추어 살아가면 하나님께서 내 몫으로 주신 인생을 이룬다(전 3:22). 나의 인생은 하나님과 나의 합작품이다.

4. 하나님은 사람에게 영을 주어 하나님과 교제하여 하나님 뜻에 따라 살아가며 하나님 백성의 존귀와 영생을 누리게 하셨다. 그러나 사람이 하나님께 죄를 짓고 하나님을 떠나 육신의 존재로 전락하여(창 6:3) 온갖 인생고를 겪다가 죽게 되었다(창 3:19).

5. 그러자 하나님께서 죄인을 구원하여 다시 하나님 백성으로 살아가게 하신다. 죄인을 의인으로 거듭나게 하시고, 성령을 주어 다시 하나님과 교제하며 하나님의 뜻에 따라 살아가게 인도하시고, 하나님 뜻에 순종하는 사람에게 천국과 영생을 주신다.

6. 하나님은 모든 사람이 구원 받아 하나님 자녀로 살아가게 하시지만(딤전 2:4), 사람이 하나님의 자녀로 살아가기를 원하고 하나님의 뜻에 따라야 영적 존재의 인생과 천국의 행복을 누리게 된다. 하나님 뜻을 따르지 않고 사람의 뜻과 욕심에 따라 육신의 존재로 살아가면 정죄를 받게 된다(막 16:16). 나의 인생은 나의 선택과 책임이다.

008 — 사람에게 능력과 은혜를 주신다

- **하박국 3:19** 주 여호와는 나의 힘이시라.
- **사도행전 17:28** 우리가 그를 힘입어 살며 기동(起動)하며 존재하느니라.
- **역대상 29:12** 부와 귀가 주께로 말미암고 또 주는 만물의 주재(主宰)가 되사 손에 권세와 능력이 있사오니, 모든 사람을 크게 하심과 강하게 하심이 주의 손에 있나이다.
- **신명기 8:13,18** 네 소유가 다 풍부하게 될 때에 – 네 하나님 여호와를 기억하라. 그가 네게 재물 얻을 능력을 주셨음이라.
- **빌립보서 4:13** 내게 능력 주시는 자 안에서 내가 모든 것을 할 수 있느니라.
- **요한복음 15:5** 나는 포도나무요 너희는 가지라. 그가 내 안에 내가 그 안에 거하면 사람이 열매를 많이 맺나니, 나를 떠나서는 너희가 아무 것도 할 수 없음이라.
- **누가복음 18:27** 무릇 사람이 할 수 없는 것을 하나님은 하실 수 있느니라.
- **로마서 8:32** 자기 아들을 아끼지 아니하시고 우리 모든 사람을 위하여 내주신 이가 어찌 그 아들과 함께 모든 것을 우리에게 주시지 아니하겠느냐
- **로마서 1:16** 이 복음은 모든 믿는 자에게 구원을 주시는 하나님의 능력이 됨이라.
- **고린도전서 2:12** 우리가 – 하나님으로부터 온 영을 받았으니 이는 우리로 하여금 하나님께서 우리에게 은혜로 주신 것들을 알게 하려 하심이라.
- **사도행전 1:8** 성령이 너희에게 임하시면 너희가 권능을 받고 예루살렘과 온 유대와 사마리아와 땅끝까지 이르러 내 증인이 되리라
- **역대하 16:9** 여호와의 눈은 온 땅을 두루 감찰하사 전심으로 자기에게 향하는 자들을 위하여 능력을 베푸시나니,
- **이사야 40:31** 여호와를 앙망하는 자는 새 힘을 얻으리니 독수리가 날개치며 올라감 같을 것이요, 달음박질하여도 곤비(困憊)하지 아니하겠고 걸어가도 피곤하지 아니하리로다.

- **고린도후서 4:7-9** 우리가 이 보배를 질그릇에 가졌으니 - 답답한 일을 당하여도 낙심하지 아니하며 - 거꾸러뜨림을 당하여도 망하지 아니하고,
- **잠언 3:5-6** 너는 마음을 다하여 여호와를 신뢰하고 네 명철을 의지하지 말라. 너는 범사에 그를 인정하라. 그리하면 네 길을 지도하시리라.

* 묵 상 *

1. 하나님은 천지만물을 창조하시고 그것들을 다스릴 능력과 권한을 사람에게 주셨다(시 8:6). 사람에게 땅과 햇빛과 물과 공기를 주어 생존하게 하신다. 사람이 인간 세상의 문명과 문화를 이루고 살아가는 것은 하나님께서 주신 능력과 은혜 덕분이다. 하나님 앞에서 사람의 능력과 업적을 자랑하는 것은 어리석은 교만이다(롬 1:21-22).

2. 사람의 능력은 유한하지만, 하나님의 능력과 은혜는 완전하고 무한하다. 사람마다 하나님께서 설계하여 주신 능력과 인생이 다르지만, 나를 설계하신 하나님께 내 삶을 맡기면 하나님의 지혜와 능력으로 인도받아 최선의 인생을 이룰 수 있다(잠 2:6-9).

3. 사람이 하나님을 주님으로 섬기고 의지하면, 생명력이 왕성해지고(고후 4:7-10), 범사에 형통해지고(요삼 1:2), 차원 높고 크고 깊은 은혜를 누리게 되고(엡 3:19), 사람의 능력으로 할 수 없는 일을 하나님의 능력으로 역사(役事)하여 주신다(막 16:17-18).

4. 하나님의 뜻과 일은 사람의 지능으로는 알 수 없고 사람의 영이 성령의 인도를 받아야 알 수 있다(고전 2:9-11). 그래서 사람에게 영을 주셔서 하나님의 성령과 교제하여 하나님 뜻을 깨닫고 그에 따라 살아가게 하신다(엡 1:17-19).

5. 사람이 하나님께 죄를 지으면 하나님과 영적 교제가 끊어지고 하나님의 구원을 받지 못한다. 이 문제는 사람의 능력이나 노력으로 해결하지 못하므로 하나님의 능력으로 구원하여 주신다(엡 1:7). 예수님의 대신 속죄로 사람들을 죄와 사망에서 구원하시고 성령을 주어 하나님과 교제하며 하나님의 자녀로 살아가게 하신다(롬 8:14).

6. 내가 하나님께 지은 죄를 회개하면 나의 죄를 사하시고 성령을 주어 성도로 거듭나게 하시고 하나님 뜻에 맞게 선도하셔서 하나님 백성으로 살아가며 하나님 나라의 평강과 희락을 누리게 하신다. 나의 능력이 아니라 하나님의 능력이고 은혜이다(엡 2:8).

7. 내가 인간 세상에서 살아가는 일은 하나님께서 나에게 주신 능력으로 할 수 있지만, 내가 하나님께 지은 죄를 벗고 하나님 백성으로 살아가는 것은 하나님의 능력과 은혜로만 가능하다. 하나님은 앞장서서 죄인 구원의 길을 준비하시고 성도가 구할 때마다 구원 영생의 은혜를 베풀어 주신다(마 7:7).

009 하나님께서 사람에게 원하시는 것

- **이사야 43:21** 이 백성은 내가 나를 위하여 지었나니, 나를 찬송하게 하려 함이라.
- **신명기 26:17,19** 여호와를 네 하나님으로 인정하고 – 그의 규례와 명령과 법도를 지키며 – 그런즉 여호와께서 너를 – 네 하나님 여호와의 성민이 되게 하시리라.
- **예레미야 11:4** 너희는 내 목소리를 순종하고 나의 모든 명령을 따라 행하라. 그리하면 너희는 내 백성이 되겠고 나는 너희의 하나님이 되리라.
- **민수기 6:24-26** 여호와는 네게 복을 주시고 너를 지키시기를 원하며, 여호와는 그의 얼굴을 네게 비추사 은혜 베푸시기를 원하며, 여호와는 그 얼굴을 네게로 향하여 드사 평강 주시기를 원하노라
- **디모데전서 2:4** 하나님은 모든 사람이 구원을 받으며 진리를 아는 데에 이르기를 원하시느니라.
- **미가 6:8** 사람아, – 여호와께서 네게 구하시는 것은 오직 정의를 행하며 인자(仁慈)를 사랑하며 겸손하게 네 하나님과 함께 행하는 것이 아니냐.
- **데살로니가전서 5:10** 예수께서 우리를 위하여 죽으사 우리로 하여금 깨어 있든지 자든지 자기와 함께 살게 하려 하셨느니라.
- **로마서 5:11** 이제 우리로 화목하게 하신 우리 주 예수 그리스도로 말미암아 하나님 안에서 또한 즐거워하느니라.
- **데살로니가전서 5:16-18** 항상 기뻐하라. 쉬지 말고 기도하라. 범사에 감사하라. 이것이 그리스도 예수 안에서 너희를 향하신 하나님의 뜻이니라.
- **예레미야 3:19** 너희가 나를 나의 아버지라 하고 나를 떠나지 말 것이니라

* 묵 상 *

1. 하나님은 사람들이 하나님의 백성으로 살아가기를 원하신다. 그래서 사람을 하나님

의 형상대로 창조하셔서 하나님과 교제할 수 있게 하셨고, 에덴 동산에서 함께 사셨고, 애굽 종살이에서 구출하여 하나님 나라로 옮기셨고, 율법을 주어 성민이 되게 하셨고, 죄악을 진멸한 가나안 땅에서 살게 하셨고, 성자의 피로 사람들의 죄를 대속하셨고, 성령을 내주시켜 하나님과 함께 살아가도록 인도하신다.

2. 하나님께서 사람을 하나님의 형상대로 영적 존재로 지으셔서 영적으로 하나님과 교제하여 하나님의 뜻에 따르며 하나님 백성으로 살아가게 하셨다. 그리고 에덴 동산에서 사람과 함께 사시며 사람의 모든 필요를 공급하시고 생명나무 열매도 허락하셨다(창 2:15-16). 하나님 나라를 이루어 하나님 소원을 이루셨다.

3. 남자와 여자를 만드신 것은 부부가 되어 서로 돕고 사랑하며(창 2:24) 생육하고 번성하여 땅에 충만하라는 축복이다(창 1:28). 남자가 여자 옷을 입거나 동성애를 하는 것은 하나님의 창조 질서에 반하여 가증한 일이다(레 18:22, 신 22:5).

4. 사람이 에덴 낙원에서 하나님 나라의 행복을 누리던 중 사탄의 유혹에 넘어가 하나님 명령을 어기는 죄를 짓고 하나님을 떠난 뒤에도 하나님의 소원은 변하지 않았다. 아브람에게 나타나 그 후손들에게 가나안 땅을 기업으로 주고 그들의 하나님이 되겠다고 언약하셨다(창 17:8).

5. 이스라엘 민족이 애굽 종살이의 고통 속에서 하나님을 찾자, 그들의 하나님이 되셔서 그들을 애굽에서 구출하시고(출 29:45-46) 율법을 주셔서 하나님의 거룩한 백성이 되게 하시고(신 10:12-13) 가나안 땅에서 젖과 꿀이 흐르는 하나님 나라를 이루게 하셨다.

6. 하나님의 백성이 하나님께 죄를 지어도 즉시 정죄하지 않으시고 동물의 피로 희생 제사를 받으시고 죄를 용서하시고(레 17:11) 계속 백성으로 살아가게 하셨다.

7. 율법과 동물 희생 제사로는 하나님의 의를 온전히 이루지 못하자(히 10:1), 하나님의 독생자를 사람 예수로 보내 희생 제물로 삼아 사람들의 모든 죄를 온전히 영원히 대속하게 하시고(히 10:12,14), 예수님의 대속을 영접하고 죄를 회개하는 사람의 죄를 용서하시고 의롭다고 여기시고 성령을 주셔서 하나님의 백성으로 살아가게 하신다.

8. 인자하신 하나님은 모든 사람이 구원 받아 하나님의 백성으로 살아가기를 원하신다. 그리고 하나님의 구원 은혜를 받아들여 하나님을 주님으로 섬기며 하나님 뜻에 따라 살아가는 사람들에게 하나님 자녀의 특권과 천국의 행복을 누리게 하신다.

9. 선하신 하나님은 자기 백성을 사랑과 은혜로 다스리셔서 완전한 행복을 누리게 하신다. 하나님의 백성으로 살아가면 항상 기쁘고 범사에 감사하게 된다. 이러한 진리를 성경에 기록하게 하시고 진리를 찾는 사람에게 성령을 개인교사로 보내어 가르치신다.

010　하나님 나라 에덴

- **창세기 1:26** 하나님이 이르시되, 우리의 형상을 따라 우리의 모양대로 우리가 사람을 만들고 그들로 – 모든 것을 다스리게 하자 하시고,
- **이사야 43:7,21** 내가 내 영광을 위하여 창조한 자를 오게 하라 – 이 백성은 내가 나를 위하여 지었나니, 나를 찬송하게 하려 함이라.
- **민수기 6:24-26** 여호와는 네게 복을 주시고 너를 지키시기를 원하며, 여호와는 그의 얼굴을 네게 비추사 은혜 베푸시기를 원하며, 여호와는 그 얼굴을 네게로 향하여 드사 평강 주시기를 원하노라
- **창세기 2:8-10** 여호와 하나님이 동방의 에덴에 동산을 창설하시고 그 지으신 사람을 거기에 두시니라. 여호와 하나님이 그 땅에서 보기에 아름답고 먹기에 좋은 나무가 나게 하시니, 동산 가운데에는 생명 나무와 선악을 알게 하는 나무도 있더라. 강이 에덴에서 흘러 나와 동산을 적시고 거기서부터 갈라져 네 근원이 되었으니 –
- **창세기 2:16-17** 여호와 하나님이 그 사람에게 명하여 이르시되, 동산 각종 나무의 열매는 네가 임의로 먹되 선악을 알게 하는 나무의 열매는 먹지 말라. 네가 먹는 날에는 반드시 죽으리라 하시니라.
- **신명기 6:24-25** 이는 우리가 우리 하나님 여호와를 경외하여 항상 복을 누리게 하기 위하심이며 – 우리가 그 명령하신 대로 이 모든 명령을 우리 하나님 여호와 앞에서 삼가 지키면 그것이 곧 우리의 의로움이니라
- **예레미야 11:4** 너희는 내 목소리를 순종하고 나의 모든 명령을 따라 행하라. 그리하면 너희는 내 백성이 되겠고 나는 너희의 하나님이 되리라.
- **요한복음 3:16** 하나님이 세상을 이처럼 사랑하사 독생자를 주셨으니, 이는 그를 믿는 자마다 멸망하지 않고 영생을 얻게 하려 하심이라.
- **요한일서 2:17** 이 세상도 그 정욕도 지나가되, 오직 하나님의 뜻을 행하는 자는 영원히 거하느니라.

＊ 묵 상 ＊

1. 하늘 나라(Heaven)를 다스리시는 하나님께서 완전하신 지혜와 능력으로 우주만물을 신묘하게 창조하시고 다스리신다. 그 우주만물이 하나님께서 만드시고 주재하시는 하나님 세상(World)이고, 창조주 하나님의 능력과 신성을 나타낸다(롬 1:20).

2. 하나님은 천지에 펼치신 하나님 세상 가운데 에덴 동산을 만드시고 사람에게 관리권을 주시고(창 2:15) 아름다운 환경과 먹을거리를 제공하시고 생명나무 열매도 먹게 허용하시고 생명수를 공급하셨다. 에덴 낙원에는 하나님의 사랑과 은혜가 충만하고 부족함이 없고 불행도 없다(Paradise).

3. 창조주 하나님은 피조물이 하나님께서 창조하여 주신 대로 존재하고 살아가지 않으면 존재와 생명을 회수하신다. 그래서 천지만물이 창조주가 만들어 주신 대로 존재하고 살아가며 창조주가 창설하신 하나님 세상을 드러내며 찬양한다(시 148:5-6). 그런데 사탄과 사람은 교만해져서 하나님 뜻을 벗어나 죄악의 세상(underworld)을 만들고 있다.

4. 사람이 에덴에서 완전한 행복을 누리던 중 뱀의 유혹을 받아 욕심이 생겨 하나님 말씀을 어기는 죄를 지었다. 에덴에서 추방된 후 땅의 하나님 세상(땅, 하늘, 물, 햇빛, 공기, 식물, 동물) 속에서 살아가면서도, 하나님을 창조주로 섬기기 싫어하고 사람의 욕심들이 서로 싸우면서 불행하게 살다가 죽는다(earthly life).

5. 하나님께서 이스라엘 민족을 애굽 종살이에서 해방시켜 가나안 땅에서 하나님 백성으로 살아가게 하셨는데, 하나님 왕국(Kingdom)과 성민(聖民)의 율법을 받들지 않았다.

6. 하나님은 성자를 사람 예수로 보내 죄인 구원의 길을 만드시고 성도마다 성령을 보내 구원 받는 삶으로 인도하신다. 사람들이 예수님의 대신 속죄의 은혜로 죄를 털어내고 성령님의 인도를 받아 하나님과 함께 살아갈 수 있게 하신다.

7. 사람이 하나님의 구원을 영접하면, 죄와 사망에서 해방되고(롬 8:1-2), 하나님의 성도(Saints)로 되고, 그 심령 안에 하나님 나라가 이루어지고(눅 17:21) 새 생명(롬 6:4)을 살아가게 된다(Holy Life). 인간 세상에서 구별되고(요 18:36) 하나님의 의와 평강과 희락을 누리게 된다(롬 14:17). 그리고 재림하신 주님께서 새 예루살렘(New Jerusalem)에 들이셔서 하나님과 함께 영생하게 하신다(계 21:2,10).

8. 하나님 나라는 사탄과 죄악이 완전히 소탕되고(계 20:10,14-15) 하늘과 땅과 만물이 새로워지고 하나님의 사랑과 은혜로 친히 다스리셔서 고통과 사망이 없고(계 21:1-5), 생명나무 열매와 생명수가 값없이 제공되는 낙원(Paradise)이다(계 2:7, 계 21:6).

011 — 창조주 하나님을 경외(敬畏)하라

- **전도서 12:13** 일의 결국을 다 들었으니, 하나님을 경외하고 그의 명령들을 지킬지어다. 이것이 모든 사람의 본분이니라.
- **신명기 6:4-5** 우리 하나님 여호와는 오직 유일한 여호와이시니, 너는 마음을 다하고 뜻을 다하고 힘을 다하여 네 하나님을 사랑하라.
- **시편 148:5-6** 너희가 주님의 명을 따라서 창조되었으니, 너희는 그 이름을 찬양하여라. 너희가 앉을 영원한 자리를 정하여 주시고 지켜야 할 법칙을 주셨다. 〈새번역〉
- **디모데전서 6:15** 하나님은 복되시고 유일하신 주권자이시며 만왕의 왕이시며 만주의 주시요
- **사무엘상 2:6** 여호와는 죽이기도 하시고 살리기도 하시며, 스올에 내리게도 하시고 거기에서 올리기도 하시는도다.
- **신명기 30:19-20** 내가 생명과 사망과 복과 저주를 네 앞에 두었은즉, 너와 네 자손이 살기 위하여 생명을 택하고, 네 하나님 여호와를 사랑하고 그의 말씀을 청종하며 또 그를 의지하라.
- **디모데전서 2:4** 하나님은 모든 사람이 구원을 받으며 진리를 아는 데에 이르기를 원하시느니라.
- **갈라디아서 1:4** 그리스도께서 하나님 곧 우리 아버지의 뜻을 따라 이 악한 세대에서 우리를 건지시려고 우리 죄를 대속하기 위하여 자기 몸을 주셨으니,
- **마가복음 16:16** 믿고 세례를 받는 사람은 구원을 얻을 것이요 믿지 않는 사람은 정죄를 받으리라.
- **여호수아 24:14** 그러므로 이제는 여호와를 경외하며 온전함과 진실함으로 그를 섬기라.
- **이사야 43:1** 이스라엘아, 너를 지으신 이가 말씀하시느니라. 너는 두려워하지 말라. 내가 너를 구속(救贖)하였고 내가 너를 지명하여 불렀나니, 너는 내 것이라.

- **데살로니가후서 1:8-9** 하나님을 모르는 자들과 우리 주 예수의 복음에 복종하지 않는 자들에게 형벌을 내리시리니 – 영원한 멸망의 형벌을 받으리로다.
- **마태복음 10:28** 몸은 죽여도 영혼은 능히 죽이지 못하는 자들을 두려워하지 말고 오직 몸과 영혼을 능히 지옥에 멸하실 수 있는 이를 두려워하라.

* 묵 상 *

1. 하나님께서 모든 사람의 생명과 인생을 창조하시고 다스리신다. 창조주 하나님을 경외하고 그 뜻에 따르는 것이 사람의 본분이다. 창조주의 뜻에 따라 살아가면 풍성한 생명과 행복을 주시고, 창조주의 뜻을 벗어나면 불행과 사망으로 다스리신다.

2. 하나님을 경외하는 것은 하나님을 영원히 살아계신 거룩한 신, 천지만물을 창조하시고 다스리시는 창조주, 나의 생명과 인생을 설계하시고 주재하시는 주권자로 인정하고 섬기는 것이다. 나의 주님으로 섬기며 주님 뜻을 온전히 따르는 것이다.

3. 하나님의 성도는 거룩하신 하나님을 유일한 주님으로 섬기며 다른 피조물을 신처럼 받들지 않는다. 하나님의 성민(聖民)으로서 하나님의 뜻에 맞게 살아가며 육신과 영혼을 깨끗하게 하여 거룩함을 온전히 이루어 간다(고후7:1).

4. 하나님을 경외하는 것은 하나님의 뜻과 말씀을 따르고 벗어나지 않는 것이다. 마음을 다하여 하나님을 내 생명과 인생의 주님으로 섬기며, 나의 뜻이나 세상의 가치보다 하나님의 뜻을 우선하는 것이다(마6:33). 그리하여 하나님의 다스리심과 사랑과 은혜를 온 세상에 드러내고 하나님을 영화롭게 한다(벧전2:9).

5. 하나님의 지혜와 능력은 무한하고 하나님의 생각과 계획은 완전하다(전3:14). 하나님을 경외하는 것이 지혜의 근본이고(시111:10) 생명의 샘이고(잠14:27) 구원과 평안을 낳는 보배이다(사33:6). 하나님께서 정하여 주신 올바른 인생법(人生法)이다.

6. 사람들이 인간 세상 속에서 살면서 거룩하신 하나님의 뜻을 온전히 준행하지 못하고 죄와 사망 속에 갇히게 되자, 하나님께서 정죄 심판을 보류하시고 성자를 예수로 보내 사람들의 죄를 대속하게 하셨고 성령을 주어 성도로 살아가게 인도하신다.

7. 사람이 예수님의 대속 은혜로 죄와 사망에서 해방되고 성령님의 인도를 받으면 하나님을 경외하고 하나님의 뜻을 따를 수 있다(고전2:9-10). 그리하면 하나님께서 그를 하나님 아들로 높이시고 하나님 나라의 평강과 희락을 누리게 하신다(롬14:17). 그런데도 하나님을 경외하지 않고 구원 받지 않는 사람은 정죄 심판을 받는다(계21:8).

012 — 온전한 마음을 찾으신다

- 예레미야 10:10 오직 여호와는 참 하나님이시요 살아계신 하나님이시요 영원한 왕이시라
- 신명기 6:5 너는 마음을 다하고 뜻을 다하고 힘을 다하여 네 하나님 여호와를 사랑하라.
- 예레미야 4:4 너희는 스스로 할례를 행하여 너희 마음 가죽을 베고 나 하나님께 속하라.
- 출애굽기 19:5-6 너희가 내 말을 잘 듣고 내 언약을 지키면 너희는 모든 민족 중에서 내 소유가 되겠고 너희가 내게 대하여 제사장 나라가 되며 거룩한 백성이 되리라.
- 역대하 16:9 여호와의 눈은 온 땅을 두루 감찰하사 전심으로 자기에게 향하는 자들을 위하여 능력을 베푸시나니,
- 예레미야 29:13 너희가 온 마음으로 나를 구하면, 나를 찾을 것이요 나를 만나리라.
- 역대상 28:9 여호와께서는 모든 마음을 감찰하사 모든 의도를 아시나니, 네가 만일 그를 찾으면 만날 것이요, 만일 네가 그를 버리면 그가 너를 영원히 버리시리라.
- 여호수아 24:14 그러므로 이제는 여호와를 경외하며 온전함과 진실함으로 그를 섬기라.
- 야고보서 4:8 하나님을 가까이하라, 그리하면 너희를 가까이하시리라. 죄인들아 손을 깨끗이 하라. 두 마음을 품은 자들아, 마음을 성결하게 하라.
- 출애굽기 20:3 너는 나 외에는 다른 신들을 네게 두지 말라.
- 로마서 12:1-2 너희 몸을 하나님이 기뻐하시는 거룩한 산 제물로 드리라. 이는 너희가 드릴 영적 예배니라. 너희는 이 세대를 본받지 말고 오직 마음을 새롭게 함으로 변화를 받아 하나님의 선하시고 기뻐하시고 온전하신 뜻이 무엇인지 분별하도록 하라.
- 요한일서 2:15 이 세상이나 세상에 있는 것들을 사랑하지 말라. 누구든지 세상을 사랑하면 아버지의 사랑이 그 안에 있지 아니하니,
- 마태복음 6:24,33 너희가 하나님과 재물을 겸하여 섬기지 못하느니라. 그런즉 너희는 먼저 그의 나라와 그의 의를 구하라. 그리하면 이 모든 것을 너희에게 더하시리라.

- **마태복음 10:37-38** 아버지나 어머니를 나보다 더 사랑하는 자는 내게 합당하지 아니하고 아들이나 딸을 나보다 더 사랑하는 자도 내게 합당하지 아니하며, 또 자기 십자가를 지고 나를 따르지 않는 자도 내게 합당하지 아니하니라.
- **누가복음 9:62** 예수께서 이르시되, 손에 쟁기를 잡고 뒤를 돌아보는 자는 하나님의 나라에 합당하지 아니하니라 하시니라.
- **히브리서 12:2** 믿음의 주요 또 온전하게 하시는 이인 예수를 바라보자. 그는 그 앞에 있는 기쁨을 위하여 십자가를 참으사 부끄러움을 개의치 아니하시더니 하나님 보좌 우편에 앉으셨느니라.

* 묵 상 *

1. 하나님은 선하시고 인자하셔서 피조물 사람과 함께 살아가면서 사랑과 은혜를 베푸시길 원하시고 사람들을 기다리신다(사30:18). 사람이 전심으로 하나님을 찾으면 만나 주시고 복을 주시고 능력과 은혜를 베푸신다(민6:24-26).

2. 하나님은 살아계신 유일한 신이고 천지만물을 창조하시고 다스리시는 신이고, 피조물과 비교할 수 없도록 차원이 높고 거룩한 존재이다. 하나님 앞에 나아가려면 성결해야 하고, 하나님의 것은 하나님의 거룩하심을 받아 거룩해진다.

3. 사람이 하나님을 주님으로 섬길 때에는 하나님께 지은 죄를 다 회개하여 성결해지고 마음과 뜻과 힘을 다 주님께 드려야 한다. 내 안에 계신 성령님을 나의 주님으로 섬기며 나의 마음과 생각과 삶을 다스리시게 하고 온전히 순종하여야 한다(갈2:20).

4. 성도는 하나님의 부르심을 받아들여 하나님께 속하였으니, 성령으로 마음에 할례를 행하고 겸손하고 진실하게 주님의 뜻을 준행하여 하나님의 칭찬을 받고(롬2:29), 구원의 날까지 하나님의 성도로 인치심을 받고(엡4:30) 생명을 얻는다(신30:6).

5. 하나님보다 부모나 자녀, 재물, 세상의 영예, 육신의 정욕을 더 사랑하면 첫째 계명을 어기는 죄를 짓는다.

6. 하나님은 나의 생명과 인생을 만드시고 주재(主宰)하시고, 사람에게 유익하도록 가르치시고 사람이 마땅히 행할 길로 인도하신다(사48:17). 나를 죄악 속에서 구원하시고, 성령님을 보내 하나님 나라로 인도하신다. 내가 하나님을 나의 주님으로 섬기고 그의 뜻을 따르면 나를 하나님의 아들로 삼으시고 천국의 신령한 행복을 누리게 하신다.

7. 예수님은 죽기까지 복종하셔서 하나님 뜻을 이루시고 승천하셨다. 마지막 심판 때에도 성도의 마음을 감찰하사 오직 하나님만 경외하는 성도를 천국으로 들이실 것이다.

013 ─── 사람이 하나님께 죄를 짓다

- **전도서 12:13** 일의 결국을 다 들었으니, 하나님을 경외하고 그의 명령들을 지킬지어다. 이것이 모든 사람의 본분이니라.
- **신명기 6:4-5** 우리 하나님 여호와는 오직 유일한 여호와이시니, 너는 마음을 다하고 뜻을 다하고 힘을 다하여 네 하나님을 사랑하라.
- **예레미야 11:4** 너희는 내 목소리를 순종하고 나의 모든 명령을 따라 행하라. 그리하면 너희는 내 백성이 되겠고 나는 너희의 하나님이 되리라.
- **창세기 2:16-17** 여호와 하나님이 그 사람에게 명하여 이르시되, 동산 각종 나무의 열매는 네가 임의로 먹되, 선악을 알게 하는 나무의 열매는 먹지 말라. 네가 먹는 날에는 반드시 죽으리라 하시니라.
- **창세기 3:2-3** 여자가 뱀에게 말하되 - 동산 중앙에 있는 나무의 열매는 하나님의 말씀에 너희는 먹지도 말고 만지지도 말라, 너희가 죽을까 하노라 하셨느니라.
- **창세기 3:4-6** 뱀이 여자에게 이르되, 너희가 결코 죽지 아니하리라. 너희가 그것을 먹는 날에는 너희 눈이 밝아져 하나님과 같이 되어 선악을 알 줄 하나님이 아심이니라. 여자가 그 나무를 본즉, 먹음직도 하고 보암직도 하고 지혜롭게 할 만큼 탐스럽기도 한 나무인지라. 여자가 그 열매를 따먹고 자기와 함께 있는 남편에게도 주매 그도 먹은지라.
- **로마서 1:21-22,28** 하나님을 알되 하나님을 영화롭게도 아니하며 - 스스로 지혜 있다 하나 어리석게 되어 - 마음에 하나님 두기를 싫어하매, 하나님께서 그들을 그 상실한 마음대로 내버려 두사 합당하지 못한 일을 하게 하셨으니
- **전도서 7:29** 내가 깨달은 것은 오직 이것이라. 곧 하나님은 사람을 정직하게 지으셨으나, 사람이 많은 꾀들을 낸 것이니라.
- **요한복음 3:16** 하나님이 세상을 이처럼 사랑하사 독생자를 주셨으니, 이는 그를 믿는 자마다 멸망하지 않고 영생을 얻게 하려 하심이라.

* 묵 상 *

1. 사람은 하나님께서 창조하신 세상 속에서 하나님께서 주신 능력으로 살아간다. 창조주 하나님을 생명과 인생의 주님으로 섬기면서 주님의 뜻에 따라 살아가는 것이 사람의 본분이다. 사람이 그 본분을 어기면 창조주 하나님께 죄를 짓게 된다.

2. 하나님께서 사람을 영적 존재로 창조하신 것은 하나님과 영적 교제를 하면서 하나님의 뜻에 따라 살아가라는 뜻이다(시148:6). 창조주의 뜻을 어기는 것은 하나님께 죄를 짓는 것이고 창조주의 뜻에 따라 살라는 명령(生命)을 거두어 가실 사유가 된다.

3. 성경이 죄라고 명시한 것 – 하나님 뜻을 어기는 것(요일3:4), 하나님 말씀에 순종하지 않는 것(롬5:19), 예수 그리스도를 믿지 않는 것(막16:16), 믿음을 따라 행하지 않는 것(롬14:23), 사람을 차별하는 것(약2:9), 선을 행하지 않는 것(약4:17) 등.

4. 하나님은 아담과 하와를 선하게 창조하시고 에덴에서 살게 하시면서 온갖 필요를 공급하여 주셨다. 그리고 사람이 악을 알지 못하게 하기 위하여 선악을 알게 하는 나무의 열매를 먹지 말라고 말씀하셨다.

5. 아담과 하와는 에덴 낙원에서 하나님의 사랑과 은혜를 충분히 누리면서도 하나님을 주님으로 섬기는 자세와 하나님의 말씀을 엄격히 지키려는 마음이 부족했다. 그 틈으로 뱀이 유혹하자 그에 이끌려 욕심이 생기고 하나님 말씀을 어기게 되었다.

6. 창조주 하나님을 자기 주님으로 섬기며 살아가야 하는 사람이 창조주 하나님을 제치고 주인 자리를 차지하는 것은 대역죄(大逆罪)를 짓는 것과 마찬가지이다.

7. 사람이 악한 영의 유혹을 받아들여 하나님 말씀을 어김으로써, 사람의 마음에 하나님 두기를 싫어하고 사람의 욕심과 악한 영의 지배를 받아 온갖 죄악을 저지르게 되었다(롬1:28-32).

8. 사람이 하나님께 죄인으로 전락하여 하나님 나라 에덴에서 쫓겨나고 하나님과의 영적 교제가 끊어졌다. 영적으로 죽고 육신의 존재로 전락하여 사람의 힘으로 온갖 인생고를 겪으며 살아가게 되었고 결국 죽어서 흙으로 돌아가게 되었다(창3:16-19).

9. 그렇지만 하나님께서 예수 그리스도의 십자가 대속으로 죄인 구원의 길을 만드셨다. 사람이 예수님의 구원 은혜를 받아들여 죄사함을 받고 성령님의 인도에 따라 하나님의 뜻에 맞게 살아가면, 하나님의 나라에 들어가 하나님과 함께 영생하며 천국의 완전한 행복을 영원히 누리게 된다(계21:1-7).

014 — 사람은 모두 하나님께 죄인

- 로마서 5:12 한 사람으로 말미암아 죄가 세상에 들어오고 죄로 말미암아 사망이 들어왔나니, 이와 같이 모든 사람이 죄를 지었으므로 사망이 모든 사람에게 이르렀느니라.

- 전도서 7:29 내가 깨달은 것은 오직 이것이라. 곧 하나님은 사람을 정직하게 지으셨으나, 사람이 많은 꾀들을 낸 것이니라.

- 로마서 1:21,25,28 하나님을 알되 하나님을 영화롭게도 아니하며 감사하지도 아니하고, 오히려 그 생각이 허망하여지며 미련한 마음이 어두워졌나니, 이는 그들이 하나님의 진리를 거짓 것으로 바꾸어 피조물을 조물주보다 더 경배하고 섬김이라 그들이 마음에 하나님 두기를 싫어하매, 하나님께서 그들을 그 상실한 마음대로 내버려 두사 합당하지 못한 일을 하게 하셨으니,

- 전도서 9:3 모든 사람의 결국은 일반이라. 이것은 해 아래에서 행해지는 모든 일 중의 악한 것이니, 곧 인생의 마음에는 악이 가득하여 그들의 평생에 미친 마음을 품고 있다가 후에는 죽은 자들에게로 돌아가는 것이라.

- 전도서 7:20 선을 행하고 전혀 죄를 범하지 아니하는 의인은 없다

- 로마서 3:10-12,23 기록된 바, 의인은 없나니 하나도 없으며, 깨닫는 자도 없고 하나님을 찾는 자도 없고 다 치우쳐 함께 무익하게 되고, 선을 행하는 자는 없나니 하나도 없도다. 모든 사람이 죄를 범하였으매 하나님의 영광에 이르지 못하더니,

- 로마서 7:19,24 내가 원하는 바 선은 행하지 아니하고, 도리어 원하지 아니하는 바 악을 행하는도다. 오호라, 나는 곤고한 사람이로다. 이 사망의 몸에서 누가 나를 건져 내랴.

- 예레미야 17:9-10 만물보다 거짓되고 심히 부패한 것은 마음이라. 누가 능히 이를 알리요마는, 나 여호와는 심장을 살피며 폐부를 시험하고 각각 그의 행위와 그의 행실대로 보응하나니,

- 히브리서 9:27 한번 죽는 것은 사람에게 정해진 것이요, 그 후에는 심판이 있으리니,

- **로마서 2:6-8** 하나님께서 각 사람에게 그 행한 대로 보응하시되, 참고 선을 행하여 영광과 존귀와 썩지 아니함을 구하는 자에게는 영생으로 하시고, - 진리를 따르지 아니하고 불의를 따르는 자에게는 진노와 분노로 하시리라.

* 묵 상 *

1. 하나님은 사람을 선하게 지으시고 악을 알지 못하게 하시려고 선악을 알게 하는 나무의 열매를 먹지 말라고 명령하셨는데, 사람이 하나님 명령을 준수할 마음이 온전하지 못했다. 그 틈으로 뱀의 유혹이 들어오자 욕심이 생겨 하나님의 명령을 어기고 악한 영의 지배를 받아들였다. 그래서 인류의 죄악이 시작되었다.

2. 인류 죄악의 3대 근원 - ①하나님을 온전히 주님으로 섬기지 않는 것, ②사람의 욕심에 따르는 것, ③악한 영의 지배를 받아들이는 것. 하나님을 주님으로 섬기더라도 하나님을 경외하는 마음에 조그만 틈이 생기면 그 틈새로 ③②가 들어와 합력하여 하나님을 제치고 마음을 전부 차지하려고 한다.

3. 피조물인 사람이 창조주 하나님을 부인하거나 생명과 인생의 주님으로 섬기지 않는 것, 하나님의 뜻을 어기거나 행하지 않는 것, 사람의 뜻이나 사람이 만든 물질·가치를 하나님의 뜻보다 더 소중하게 여기는 것, 하나님의 구원을 거부하는 것 등은 모두 하나님께 죄를 짓는 것이다. 사람에게 죄를 지어도 이웃을 사랑하라는 말씀을 어기는 죄를 짓게 된다.

4. 하나님께 죄를 지은 사람은 거룩하신 하나님과 만나거나 교제할 수 없게 되고, 하나님의 낙원에서 땅으로 쫓겨나서 불칼로 하나님 및 생명나무와 분리되고(창3:24), 영적 존재가 육신의 존재로 타락하여(창6:3) 이기심을 좇아 서로 싸우다가 헛된 인생을 후회하며 죽게 된다(전12:7-8).

5. 하나님께서 다스리시는 세상은 완전한 평화(사11:6-9)와 완전한 행복(계21:4)과 영원한 생명(계21:6)으로 충만하지만, 인간 세상은 사람들의 욕심과 마귀의 지배로 인하여 온갖 죄악이 가득하다(창6:5, 롬1:28-32).

6. 사람이 하나님께 죄를 지으면 먼저 하나님과 분리되어 영적 교제가 끊어지고(영적 사망), 다음에 생명나무와 분리되어 육신이 죽고, 끝에는 심판을 받아 지옥 불못에 던져져 하나님과 완전히 단절되고 영원한 형벌(둘째 사망)을 받는다(계21:8).

7. 이러한 죄인을 불쌍히 여기신 하나님께서 독생자를 죽이셔서 사람들의 죄 값을 대신 치르시고 죄인이 구원 받는 길을 만드셨다. 이를 받아들이는 사람은 죄와 사망의 굴레를 벗고 하나님의 나라에서 살아갈 수 있다. 이것이 하나님의 구원이다.

015 ─── 죄인은 하나님과 분리된다

- **고린도후서 6:14** 의와 불법이 어찌 함께 하며, 빛과 어둠이 어찌 사귀며,
- **창세기 3:24** 하나님이 그 사람을 쫓아내시고 에덴 동산 동쪽에 그룹들과 두루 도는 불칼을 두어 생명나무의 길을 지키게 하시니라.
- **이사야 59:1-2** 여호와의 손이 짧아 구원하지 못하심도 아니요 귀가 둔하여 듣지 못하심도 아니라. 오직 너희 죄악이 너희와 너희 하나님 사이를 갈라 놓았고, 너희 죄가 그의 얼굴을 가리어서 너희에게서 듣지 않으시게 함이니라.
- **시편 66:18** 내가 나의 마음에 죄악을 품었더라면 주께서 듣지 아니하시리라
- **요한일서 3:6** 범죄하는 자마다 그를 보지도 못하였고 그를 알지도 못하였느니라.
- **요한복음 9:31** 하나님이 죄인의 말을 듣지 아니하시고 경건하여 그의 뜻대로 행하는 자의 말은 들으시는 줄 우리가 아나이다
- **로마서 1:28** 그들이 마음에 하나님 두기를 싫어하매 하나님께서 그들을 그 상실한 마음대로 내버려 두사 합당하지 못한 일을 하게 하셨으니,
- **로마서 3:23** 모든 사람이 죄를 범하였으매 하나님의 영광에 이르지 못하더니,
- **시편 107:10-11** 사람이 흑암과 사망의 그늘에 앉으며 곤고와 쇠사슬에 매임은 하나님의 말씀을 거역하며 지존자의 뜻을 멸시함이라.
- **에베소서 4:18** 그들의 총명이 어두워지고 그들 가운데 있는 무지함과 그들의 마음이 굳어짐으로 말미암아 하나님의 생명에서 떠나 있도다.
- **로마서 5:12** 모든 사람이 죄를 지었으므로 사망이 모든 사람에게 이르렀느니라

* 묵 상 *

1. 하나님은 사람을 사랑하시지만, 거룩하시고 의로우셔서 죄를 미워하시고 심판하신다.

2. 죄인이 하나님께 접근하면 죄를 심판받아 죽게 되므로(출33:20), 죄인은 하나님께 접근할 수 없고 하나님, 하나님 나라, 생명나무, 천국 복락과 분리된다.

3. 오직 죄가 없는 의인만 하나님께 나아갈 수 있고 하나님께 예배드리고 기도할 수 있다. 죄인의 예배·찬양·기도는 하나님께서 받지 않으신다(사59:2).

4. 사람이 하나님으로부터 분리되는 단계 – ① 사람이 하나님을 경외하고 그 말씀을 준행하는 마음이 온전하지 못하여 하나님 말씀을 제대로 알지 못했다. ② 그 틈을 이용하여 뱀이 유혹하자 이를 받아들이고 욕심에 이끌려 하나님 말씀을 어겼다. ③ 하나님을 피하여 나무 사이에 숨었다. ④ 하나님께서 부르셨을 때 죄를 회개하지 아니하고 죄성을 유지하였다. ⑤ 에덴에서 내어쫓기고 그룹들과 불칼 장벽으로 하나님과 분리되었다. ⑥ 죽은 뒤에는 심판을 받아 지옥 불못에 던져져 하나님과 완전히 단절된다(살후1:9).

5. 사람이 하나님께 지은 죄는 사람이 해소할 수 없고 오직 하나님만 사면하실 수 있다(눅5:21). 하나님께서 설치하신 ⑤불칼 장벽도 사람의 의지와 능력으로는 통과할 수 없고 오직 하나님만 해결하실 수 있다. 그래서 성자 하나님에게 사람들의 죄를 해소시키는 사명과 권세를 주어 예수 그리스도로 보내셨고(눅5:24). 예수님께서 희생 제물로 죽으심으로 사람들의 죄값을 대신 치르셔서 죄인 구원의 길을 만드셨다(히10:19-20).

6. 그리고 ③②①의 장벽은 성령의 도움을 받아야 통과할 수 있다. 그래서 그리스도를 영접하고 죄를 회개하여 죄사함을 받는 사람에게 성령을 주어(행2:38) 영적 존재로 거듭나게 하신다.

7. 그래서 하나님의 은혜와 죄인의 순종으로 죄인이 다시 하나님께 돌아갈 수 있다.

(1) 하나님께서 예수님의 십자가 대속으로 죄인이 의인으로 여겨져 불칼 장벽을 통과할 수 있는 길 – 구원에 이르는 유일한 길을 만드셨다〈⑤분리 해소〉.

(2) 예수님을 자기 구주로 영접하고 죄를 회개하는 사람의 죄를 용서하시고 성령을 주어 영적 존재로 거듭나게 하셔서 하나님께 나아갈 수 있게 하셨다〈④분리 해소〉.

(3) 성도로 거듭난 사람이 온전한 마음으로 하나님을 삶의 주인으로 섬기고 주님과 교제하며 주님 뜻에 따라 살아가면 ③ 분리가 해소된다.

(4) 성도가 성령님의 인도에 순종하여 육신의 욕심(갈5:17)과 마귀의 방해(벧전5:8)와 세상 가치의 유혹(요일2:15-16)을 이겨내면 ② 분리가 해소된다.

(5) 언제 어디서나 어떠한 상황이든, 말씀과 기도로 주님의 뜻을 구하고 순종하여 주님 뜻에 따라 살아가면 ① 분리가 해소되고 하나님의 낙원에 들어가게 된다(계2:7).

016 하나님을 떠난 인생

- **창세기 3:23-24** 여호와 하나님이 에덴 동산에서 그를 내보내어 그의 근원이 된 땅을 갈게 하시니라. 이같이 하나님이 그 사람을 쫓아내시고 에덴 동산 동쪽에 그룹들과 두루 도는 불 칼을 두어 생명 나무의 길을 지키게 하시니라.

- **창세기 3:17,19** 아담에게 이르시되, 네가 네 아내의 말을 듣고 내가 네게 먹지 말라 한 나무의 열매를 먹었은즉, 땅은 너로 말미암아 저주를 받고 너는 네 평생에 수고하여야 그 소산을 먹으리라 - 너는 흙이니 흙으로 돌아갈 것이니라 하시니라.

- **에베소서 4:18** 그들의 총명이 어두워지고 그들 가운데 있는 무지함과 그들의 마음이 굳어짐으로 말미암아 하나님의 생명에서 떠나 있도다.

- **로마서 1:28-31** 그들이 마음에 하나님 두기를 싫어하매 하나님께서 그들을 그 상실한 마음대로 내버려 두사 합당하지 못한 일을 하게 하셨으니, 곧 모든 불의·추악·탐욕·악의가 가득한 자요, 시기·살인·분쟁·사기·악독이 가득한 자요, 수군수군하는 자요, 비방하는 자요, 하나님께서 미워하시는 자요, 능욕하는 자요, 교만한 자요, 자랑하는 자요, 악을 도모하는 자요, 부모를 거역하는 자요, 우매한 자요, 배약하는 자요, 무정한 자요, 무자비한 자라.

- **예레미야 17:9** 만물보다 거짓되고 심히 부패한 것은 마음이라.

- **로마서 3:23** 모든 사람이 죄를 범하였으매 하나님의 영광에 이르지 못하더니,

- **예레미야 2:19** 네 악이 너를 징계하겠고 네 반역이 너를 책망할 것이라. 그런즉 네 하나님 여호와를 버림과 네 속에 나를 경외함이 없는 것이 악이요 고통인 줄 알라.

- **창세기 6:5-7** 여호와께서 사람의 죄악이 세상에 가득함과 그의 마음으로 생각하는 모든 계획이 항상 악할 뿐임을 보시고, 땅 위에 사람 지으셨음을 한탄하사 마음에 근심하시고, 이르시되 내가 창조한 사람을 내가 지면에서 쓸어버리되 사람으로부터 가축과 기는 것과 공중의 새까지 그리하리니,

- **이사야 59:1-2** 여호와의 손이 짧아 구원하지 못하심도 아니요 귀가 둔하여 듣지 못하심도 아니라. 오직 너희 죄악이 너희와 너희 하나님 사이를 갈라 놓았고, 너희 죄가

그의 얼굴을 가리어서 너희에게서 듣지 않으시게 함이니라.

- **시편 107:10-11** 사람이 흑암과 사망의 그늘에 앉으며 곤고와 쇠사슬에 매임은 하나님의 말씀을 거역하며 지존자의 뜻을 멸시함이라.
- **데살로니가후서 1:8-9** 하나님을 모르는 자들과 우리 주 예수의 복음에 복종하지 않는 자들에게 형벌을 내리시리니, 이런 자들은 주의 얼굴과 그의 힘의 영광을 떠나 영원한 멸망의 형벌을 받으리로다.
- **요한일서 1:9** 만일 우리가 우리 죄를 자백하면, 그는 미쁘시고 의로우사 우리 죄를 사하시며 우리를 모든 불의에서 깨끗하게 하실 것이요

* 묵 상 *

1. 사람이 하나님 말씀을 어겨 하나님께 죄를 지은 뒤 하나님의 사랑과 은혜가 충만한 에덴에서 쫓겨나서 하나님을 주님으로 섬기지 않고 사람의 뜻과 힘으로 살아가며 온갖 욕심의 경쟁으로 인하여 불만과 불행을 겪다가 죽어서 정죄 심판을 받게 된다.

2. 사람은 에덴에서 영생할 수 있었지만 하나님의 법을 어겨 죽을 존재로 되었다. 에덴에서 쫓겨나 900여세를 살다가 죽었고(창5:3-32), 대홍수 심판 후에는 500세 이하로 줄었고(창11:10-32), 세월이 갈수록 자꾸 줄어서 아브라함 이후에는 200세 아래로 떨어졌고(창25:7), 모세는 강건하면 80세라고 했다(시90:10).

3. 죄인은 하나님과 분리되어 하나님과 교제하지 못하고 하나님의 뜻을 깨닫지 못한다. 영적으로 죽고 육신의 존재로 전락하여(창6:3) 마음에 하나님 두기를 싫어한다. 마음이 교만해져 하나님을 창조주로 경외하지 않고 온갖 죄를 저질러 하나님의 뜻과 생명에서 떠나 살면서(엡4:18) 하나님의 진노를 쌓는다(롬2:5).

4. 하나님께서 사람 지으셨음을 한탄하시고 대홍수를 일으켜 노아의 방주에 들어간 사람 8인과 동물들을 제외한 모든 생물을 죽이셨으나, 그 후에도 사람의 죄성은 사라지지 않았고, 하나님께 죄를 짓지 않는 사람은 하나도 없다(전7:20).

5. 대홍수 심판 후에도 사람들이 여전히 죄중에서 빠져 나오지 못하자, 하나님께서 정죄 심판을 미루시고 성자 하나님을 사람 예수로 보내 죄인들이 죄를 용서받고 하나님께 돌아오는 길을 만드시고 모든 사람이 회개하고 구원 받기를 기다리신다(벧후3:9). 이처럼 하나님의 은혜로 구원의 길이 열려져 있고 죄인에 대한 심판이 대기하고 있는데, 많은 사람들이 하나님의 구원을 거부하고 멸망의 길로 나아가고 있다.

017 죄인에게 진노하신다

- **출애굽기 32:33** 누구든지 내게 범죄하면 내가 내 책에서 그를 지워 버리리라.
- **요한계시록 20:15** 누구든지 생명책에 기록되지 못한 자는 불못에 던져지더라.
- **창세기 6:5,7** 여호와께서 사람의 죄악이 세상에 가득함과 그의 마음으로 생각하는 모든 계획이 항상 악할 뿐임을 보시고 – 내가 창조한 사람을 내가 지면에서 쓸어버리되,
- **히브리서 9:27** 한번 죽는 것은 사람에게 정해진 것이요, 그 후에는 심판이 있으리니,
- **로마서 2:6-8** 하나님께서 각 사람에게 행한 대로 보응하시되, 참고 선을 행하여 영광과 존귀와 썩지 아니함을 구하는 자에게는 영생으로 하시고, 진리를 따르지 아니하고 불의를 따르는 자에게는 진노와 분노로 하시리라.
- **예레미야 17:5** 무릇 사람을 믿으며 육신으로 그의 힘을 삼고 마음이 여호와에게서 떠난 그 사람은 저주를 받을 것이라.
- **로마서 1:18** 하나님의 진노가 불의로 진리를 막는 사람들의 모든 경건하지 않음과 불의에 대하여 하늘로부터 나타나나니,
- **골로새서 3:5-6** 땅에 있는 지체를 죽이라. 곧 음란과 부정과 사욕과 악한 정욕과 탐심이니, 탐심은 우상 숭배니라. 이것들로 말미암아 하나님의 진노가 임하느니라.
- **데살로니가후서 1:8-9** 하나님을 모르는 자들과 우리 주 예수의 복음에 복종하지 않는 자들에게 형벌을 내리시니, 이런 자들은 주의 얼굴과 그의 힘의 영광을 떠나 영원한 멸망의 형벌을 받으리로다.
- **요한계시록 21:8** 두려워하는 자들과 믿지 아니하는 자들과 흉악한 자들과 살인자들과 음행하는 자들과 점술가들과 우상 숭배자들과 거짓말하는 모든 자들은 불과 유황으로 타는 못에 던져지리니, 이것이 둘째 사망이라.
- **나훔 1:6** 누가 능히 그의 분노 앞에 서며, 누가 능히 그의 진노를 감당하랴. 그의 진노가 불처럼 쏟아지니, 그로 말미암아 바위들이 깨지는도다.

- **시편 78:38** 오직 하나님은 긍휼하시므로 죄악을 덮어 주시어 멸망시키지 아니하시고 그의 진노를 여러 번 돌이키시며 그의 모든 분을 다 쏟아 내지 아니하셨으니,
- **로마서 6:23** 죄의 삯은 사망이요, 하나님의 은사는 그리스도 예수 우리 주 안에 있는 영생이니라
- **요한복음 3:36** 아들을 믿는 자에게는 영생이 있고, 아들에게 순종하지 아니하는 자는 영생을 보지 못하고 도리어 하나님의 진노가 그 위에 머물러 있느니라.
- **로마서 8:1-2** 그리스도 예수 안에 있는 자에게는 결코 정죄함이 없나니, 이는 그리스도 예수 안에 있는 생명의 성령의 법이 죄와 사망의 법에서 너를 해방하였음이라.

* 묵 상 *

1. 아담과 하와가 하나님 말씀을 어기고 에덴에서 쫓겨난 후 사람은 모두 자기 욕심과 악한 영의 지배를 받는 본질상 진노의 자녀(엡2:3)로 되어 하나님께 죄를 지으며 살아간다. 하나님께 죄를 짓고 회개하지 않을 때마다 하나님의 진노를 쌓는다(롬2:5).

2. 사람은 육신이 죽은 후 자기 행위대로 심판을 받는다(계20:12). 죽기 전에 하나님의 구원을 받지 않은 사람은 지옥 불못에 던져져서, 하나님의 사랑과 은혜에서 영원히 완전하게 단절되고, 영원한 고통을 받게 된다. 이것이 죄에 대한 하나님의 진노이다.

3. 사람이 하나님의 법을 어기고 에덴에서 쫓겨난 후 사람의 죄악이 세상에 가득하자 하나님께서 사람을 지으셨음을 한탄하시고 온 땅을 물로 150일간 덮어 모든 동물을 죽이셨으나, 노아 가족 8명과 각종 동물 한 쌍씩을 보존하시고 마지막 때까지 죄악 심판을 보류하시고 죄인이 죄와 사망에서 구원받아 하나님께 돌아올 기회를 주셨다.

4. 예수님께서 모든 사람의 모든 죄에 대한 하나님의 진노를 십자가에서 고스란히 담당하셔서 죄인들의 죄 값을 대신 치르시고(사53:4-6) 죄인 구원의 길을 만드셨다. 그래서 어떠한 죄인이라도 예수 그리스도를 나의 구주로 영접하고 죄를 회개하면, 십자가 대속과 하나님의 은혜로 죄를 사함 받고 둘째 사망의 심판을 받지 아니한다(계2:11).

5. 하나님 진노의 원인 - ① 사람이 창조주 하나님을 떠나 육신의 욕심과 마귀의 지배를 좇아 하나님께 범죄함, ② 하나님이 그리스도를 보내 십자가 대속으로 구원의 길을 마련했음에도 구원을 거부하고 죄인인 채로 죽음(막16:16)

6. 재림 예수님의 진노의 심판을 피하려면, 살아 있을 때, 주님께서 재림하시기 전에, 예수님을 구주로 영접하고 그의 십자가 대속을 의지하여 회개해야 한다(롬8:1-2).

018 ─── 대홍수 심판

- **창세기 6:3** 여호와께서 이르시되, 나의 영이 영원히 사람과 함께 하지 아니하리니, 이는 그들이 육신이 됨이라. 그러나 그들의 날은 백이십 년이 되리라.

- **창세기 6:5,13-1** 여호와께서 사람의 죄악이 세상에 가득함과 그의 마음으로 생각하는 모든 계획이 항상 악할 뿐임을 보시고 - 하나님이 노아에게 이르시되 모든 혈육 있는 자의 포악함이 땅에 가득하므로 그 끝 날이 내 앞에 이르렀으니 내가 그들을 땅과 함께 멸하리라. 너는 고페르 나무로 너를 위하여 방주를 만들되, 그 안에 칸들을 막고 역청을 그 안팎에 칠하라.

- **창세기 6:9-10** 노아는 의인이요 당대에 완전한 자라. 그는 하나님과 동행하였으며, 세 아들을 낳았으니 셈과 함과 야벳이라.

- **창세기 7:11-12** 노아가 육백 세 되던 해 둘째 달 곧 그달 열이렛날이라. 그 날에 큰 깊음의 샘들이 터지고 하늘의 창문들이 열려 사십 주야를 비가 땅에 쏟아졌더라.

- **창세기 7:19,21** 물이 땅에 더욱 넘치매 천하의 높은 산이 다 잠겼더니, 땅 위에 움직이는 생물이 다 죽었으니 곧 새와 가축과 들짐승과 땅에 기는 모든 것과 모든 사람이라.

- **창세기 8:3-4,14** 물이 땅에서 물러가고 점점 물러가서 백오십 일 후에 줄어들고, 일곱째 달 곧 그 달 열이렛날에 방주가 아라랏 산에 머물렀으며, - 둘째 달 스무이렛날에 땅이 말랐더라.

- **창세기 9:1,19** 하나님이 노아와 그 아들들에게 복을 주시며 그들에게 이르시되 생육하고 번성하여 땅에 충만하라. 노아와 이 세 아들로부터 사람들이 온 땅에 퍼지니라.

- **창세기 9:11,13** 내가 너희와 언약을 세우리니, 다시는 모든 생물을 홍수로 멸하지 아니할 것이라. 땅을 멸할 홍수가 다시 있지 아니하리라. 내가 내 무지개를 구름 속에 두었나니, 이것이 나와 세상 사이의 언약의 증거니라.

- **마태복음 24:38-39** 홍수 전에 노아가 방주에 들어가던 날까지 사람들이 먹고 마시고 장가들고 시집가고 있으면서, 홍수가 나서 그들을 다 멸하기까지 깨닫지 못하였으니, 인자의 임함도 이와 같으리라.

* 묵 상 *

1. 노아가 600세 되던 해(아담 창조 후 1,656년) 2월 17일에 대홍수가 시작되어 궁창 위의 물이 40주야 쏟아지고 땅 속의 물이 터져나와 땅 위의 높은 산들이 다 수면 6.8m 아래로 150일간 잠겼다. 그래서 지상의 모든 사람(100억 이상 추정)과 모든 생물이 다 죽었고, 노아가 만든 방주에 들어간 노아의 가족 8인과 동물들만 구원 받았다. 하나님께서 아름답게 창조하셨던 지구도 크게 망가졌다.

2. 노아 시대의 대홍수 심판에 관한 성경의 기록은 특별히 구체적이다. 홍수 일자와 기간, 침수 기간, 물이 빠지고 땅이 마른 시기, 방주 규모·구조·제작법, 구원 대상 등

3. 하나님은 하나님과 온전히 동행하던 의인 노아에게 방주(길이 135m, 너비 22.5m, 높이 13.5m)를 만들게 하시면서 그 제작법을 자세히 가르치셨다. 동력과 키도 없이 하나님의 보호 아래 대홍수와 지진과 급류의 격랑 속에서 150일간 표류하다가 7월 17일에 터키 동쪽 아라랏산에 걸려 해발 4,000m가 넘는 곳에 빙하로 덮여 있다.

4. 하나님은 대홍수 심판을 미리 예고하셨고 노아가 120년간 방주를 제작하였으나, 사람들은 심판과 구원에 대하여 관심을 두지 않았고, 노아와 각종 동물들이 홍수 7일 전에 방주에 들어갔는데도 아무도 구원 받으러 오지 않았다.

5. 하나님께서 궁창 위에 물을 두셔서(창1:7) 지구가 온실이 되게 하고 해로운 광선의 침입을 막았는데, 대홍수 심판을 위하여 궁창 위의 물을 사용하셔서 지구의 보호막이 대부분 사라졌고 지구 생물의 생존 환경이 크게 악화되었다.

6. 사람은 에덴에서 쫓겨난 뒤에 900여세를 살다가 죽었지만(창5:3-32), 대홍수 심판 후에는 500세 이하로 줄었고(창11:10-32), 세월이 갈수록 자꾸 줄어서 아브라함 이후에는 200세 아래로 떨어졌고(창25:7), 모세는 강건하면 80세라고 했다(시90:10).

7. 대홍수와 지진과 지구의 수중 자전(시속 1,668.9km)에 따른 급류로 인하여 산들이 무너져 흘러 지구 곳곳에 퇴적층을 만들었다. 미국 애리조나주 해발 2,500m 고원지대의 그랜드 캐년(길이 445km)은 퇴적층이 3km 두께로 쌓였다가 너비 500m ~ 30km 가량이 1,500m 깊이로 수직 침식되어 여러 차례 수평으로 쌓인 퇴적층의 모습을 잘 보여준다.

8. 홍수 심판이 끝난 후 하나님은 노아와 그 아들들에게 생육하고 번성하여 땅에 충만하라고 축복하셨다. 그 자손들이 온 땅의 족속을 이루었고(창10:30), 대부분의 족속이 홍수와 방주 이야기를 전승하여 왔고, 한자 선(船)도 방주의 8인을 나타내고 있다.

019 소돔 심판

- **레위기 18:22** 너는 여자와 동침함 같이 남자와 동침하지 말라. 이는 가증한 일이니라.
- **레위기 20:13** 누구든지 여자와 동침하듯 남자와 동침하면 둘 다 가증한 일을 행함인즉 반드시 죽일지니, 자기의 피가 자기에게로 돌아가리라.
- **창세기 13:13** 소돔 사람은 여호와 앞에 악하며 큰 죄인이었더라.
- **창세기 18:23,32** 아브라함이 가까이 나아가 이르되, 주께서 의인을 악인과 함께 멸하려 하시나이까. 아브라함이 또 이르되, 주는 노하지 마옵소서. 내가 이번만 더 아뢰리이다. 거기서 십 명을 찾으시면 어찌 하려 하시나이까. 이르시되, 내가 십 명으로 말미암아 멸하지 아니하리라.
- **창세기 19:1-3** 저녁 때에 그 두 천사가 소돔에 이르니 마침 롯이 소돔 성문에 앉아 있다가 그들을 보고 일어나 영접하고 땅에 엎드려 절하며 이르되, 내 주여 돌이켜 종의 집으로 들어와 발을 씻고 주무시고 일찍이 일어나 갈 길을 가소서 – 롯이 간청하매 그제서야 돌이켜 그 집으로 들어오는지라. 롯이 그들을 위하여 식탁을 베풀고 무교병을 구우니 그들이 먹으니라.
- **창세기 19:4-7** 소돔 백성들이 노소를 막론하고 원근에서 다 모여 그 집을 에워싸고 롯을 부르고 그에게 이르되, 오늘 밤에 네게 온 사람들이 어디 있느냐, 이끌어 내라. 우리가 그들을 상관하리라. 롯이 문 밖의 무리에게로 나가서 뒤로 문을 닫고 이르되 청하노니 내 형제들아 이런 악을 행하지 말라.
- **창세기 19:15-16** 동틀 때에 천사가 롯을 재촉하여 이르되, 일어나 여기 있는 네 아내와 두 딸을 이끌어 내라. 이 성의 죄악 중에 함께 멸망할까 하노라. 그러나 롯이 지체하매 그 사람들이 롯의 손과 그 아내의 손과 두 딸의 손을 잡아 인도하여 성 밖에 두니, 여호와께서 그에게 자비를 더하심이었더라.
- **창세기 19:24-25** 여호와께서 하늘 곧 여호와께로부터 유황과 불을 소돔과 고모라에 비같이 내리사 그 성들과 온 들과 성에 거주하는 모든 백성과 땅에서 난 것을 다 엎어 멸하셨더라.

- 창세기 19:26 롯의 아내는 뒤를 돌아보았으므로 소금 기둥이 되었더라.
- 베드로후서 2:6-7 소돔과 고모라 성을 멸망하기로 정하여 재가 되게 하사 후세에 경건하지 아니할 자들에게 본을 삼으셨으며, 무법한 자들의 음란한 행실로 말미암아 고통 당하는 의로운 롯을 건지셨으니,
- 유다서 1:7 소돔과 고모라와 그 이웃 도시들도 – 음란하며 다른 육체를 따라가다가 영원한 불의 형벌을 받음으로 거울이 되었느니라.
- 고린도전서 6:9-10 불의한 자가 하나님의 나라를 유업으로 받지 못할 줄을 알지 못하느냐. 음행하는 자나 우상 숭배하는 자나 간음하는 자나 탐색하는 자나 남색하는 자나 – 하나님의 나라를 유업으로 받지 못하리라.

* 묵 상 *

1. 소돔과 고모라의 사람들은 동성애를 공공연하게 즐기다가 여호와의 진노를 받아 유황과 불의 심판을 받아 멸망하였다. 그 곳 사람들과 땅의 소산이 다 소멸되었다.
2. 가나안에서 우상을 숭배하는 사람들은 가나안 땅으로 이주하는 이스라엘 백성을 시켜 진멸하게 하셨으나, 동성애를 즐기는 소돔과 고모라의 사람들은 하나님께서 친히 유항과 불을 내려 진멸하셨다.
3. 아브라함이 애타게 중보기도하였음에도 소돔과 고모라에는 의인 10명이 없었고, 천사들에게 의로움을 보인 롯과 그 두 딸만 천사들 손에 이끌려 구원을 받았다.
4. 하나님께서 동성애는 가증한 일이니 행위자를 다 죽이라고 말씀하셨다(레20:13). 죽임을 당하지 않더라도 가증한 죄인이므로 하나님 앞에 나아가지 못하고 하나님 나라에 들어가지 못한다(고전6:9-10).
5. 남성 동성애자의 항문 성교 행위는 에이즈(AIDS)를 감염시키는 주된 원인이다. 미국 2011년 통계가 에이즈에 걸린 청소년의 94.3%가 항문 성교로 감염되었다고 밝혔다. 동성애로 에이즈를 전염시키면 하나님의 진노가 더욱 커질 것이다.
6. 에이즈는 바이러스가 감염자의 면역체계를 파괴시켜 몸과 정신을 파멸시키는 난치병이고, 그 해악성이 마약보다 심하다고 한다. 치유와 구원을 받도록 인도해야 한다.
7. 한국의 에이즈 감염자는 2013년 현재 8,663명인데, 92.1%가 남성이다. 2013년부터 한 해 1,000명 이상씩 증가하고, 항문을 빌려 주었다가 감염된 청소년도 많다고 한다.

020 지옥의 영원한 형벌

- **히브리서 9:27** 한번 죽는 것은 사람에게 정해진 것이요, 그 후에는 심판이 있으리니
- **전도서 12:14** 하나님은 모든 행위와 모든 은밀한 일을 선악 간에 심판하시리라.
- **요한계시록 20:15** 누구든지 생명책에 기록되지 못한 자는 불못에 던져지더라.
- **로마서 6:23** 죄의 삯은 사망이요, 하나님의 은사는 그리스도 예수 우리 주 안에 있는 영생이니라
- **마가복음 16:16** 믿고 세례를 받는 사람은 구원을 얻을 것이요, 믿지 않는 사람은 정죄를 받으리라.
- **사무엘상 2:6** 여호와는 죽이기도 하시고 살리기도 하시며, 스올에 내리게도 하시고 거기에서 올리기도 하시는도다.
- **신명기 30:19-20** 내가 생명과 사망과 복과 저주를 네 앞에 두었은즉, 너와 네 자손이 살기 위하여 생명을 택하고, 네 하나님 여호와를 사랑하고 그의 말씀을 청종하며 또 그를 의지하라.
- **마태복음 10:28** 몸은 죽여도 영혼은 능히 죽이지 못하는 자들을 두려워하지 말고, 오직 몸과 영혼을 능히 지옥에 멸하실 수 있는 이를 두려워하라
- **마태복음 3:12** 손에 키를 들고 자기의 타작 마당을 정하게 하사 알곡은 모아 곳간에 들이고 쭉정이는 꺼지지 않는 불에 태우시리라.
- **마가복음 9:43** 만일 네 손이 너를 범죄하게 하거든 찍어버리라. 장애인으로 영생에 들어가는 것이 두 손을 가지고 지옥 곧 꺼지지 않는 불에 들어가는 것보다 나으니라.
- **마태복음 25:41,46** 저주를 받은 자들아, 나를 떠나 마귀와 그 사자들을 위하여 예비된 영원한 불에 들어가라. 그들은 영벌에, 의인들은 영생에 들어가리라 하시니라.
- **요한복음 5:28-29** 무덤 속에 있는 자가 다 그의 음성을 들을 때가 오나니, 선한 일을 행한 자는 생명의 부활로, 악한 일을 행한 자는 심판의 부활로 나오리라.

- **데살로니가후서 1:8-9** 하나님을 모르는 자들과 우리 주 예수의 복음에 복종하지 않는 자들에게 형벌을 내리시리니, 이런 자들은 주의 얼굴과 그의 힘의 영광을 떠나 영원한 멸망의 형벌을 받으리로다
- **요한계시록 21:8** 두려워하는 자들과 믿지 아니하는 자들과 흉악한 자들과 살인자들과 음행하는 자들과 점술가들과 우상 숭배자들과 거짓말하는 모든 자들은 불과 유황으로 타는 못에 던져지리니, 이것이 둘째 사망이라.
- **누가복음 16:24,26** 아버지 아브라함이여, 나를 긍휼히 여기사 나사로를 보내어 그 손가락 끝에 물을 찍어 내 혀를 서늘하게 하소서. 내가 이 불꽃 가운데서 괴로워하나이다. - 너희와 우리 사이에 큰 구렁텅이가 놓여 있어 여기서 너희에게 건너가고자 하되 갈 수 없고 거기서 우리에게 건너올 수도 없게 하였느니라.

* 묵 상 *

1. 지옥(Geenna, Hell)은 구원받지 못한 사람이 죽은 후에 심판을 받고 영원한 형벌을 받는 곳이다. 불 못(계20:15), 불과 유황으로 타는 못(계21:8), 지옥 불, 영원한 불(마18: 8-9), 꺼지지 않는 불(마3:12) 등으로 표현된다. 음부(Sheol, Hades)는 보통 죽은 자가 심판 전에 잠자는 곳을 말하는데, 지옥과 혼용되기도 한다(시9:17, 사5:14, 눅16:23, 행2:27, 계1:18).

2. 마지막 때에 예수님께서 심판주로 오시면 죽은 자와 산 자가 모두 자기 행위대로 심판을 받는다. 하나님의 구원을 받은 사람은 하늘 천국으로 올려져 영생하지만, 구원을 받지 않은 사람은 지옥 불못에 던져져서 영원한 고통을 받게 된다.

3. 최후 심판의 결론은 영생 아니면 영벌이다. 영생은 하나님과 함께 완전한 평화와 완전한 행복을 영원히 누리는 것이다. 영벌은 하나님과 완전히 단절되어 세세토록 밤낮 고통을 받는 영원한 멸망이다. 지옥에서는 불못의 고통 속에서 회개도, 재심판도, 물 한 방울의 자비도, 어떠한 희망도 허용되지 않고, 완전한 절망뿐이다.

4. 하나님께서 죄인들이 지옥 심판을 피하는 길을 만드셨다. 하나님의 아들을 예수 그리스도로 보내 만인의 모든 죄를 대속하게 하시고 예수님을 구주로 영접하고 죄를 회개하는 사람의 죄를 사하시고 심판을 면제하신다(롬8:1-2).

5. 영생과 영벌은 사람의 선택에 달려 있다. 누구든지 예수님을 내 죄를 대속하신 구주로 영접하고 내 죄를 회개하면 영생을 얻고, 그렇지 않으면 영원한 형벌을 받는다.

021 ─ 회개하고 돌아오라

- **이사야 55:7** 악인은 그의 길을, 불의한 자는 그의 생각을 버리고 여호와께로 돌아오라. 그리하면 그가 긍휼히 여기시리라. 우리 하나님께로 돌아오라. 그가 너그럽게 용서하시리라.
- **에스겔 18:31-32** 너희는 너희가 범한 모든 죄악을 버리고 마음과 영을 새롭게 할지어다. 이스라엘 족속아, 너희가 어찌하여 죽고자 하느냐. 주 여호와의 말씀이니라. 죽을 자가 죽는 것도 내가 기뻐하지 아니하노니 너희는 스스로 돌이키고 살지니라.
- **예레미야 4:4** 너희는 스스로 할례를 행하여 너희 마음 가죽을 베고 나 여호와께 속하라. 그리하지 아니하면 너희 악행으로 말미암아 나의 분노가 불 같이 일어나 사르리니 그것을 끌 자가 없으리라.
- **역대하 7:14** 내 이름으로 일컫는 내 백성이 그들의 악한 길에서 떠나 스스로 낮추고 기도하여 내 얼굴을 찾으면, 내가 하늘에서 듣고 그들의 죄를 사하고 그들의 땅을 고칠지라.
- **누가복음 5:32** 내가 의인을 부르러 온 것이 아니라 죄인을 불러 회개시키러 왔노라.
- **마가복음 1:15** 때가 찼고 하나님의 나라가 가까이 왔으니, 회개하고 복음을 믿으라
- **요한복음 3:16** 하나님이 세상을 이처럼 사랑하사 독생자를 주셨으니, 이는 그를 믿는 자마다 멸망하지 않고 영생을 얻게 하려 하심이라.
- **요한일서 1:9** 만일 우리가 우리 죄를 자백하면, 그는 미쁘시고 의로우사 우리 죄를 사하시며 우리를 모든 불의에서 깨끗하게 하실 것이요
- **사도행전 3:19** 그러므로 너희가 회개하고 돌이켜 너희 죄 없이 함을 받으라. 이같이 하면 새롭게 되는 날이 주 앞으로부터 이를 것이요
- **베드로후서 3:9** 주께서는 너희를 대하여 오래 참으사 아무도 멸망하지 아니하고 다 회개하기에 이르기를 원하시느니라.
- **누가복음 15:7** 죄인 한 사람이 회개하면 하늘에서는 회개할 것 없는 의인 아흔아홉

으로 말미암아 기뻐하는 것보다 더하리라.

- **호세아 12:6** 그런즉 너의 하나님께로 돌아와서 인애와 정의를 지키며 항상 너의 하나님을 바랄지니라.

* 묵 상 *

1. 하나님은 의로우셔서 죄인들에게 사망 심판을 내리시는 분이지만, 심판을 미루시고 예수 그리스도를 보내어 구원의 길을 마련하시고 죄인들이 모두 회개하고 구원받기를 원하시고 기다리신다〈벧후3:9〉.

2. 하나님은 죄에 빠진 사람들을 구원하시기 위하여, 많은 선지자를 통하여 회개하기를 촉구하시다가, 마지막에 하나님의 독생자를 사람으로 보내어 대속(代贖)의 제물로 삼아 죄인 구원의 길을 만드셨다.

3. 회개는 내 죄를 대속하신 예수님을 나의 구주로 섬기며 나의 죄를 구주 앞에 내놓고 뉘우치는 것이다. 그리하면 하나님께서 예수님의 대신 속죄를 죄인의 속죄로 인정하여 그 죄를 용서하시고 더 나아가 의롭다고 여기신다.

4. 죄인이 예수 그리스도를 구주로 영접하고 죄를 회개하면 죄 사함과 칭의를 받게 되고〈요일1:7,9〉, 죄 사함은 정죄 받지 않게 하고〈롬8:1-2〉, 칭의는 하나님께 나아갈 수 있게 한다〈히10:19〉. 죄를 회개하지 않고는 죄 사함을 받을 수 없고, 죄 사함을 받지 않고는 하나님 앞에 나아갈 수 없다. 성도로 거듭난 후에도 죄를 지을 때마다 회개하여야 하나님과 교제할 수 있다.

5. 하나님은 죄인의 회개를 기다리시고 무척 기뻐하시고 인생을 바꾸는 은혜를 베푸신다. 죄인이 회개하면 죄 없는 의인으로 여기시고〈칭의, 롬3:24〉, 성령을 선물로 주어 영적 존재로 재창조하시고〈거듭남, 행2:38〉, 하나님의 자녀로 되는 자격을 주어〈자녀권세, 요1:12〉 하나님과 함께 살아갈 수 있게 하신다〈함께 살아감, 살전5:10〉. 모두 회개를 통하여 받을 수 있는 하나님의 은혜이다.

6. 회개는 하나님의 뜻을 어겼던 죄를 반성하고 더 나아가 하나님의 뜻에 따라 살아가는 것이다. 하나님을 떠나 살던 삶에서 돌이켜 하나님의 성도로 거듭나서 하나님의 뜻을 준행하여 삶 전체가 거룩한 산 제물과 영적 예배로 전환되는 것이다〈롬12:1-2〉.

7. 죄인이 죄를 회개하고 구원받는 일은 죽기 전에, 주님 재림하시기 전에 해야 한다. 죄를 회개하지 않고 죽은 자에게는 하나님의 진노의 심판이 있을 뿐이다.

022 하나님은 사랑이시라

- **요한일서 4:16** 하나님은 사랑이시라. 사랑 안에 거하는 자는 하나님 안에 거하고 하나님도 그의 안에 거하시느니라.
- **시편 106:1** 할렐루야, 여호와께 감사하라. 그는 선하시며 그 인자하심이 영원함이로다.
- **민수기 6:24-26** 여호와는 네게 복을 주시고 너를 지키시기를 원하며, 여호와는 그의 얼굴을 네게 비추사 은혜 베푸시기를 원하며, 여호와는 그 얼굴을 네게로 향하여 드사 평강 주시기를 원하노라
- **예레미야 32:40-41** 내가 그들에게 복을 주기 위하여 그들을 떠나지 아니하리라 하는 영원한 언약을 그들에게 세우고, 나를 경외함을 그들의 마음에 두어 나를 떠나지 않게 하고, 내가 기쁨으로 그들에게 복을 주되 분명히 나의 마음과 정성을 다하여 그들을 이 땅에 심으리라.
- **이사야 49:15** 여인이 어찌 그 젖 먹는 자식을 잊겠으며 자기 태에서 난 아들을 긍휼히 여기지 않겠느냐, 그들은 혹시 잊을지라도 나는 너를 잊지 아니할 것이라.
- **호세아 11:8-9** 이스라엘이여 내가 어찌 너를 버리겠느냐 - 내 마음이 내 속에서 돌이키어 나의 긍휼이 온전히 불붙듯 하도다 - 이는 내가 하나님이요 사람이 아님이라.
- **요한복음 3:16** 하나님이 세상을 이처럼 사랑하사 독생자를 주셨으니, 이는 그를 믿는 자마다 멸망하지 않고 영생을 얻게 하려 하심이라.
- **로마서 5:8** 우리가 아직 죄인 되었을 때에 그리스도께서 우리를 위하여 죽으심으로 하나님께서 우리에 대한 자기의 사랑을 확증하셨느니라.
- **에베소서 2:4-5** 긍휼이 풍성하신 하나님이 우리를 사랑하신 그 큰 사랑을 인하여 허물로 죽은 우리를 그리스도와 함께 살리셨고(너희는 은혜로 구원을 받은 것이라)
- **요한일서 4:11-12** 사랑하는 자들아, 하나님이 이같이 우리를 사랑하셨은즉, 우리도 서로 사랑하는 것이 마땅하도다. - 만일 우리가 서로 사랑하면 하나님이 우리 안에 거하시고 그의 사랑이 우리 안에 온전히 이루어지느니라.

- **마태복음 22:37-40** 네 마음을 다하고 목숨을 다하고 뜻을 다하여 주 너의 하나님을 사랑하라 하셨으니 이것이 크고 첫째 되는 계명이요, 둘째도 그와 같으니 네 이웃을 네 자신 같이 사랑하라 하셨으니, 이 두 계명이 온 율법과 선지자의 강령이니라.
- **요한일서 5:3** 하나님을 사랑하는 것은 이것이니, 우리가 그의 계명들을 지키는 것이라.
- **신명기 6:24-25** 여호와께서 우리에게 이 모든 규례를 지키라 명령하셨으니, 이는 우리가 우리 하나님 여호와를 경외하여 항상 복을 누리게 하기 위하심이며, - 그것이 곧 우리의 의로움이니라 할지니라.

* 묵 상 *

1. 하나님은 사랑이시다. 그래서 선하시며 인자하심이 영원하다. 하나님은 천지만물을 하나님의 사랑과 지혜와 능력으로 창조하셨고, 하나님의 사랑과 은혜로 다스리신다. 하나님의 사랑은 하나님을 창조주로 섬기는 사람들에게 선한 인생을 이루게 하신다.

2. 하나님은 사람을 한없이 사랑하신다. 사람을 하나님 형상대로 창조하시고, 에덴에서 함께 살면서 사람의 필요를 다 공급하여 주시고, 사람이 하나님 말씀을 어기고 하나님을 떠나간 뒤에도 이스라엘 민족에게 율법을 주어 하나님의 백성으로 살아가도록 가르치시고, 동물의 희생 제사로 속죄받을 수 있게 하시고, 하나님의 아들을 그리스도로 보내 모든 사람의 모든 죄를 대신 속죄하게 하시고, 성령을 넣어주어 창조주 하나님과 교제하며 살아가게 하시고, 영생의 길로 인도하신다.

3. 하나님의 사랑은 거룩하고 순결하고 완전하다. 사람이 하나님의 사랑을 외면하거나 떠나더라도 하나님의 사랑은 변함이 없고 영원하다. 인간의 본성적인 사랑과는 본질과 차원이 다른 아가페 사랑이다. 그 무엇도 그 사랑을 감축시키지 못한다(롬8:38-39).

4. 하나님의 사랑은 사람이 하나님의 백성으로 살아가게 하시고, 그 백성에게 차원 높은 사랑과 은혜를 베푸신다. 하나님의 다스림에 순종할수록 하나님의 사랑과 은혜가 더욱 커지고 풍성해진다(엡3:18-19).

5. 하나님은 모든 사람을 사랑하시면서 사람들도 하나님을 사랑하기 원하시고 하나님이 사랑하시는 다른 사람도 사랑하라고 명하신다(요13:34). 우리가 서로 사랑할 때 하나님의 사랑이 우리 안에 온전히 이루어진다고 하신다.

6. 그러므로 우리는 긍휼하심을 받고 때를 따라 돕는 은혜를 얻기 위하여 은혜의 보좌 앞에 담대히 나아갈 것이니라(히4:16).

023 — 죄를 사(赦)하시는 은혜

- **로마서 5:12** 한 사람으로 말미암아 죄가 세상에 들어오고 죄로 말미암아 사망이 들어왔나니, 이와 같이 모든 사람이 죄를 지었으므로 사망이 모든 사람에게 이르렀느니라.
- **히브리서 9:27** 한번 죽는 것은 사람에게 정해진 것이요, 그 후에는 심판이 있으리니
- **히브리서 9:22** 피흘림이 없은즉 사함이 없느니라.
- **누가복음 5:21** 오직 하나님 외에 누가 능히 죄를 사하겠느냐
- **레위기 17:11** 육체의 생명은 피에 있음이라. 내가 이 피를 너희에게 주어 제단에 뿌려 너희의 생명을 위하여 속죄하게 하였나니 생명이 피에 있으므로 피가 죄를 속하느니라.
- **히브리서 10:1,4** 해마다 늘 드리는 같은 제사로는 나아오는 자들을 언제나 온전하게 할 수 없느니라. 이는 황소와 염소의 피가 능히 죄를 없이 하지 못함이라.
- **히브리서 9:11-12** 그리스도께서는 장래 좋은 일의 대제사장으로 오사 – 염소와 송아지의 피로 하지 아니하고 오직 자기의 피로 영원한 속죄를 이루사,
- **베드로전서 1:18-19** 너희가 – 대속함을 받은 것은 – 오직 흠 없고 점 없는 어린 양 같은 그리스도의 보배로운 피로 된 것이니라.
- **로마서 5:9** 이제 우리가 그의 피로 말미암아 의롭다 하심을 받았으니 더욱 그로 말미암아 진노하심에서 구원을 받을 것이니,
- **갈라디아서 2:16** 사람이 의롭게 되는 것은 율법의 행위로 말미암음이 아니요 오직 예수 그리스도를 믿음으로 말미암는 줄 알므로 우리도 그리스도 예수를 믿나니 – 율법의 행위로써는 의롭다 함을 얻을 육체가 없느니라.
- **로마서 3:24** 그리스도 예수 안에 있는 속량(贖良)으로 말미암아 하나님의 은혜로 값없이 의롭다 하심을 얻은 자 되었느니라.
- **히브리서 9:14-15** 흠 없는 자기를 하나님께 드린 그리스도의 피가 어찌 너희 양심을 죽은 행실에서 깨끗하게 하고 살아계신 하나님을 섬기게 하지 못하겠느냐. 이로 말미

암아 - 부르심을 입은 자로 하여금 영원한 기업의 약속을 얻게 하려 하심이라.
- 요한일서 1:9 만일 우리가 우리 죄를 자백하면 그는 미쁘시고 의로우사 우리 죄를 사하시며 우리를 모든 불의에서 깨끗하게 하실 것이요
- 에베소서 2:8-9 너희는 그 은혜에 의하여 믿음으로 말미암아 구원을 받았으니, 이것은 너희에게서 난 것이 아니요 하나님의 선물이라. 행위에서 난 것이 아니니 이는 누구든지 자랑하지 못하게 함이라.

* 묵 상 *

1. 사람은 하나님과 교제하며 하나님 뜻에 따라 살아가도록 영적 존재로 창조되었으므로, 하나님 뜻을 어기고 자기 뜻에 따라 살아가는 것은 하나님께 죄를 짓는 것이다.

2. 하나님께 죄를 지은 사람이 거룩하신 하나님 앞에 가면 정죄 심판을 받아 죽는다. 죄인은 하나님과 분리되고 영적 교제가 단절되어 하나님 백성으로 살아가지 못한다.

3. 사람이 하나님께 지은 죄는 사람의 능력이나 노력으로는 없앨 수 없고(롬3:20, 딛3:5) 죄인의 생명으로 죄값을 치러야 한다. 죄인이 죽을 때까지 죄를 회개하지 않으면 사망 후에 정죄 심판을 받고 지옥 불못에 던져져 영원히 멸망한다(살후1:8-9).

4. 사람이 하나님의 말씀을 어겼으니 반드시 죽어야 하지만(창2:17), 하나님은 죄인을 즉시 심판하지 않으시고 동물 가죽 옷을 입혀 에덴 천국에서 쫓아내셨다. 그 후 사람은 저주받은 땅에서 땀 흘리며 고생하다가 죽게 되었다(창3:17-19).

5. 하나님은 이스라엘 민족을 하나님의 백성으로 삼으시고, 그들의 성막 또는 성전으로 내려오셔서 동물의 희생 제사를 받으시고 그들의 죄를 용서하시는 은혜를 베푸셨다. 그러나 동물 희생의 속죄는 온전하지 못하여(히10:1) 선민의 범죄는 끊임없이 반복되었고 사람이 범죄할 때마다 죄 없는 동물을 희생시켜야 했다.

6. 그래서 죄인을 온전히 구원하시기 위하여 하나님께서 독생자를 그리스도로 보내 모든 사람의 모든 죄를 단번에 대속하게 하셨다(히10:14). 예수님의 십자가 대속을 받아들이는 사람은, 생명의 피를 흘리지 않고 희생 제사를 드리지 않고도, 모든 죄를 사함 받고 정죄 심판에서 벗어나고(롬8:1) 하나님과 함께 살아갈 수 있게 하셨다.

7. 사람이 하나님께 지은 죄를 용서받을 만한 행위를 하지 않았는데도, 하나님께서 앞장서서 모든 사람이 모든 죄를 용서받을 수 있는 구원의 길을 만드시고 영원히 보장하신다. 하나님의 백성으로 살아가게 하시려고 엄청난 은혜를 먼저 베푸셨다.

024 하나님의 구원 언약

- **민수기 15:41** 나는 여호와 너희 하나님이라. 나는 너희의 하나님이 되려고 너희를 애굽 땅에서 인도해 내었느니라. 나는 여호와 너희의 하나님이니라.

- **출애굽기 19:5-6** 너희가 내 말을 잘 듣고 내 언약을 지키면, 너희는 모든 민족 중에서 내 소유가 되겠고, 너희가 내게 대하여 제사장 나라가 되며 거룩한 백성이 되리라.

- **요한복음 1:17** 율법은 모세로 말미암아 주어진 것이요, 은혜와 진리는 예수 그리스도로 말미암아 온 것이라.

- **갈라디아서 1:4** 그리스도께서 하나님 곧 우리 아버지의 뜻을 따라 이 악한 세대에서 우리를 건지시려고 우리 죄를 대속하기 위하여 자기 몸을 주셨으니,

- **에스겔 36:26-27** 새 영을 너희 속에 두고 새 마음을 너희에게 주되, 너희 육신에서 굳은 마음을 제거하고 부드러운 마음을 줄 것이며, 또 내 영을 너희 속에 두어 너희로 내 율례를 행하게 하리니, 너희가 내 규례를 지켜 행할지라.

- **히브리서 8:8,10,12** 내가 이스라엘 집과 유다 집과 더불어 새 언약을 맺으리라. 내가 이스라엘 집과 맺을 언약은 이것이니, 내 법을 그들의 생각에 두고 그들의 마음에 이것을 기록하리라. 나는 그들에게 하나님이 되고 그들은 내게 백성이 되리라. 내가 그들의 불의를 긍휼히 여기고 그들의 죄를 다시 기억하지 아니하리라.

- **마태복음 5:17** 내가 율법이나 선지자를 폐하러 온 줄로 생각하지 말라. 폐하러 온 것이 아니요 완전하게 하려 함이라.

- **히브리서 10:19-20** 우리가 예수의 피를 힘입어 성소에 들어갈 담력을 얻었으니, 그 길은 우리를 위하여 휘장 가운데로 열어 놓으신 새로운 살 길이요

- **요한복음 14:16-17** 내가 아버지께 구하겠으니, 그가 또 다른 보혜사를 너희에게 주사 영원토록 너희와 함께 있게 하리니, 그는 진리의 영이라 – 그는 너희와 함께 거하심이요 또 너희 속에 계시겠음이라.

- **요한복음 16:13** 진리의 성령이 오시면 그가 너희를 모든 진리 가운데로 인도하시리니,

- **요한계시록 21:7** 이기는 자는 이것들을 상속으로 받으리라. 나는 그의 하나님이 되고

그는 내 아들이 되리라.
- 민수기 23:19 하나님은 사람이 아니시니 거짓말을 하지 않으시고 – 어찌 그 말씀하신 바를 행하지 않으시며 하신 말씀을 실행하지 않으시랴.
- 이사야 54:10 산들이 떠나며 언덕들은 옮겨질지라도 나의 자비는 네게서 떠나지 아니하며 나의 화평의 언약은 흔들리지 아니하리라. 너를 긍휼히 여기시는 여호와께서 말씀하셨느니라.

* 묵 상 *

1. 하나님께서 이스라엘 민족에게 율법을 주시고 하나님의 다스림에 순종하면 하나님의 백성으로 행복하게 살아가게 된다고 약속하셨다. 그것은 하나님의 특별한 은혜였지만, 이스라엘 민족이 율법을 준수하지 못하여 그 언약이 낡아지고 쇠하여졌다(히 8:9,13).

2. 그러자 하나님께서 더 큰 은혜를 베풀어 새 언약을 주셨다. 사람의 마음이 부패하여 자꾸 율법을 어겨 죄를 쌓아 가니, 그리스도의 피로 사람들의 죄를 씻고 성령을 주어 하나님 백성으로 살아가도록 돕겠다는 약속이다. 사람이 실패하였지만 하나님의 사랑은 식지 않고 더 크고 깊고 풍성하게 펼쳐진다.

3. 새 언약은 ①독생자의 피로 만인의 모든 죄를 사하고 의롭다고 여겨 하나님 앞에 나아갈 수 있게 하고, ②성령을 주어 하나님과 다시 교제할 수 있게 하여 하나님의 구원 은혜를 알고(고전2:9-10) 하나님의 아들로 살아가도록(롬8:14) 돕겠다는 것이다.

4. 하나님은 독생자를 대속 제물로 죽게 하시고 다시 살리셔서 죄를 대속하시는 구원의 길을 만드시고 구원을 영접하는 사람들에게 성령을 보혜사로 주셔서 새 언약을 성취하셨고, 더 나아가 성령의 인도에 순종하는 성도에게 천국 백성의 영생을 약속하신다.

5. 하나님은 죄인을 구원하여 하나님의 백성으로 살아갈 수 있게 하시려고 죄인 구원법을 세우시고, 성자 하나님을 사람 예수로 보내어 하나님의 구원 계획을 이루게 하셨다. 예수님은 목숨을 바쳐 하나님 뜻을 이루시고 은혜의 시대를 열고 새 언약의 중보자가 되셨고(히9:15), 구원을 시작하시고 온전하게 이루시는 구주가 되셨다(히12:2).

6. 하나님의 구원 언약은 그 언약을 믿고 따르는 모든 사람에게 주어진 약속이고 반드시 실현되는 확실한 약속이다. 그 언약을 믿고 성령의 인도에 따라 하나님의 백성으로 살아가면 천국의 영생까지 보장되지만, 마지막 심판 전에 믿고 구원 받아야 한다.

025 ────── 하나님 삼위일체의 구원

- **요한복음 3:17** 하나님이 그 아들을 세상에 보내신 것은, 세상을 심판하려 하심이 아니요, 그로 말미암아 세상이 구원을 받게 하려 하심이라.

- **요한복음 6:38,40** 내가 하늘에서 내려온 것은, 내 뜻을 행하려 함이 아니요, 나를 보내신 이의 뜻을 행하려 함이니라. 내 아버지의 뜻은 아들을 보고 믿는 자마다 영생을 얻는 이것이니, 마지막 날에 내가 이를 다시 살리리라

- **갈라디아서 1:4** 그리스도께서 하나님 곧 우리 아버지의 뜻을 따라 이 악한 세대에서 우리를 건지시려고 우리 죄를 대속하기 위하여 자기 몸을 주셨으니,

- **사도행전 2:23-24** 그가 하나님께서 정하신 뜻과 미리 아신 대로 내준 바 되었거늘 - 하나님께서 그를 사망의 고통에서 풀어 살리셨으니,

- **로마서 6:10-11** 그가 죽으심은 죄에 대하여 단번에 죽으심이요 그가 살아 계심은 하나님께 대하여 살아 계심이니, 이와 같이 너희도 너희 자신을 죄에 대하여는 죽은 자요 그리스도 예수 안에서 하나님께 대하여 살아 있는 자로 여길지어다 .

- **요한복음 14:16-17,20** 내가 아버지께 구하겠으니 그가 또 다른 보혜사를 너희에게 주사 영원토록 함께 있게 하리니 - 그는 너희와 함께 거하심이요 또 너희 속에 계시겠음이라. 그 날에는 내가 아버지 안에, 너희가 내 안에, 내가 너희 안에 있는 것을 너희가 알리라.

- **요한복음 16:13-14** 진리의 성령이 오시면, 그가 너희를 모든 진리 가운데로 인도하시리니 - 그가 내 영광을 나타내리니 내 것을 가지고 너희에게 알리시겠음이라.

- **고린도전서 12:3** 성령으로 아니하고는 누구든지 예수를 주시라 할 수 없느니라.

- **로마서 8:9,14** 누구든지 그리스도의 영이 없으면 그리스도의 사람이 아니라. 무릇 하나님의 영으로 인도함을 받는 사람은 곧 하나님의 아들이라.

- **로마서 8:11** 예수를 죽은 자 가운데서 살리신 이의 영이 너희 안에 거하시면, 그리스도 예수를 죽은 자 가운데서 살리신 이가 너희 안에 거하시는 그의 영으로 말미암아 너희 죽을 몸도 살리시리라.

* 묵 상 *

1. 하나님은 성부·성자·성령으로 구분되기도 하지만, 모두 성령(하나님의 영, 예수의 영, 그리스도의 영)으로 연결되어 한 마음 한 뜻으로 일하신다(요 10:30,14:10).

2. 하나님의 구원은 성부·성자·성령 하나님께서 함께 계획하시고 합력하여 실현하시는 합작품이다. 죄인들이 요청하지도 않았는데 하나님 삼위께서 먼저 죄인 구원의 길을 만드시고 죄인들을 부르신다. 그리고 죄인이 받아들이고 회개하면 구원하신다.

3. 성부 하나님은 성자·성령과 함께 죄인 구원 계획을 세우시고, 독생자를 사람 예수로 보내 생명을 바쳐 사람들의 죄값을 대신 치르게 하시고 죽은 자 가운데서 다시 살리셨으며, 예수님을 그리스도로 영접하고 죄를 회개하는 사람마다 죄를 용서하시고 성령을 주어 구원 받는 삶으로 인도하게 하신다.

4. 성자 하나님은 3위 하나님의 구원 계획에 따라 사람 예수로 오셔서 모든 사람의 모든 죄를 짊어지고 십자가에서 죽으시고 부활하셔서 죄인이 죄를 벗고 의인으로 거듭나는 길을 마드셨고, 하나님 우편에서 사람들의 구원을 위하여 중보하시다가, 마지막 때에 다시 오셔서 신앙생활에 승리한 성도들을 하늘로 들어 올려 구원을 완성하신다.

5. 성령 하나님은 예수님을 도우셨다. 사람으로 잉태되게 하시고(마1:18), 성령 세례를 주시고(마 3:16), 마귀 시험을 인도하시고(눅 4:1), 그리스도의 사명을 주시고(눅 4:18), 성령의 능력으로 사역을 도우셨다(눅 4:14).

6. 성령 하나님은 죄인이 죄를 깨닫게 하시고(요 16:8-9) 예수님을 그리스도로 영접하고 죄를 회개하게 하시고, 그 심령 안에 내주하여 개인 교수가 되어 하나님 뜻을 가르치셔서 하나님 뜻에 맞게 살아가며 구원의 은혜를 누리도록 인도하신다.

7. 하나님께서 사람 예수로 오시고 사람 안에 내주하셔서 죄인 구원 계획을 성취하신다. 성자 하나님께서 구원의 길을 만드시고 성령 하나님께서 구원의 길로 인도하시는 지금은 구원의 은혜를 받을 때이고(고후 6:2), 마지막 기회이다. 구원의 복음을 받아들이지 않으면 죄인으로 머물다가 정죄 심판을 받는다(요 3:18).

8. 그런데 사람들은 하나님께 죄를 지어 창조주의 뜻을 거스르고 하나님을 떠나 패망의 길을 걸으면서 하나님의 구원까지 거부하고 있다(호 7:13-14). 그러니 하나님의 구원을 받은 성도들이 온 천하에 다니며 만민에게 복음을 전파하여야 한다(막16:15).

026 ── 사망에서 생명으로

- **요한복음 3:16** 하나님이 세상을 이처럼 사랑하사 독생자를 주셨으니 이는 그를 믿는 자마다 멸망하지 않고 영생을 얻게 하려 하심이라.
- **로마서 6:23** 죄의 삯은 사망이요, 하나님의 은사는 그리스도 예수 우리 주 안에 있는 영생이니라.
- **요한복음 5:24** 내가 진실로 진실로 너희에게 이르노니, 내 말을 듣고 또 나 보내신 이를 믿는 자는 영생을 얻었고 심판에 이르지 아니하나니, 사망에서 생명으로 옮겼느니라.
- **골로새서 1:13-14** 그가 우리를 흑암의 권세에서 건져내사 그의 사랑의 아들의 나라로 옮기셨으니, 그 아들 안에서 우리가 속량 곧 죄사함을 얻었도다.
- **로마서 6:4** 우리가 그의 죽으심과 합하여 세례를 받음으로 그와 함께 장사되었나니, 이는 아버지의 영광으로 말미암아 그리스도를 죽은 자 가운데서 살리심과 같이 우리로 또한 새 생명 가운데서 행하게 하려 함이라.
- **로마서 8:1-2** 이제 그리스도 예수 안에 있는 자에게는 결코 정죄함이 없나니, 이는 그리스도 예수 안에 있는 생명의 성령의 법이 죄와 사망의 법에서 너를 해방하였음이라.
- **요한복음 1:4,9** 그 안에 생명이 있었으니 이 생명은 사람들의 빛이라. 참 빛 곧 세상에 와서 각 사람에게 비추는 빛이 있었나니,
- **요한복음 10:10** 내가 온 것은 양으로 생명을 얻게 하고 더 풍성히 얻게 하려는 것이라.
- **요한일서 5:12** 아들이 있는 자에게는 생명이 있고, 하나님의 아들이 없는 자에게는 생명이 없느니라.
- **에베소서 2:12-13** 그 때에 너희는 그리스도 밖에 있었고 - 약속의 언약들에 대하여는 외인이요 세상에서 소망이 없고 하나님도 없는 자이더니, 이제는 전에 멀리 있던 너희가 그리스도 예수 안에서 그리스도의 피로 가까워졌느니라.
- **로마서 8:6,13** 육신의 생각은 사망이요, 영의 생각은 생명과 평안이니라. 너희가 육

신대로 살면 반드시 죽을 것이로되 영으로서 몸의 행실을 죽이면 살리니,

- 로마서 6:22 이제는 너희가 죄로부터 해방되고 하나님께 종이 되어 거룩함에 이르는 열매를 맺었으니 그 마지막은 영생이라.
- 로마서 6:11 너희도 너희 자신을 죄에 대하여는 죽은 자요 그리스도 예수 안에서 하나님께 대하여는 살아 있는 자로 여길지어다.

＊ 묵 상 ＊

1. 하나님께서 사람들을 구원하시는 목적은 죄인들이 죄를 용서받고 죄의 삯인 사망에서 해방되어 하나님과 함께 영생할 수 있게 하시려는 것이다.

2. 예수님의 십자가 대속과 하나님의 구원을 믿고 받아들이면, 죄를 사함 받고 의인으로 여겨져 사망 심판을 받지 않고 하나님과 교제하며 하나님과 함께 영생할 수 있다.

3. 하나님의 구원은 인생을 바꾼다. ①죄인이 죄를 용서받고 의인으로 여겨지고, ②죄값으로 죽어야 할 사람이 영생하게 되고, ③하나님과 분리되었던 사람이 하나님과 교제(예배·말씀·기도)하며 함께 살아가게 되고, ④하나님의 불칼로 차단되었던 하나님의 낙원과 생명나무 열매가 허용되고(계2:7), ⑤삶의 어려움과 고통이 여전하더라도 그 속에서 하나님의 은혜와 평강을 찾아서 참된 행복을 맛보며 살아가게 된다.

하나님을 떠난 인생	성도의 인생
하나님을 떠나 내가 주인 되어 살아간다	주님이신 하나님의 다스림 안에서 살아간다
나의 생각과 능력에 따라 살아간다	성령님의 인도를 구하고 순종하며 살아간다
육신의 정욕과 세상의 가치를 추구한다	하나님의 뜻을 구하고 그에 따라 살아간다
이기심의 경쟁으로 불만과 불행을 초래한다	사랑·은혜·감사, 천국 소망, 기쁨·평강
사망 후 지옥 불못의 영원한 고통을 당한다	하늘 천국의 완전한 행복을 누리며 영생한다

4. 구원은 죄와 사망의 흑암에서 벗어나 하나님의 생명의 빛 속에 들어가 최고의 사랑과 은혜를 누리는 것이므로, 내가 가진 모든 것을 지불하더라도 반드시 얻어야 하고(마13:44-46), 목숨을 걸더라도(눅9:24), 구원의 큰 복을 포기하지 말아야 한다(갈6:9).

5. 하나님께서 만들어 주신 구원·영생의 길을 아는 지식만으로는 영생을 받지 못한다. 나의 삶이 성령님의 인도에 순종하여 실제로 하나님의 백성으로 변화되어야 한다.

027 하나님의 백성으로

- **이사야 43:21** 이 백성은 내가 나를 위하여 지었나니 나를 찬송하게 하려 함이라.
- **민수기 15:41** 나는 여호와 너희 하나님이라. 나는 너희의 하나님이 되려고 너희를 애굽 땅에서 인도해 내었느니라.
- **신명기 26:17,19** 네가 오늘 여호와를 네 하나님으로 인정하고 또 그 도를 행하고 그의 규례와 명령과 법도를 지키며 그의 소리를 들으리라 확언하였고 – 그런즉 여호와께서 너를 그 지으신 모든 민족 위에 뛰어나게 하사 찬송과 명예와 영광을 삼으시고 그가 말씀하신 대로 너를 네 하나님 여호와의 성민이 되게 하시리라.
- **이사야 43:1** 너는 두려워하지 말라. 내가 너를 구속(救贖)하였고 내가 너를 지명하여 불렀나니, 너는 내 것이라.
- **마태복음 1:21** 아들을 낳으리니 이름을 예수라 하라. 이는 그가 자기 백성을 그들의 죄에서 구원할 자이심이라
- **요한복음 1:12-13** 영접하는 자 곧 그 이름을 믿는 자들에게는 하나님의 자녀가 되는 권세를 주셨으니, 이는 혈통으로나 육정으로나 사람의 뜻으로 나지 아니하고 오직 하나님께로부터 난 자들이니라.
- **로마서 8:14** 무릇 하나님의 영으로 인도함을 받는 사람은 곧 하나님의 아들이라.
- **데살로니가전서 5:10** 예수께서 우리를 위하여 죽으사 우리로 하여금 깨어 있든지 자든지 자기와 함께 살게 하려 하셨느니라.
- **고린도후서 5:15** 그가 모든 사람을 대신하여 죽으심은 살아 있는 자들로 하여금 다시는 그들 자신을 위하여 살지 않고 오직 그들을 대신하여 죽었다가 다시 살아나신 이를 위하여 살게 하려 함이라.
- **고린도전서 3:23** 너희는 그리스도의 것이요, 그리스도는 하나님의 것이니라.
- **베드로전서 2:9-10** 너희는 택하신 족속이요 왕 같은 제사장들이요 거룩한 나라요 그의 소유가 된 백성이니 – 너희가 전에는 백성이 아니더니 이제는 하나님의 백성이

요, 전에는 긍휼을 얻지 못하였더니 이제는 긍휼을 얻은 자니라
- 에베소서 2:19 그러므로 이제부터 너희는 외인도 아니요 나그네도 아니요, 오직 성도들과 동일한 시민이요 하나님의 권속이라 [권속(眷屬) : family]
- 고린도전서 6:19-20 너희 몸은 너희가 하나님께로부터 받은 바 - 너희는 너희 자신의 것이 아니라 값으로 산 것이 되었으니, 그런즉 너희 몸으로 하나님께 영광을 돌리라
- 요한계시록 21:7 이기는 자는 이것들을 상속으로 받으리라. 나는 그의 하나님이 되고 그는 내 아들이 되리라.

* 묵 상 *

1. 하나님은 사람을 하나님의 백성으로 삼기 위하여 하나님의 형상대로 창조하셨다. 그러한 창조 목적은 사람이 하나님께 죄를 짓고 하나님을 떠나간 뒤에도 변함이 없다. ① 이스라엘 민족을 애굽의 종살이에서 해방시켜 가나안 땅에 살게 하셨고, ② 율법을 주어 가르치셨고, ③ 성막·성전에서 제사를 받으시고 죄를 사하셨고, ④ 하나님의 아들을 예수로 보내 십자가 대속으로 자기 백성을 구원하게 하셨고, ⑤ 회개하고 하나님께 돌아온 사람마다 성령을 주어 하나님 백성으로 살아가도록 인도하신다.

2. 하나님의 백성은 하나님의 뜻과 다스림에 따라서 살아간다. 하나님은 자기 백성에게 사랑과 은혜를 베푸시는 방법으로 다스리시기 때문에, 하나님의 백성은 전지전능하신 하나님의 사랑과 은혜를 받아 최고·최선의 행복을 누리며 살아간다.

3. 성도가 성령님께 인도를 구하고 순종하면, 하나님께서 그 성도를 자기 백성으로 인정하시고 평강과 희락을 주신다(롬14:17). 하나님께서 주시는 행복은 차원이 높은 신령한 복이고(엡1:3) 인간 세상의 핍박과 고난을 견뎌 내게 한다(히10:32-36).

4. 성도는 하나님의 백성이므로 인간 세상에서 살면서도 인간 세상의 가치를 추구하지 않고 하나님의 뜻에 따라 살아간다(마6:33). 인간 세상과 구별되게 살아가기 때문에 인간 세상의 미움을 받게 되지만 끝까지 견뎌 내면 구원을 받는다(막13:13).

5. 성도가 끝까지 믿음을 지켜 하나님 뜻에 따라 살면, 예수님께서 재림하실 때 하늘로 올려져 천국 백성의 이름을 받고(계2:17) 구원이 완성된다.

6. 이러한 은혜를 알면서 성도가 성령님의 가르치심과 인도하심을 고의로 어기면, 자의로 하나님 나라를 이탈한 탓으로 하나님 백성의 자격을 상실한다(히10:26-27).

028   하나님 나라의 회복

- **마가복음 1:15**   때가 찼고 하나님의 나라가 가까이 왔으니, 회개하고 복음을 믿으라
- **누가복음 19:10**   인자가 온 것은 잃어버린 자를 찾아 구원하려 함이니라.
- **에베소서 1:3,5**   찬송하리로다. 하나님 곧 우리 주 예수 그리스도의 아버지께서 그리스도 안에서 하늘에 속한 모든 신령한 복을 우리에게 주시되 - 예수 그리스도로 말미암아 자기의 아들들이 되게 하셨으니
- **골로새서 1:13-14**   그가 우리를 흑암의 권세에서 건져내사 그의 사랑의 아들의 나라로 옮기셨으니, 그 아들 안에서 우리가 속량 곧 죄사함을 얻었도다.
- **베드로전서 2:9-10**   너희는 택하신 족속이요 왕 같은 제사장들이요 거룩한 나라요 그의 소유가 된 백성이니 -너희가 전에는 백성이 아니더니 이제는 하나님의 백성이요, 전에는 긍휼을 얻지 못하였더니 이제는 긍휼을 얻은 자니라
- **요한복음 3:5**   예수께서 대답하시되, 진실로 진실로 네게 이르노니, 사람이 물과 성령으로 나지 아니하면 하나님의 나라에 들어갈 수 없느니라.
- **요한복음 18:36**   예수께서 대답하시되, 내 나라는 이 세상에 속한 것이 아니니라.
- **로마서 14:17**   하나님의 나라는 먹는 것과 마시는 것이 아니요 오직 성령 안에 있는 의와 평강과 희락이라.
- **요한복음 15:19**   너희는 세상에 속한 자가 아니요, 도리어 내가 너희를 세상에서 택하였기 때문에 세상이 너희를 미워하느니라.
- **고린도전서 6:19-20**   너희 몸은 너희가 하나님께로부터 받은 바 - 너희는 너희 자신의 것이 아니라 값으로 산 것이 되었으니, 그런즉 너희 몸으로 하나님께 영광을 돌리라
- **마태복음 7:21**   나더러 주여 주여 하는 자마다 다 천국에 들어갈 것이 아니요, 다만 하늘에 계신 내 아버지의 뜻대로 행하는 자라야 들어가리라.
- **요한일서 2:17**   이 세상도 그 정욕도 지나가되, 오직 하나님의 뜻을 행하는 자는 영원

히 거하느니라.

- **디모데전서 4:7-8** 경건에 이르도록 네 자신을 연단하라 - 경건은 범사에 유익하니 금생(今生)과 내생에 약속이 있느니라.
- **요한계시록 21:3-4,7** 그들은 하나님의 백성이 되고 하나님은 친히 그들과 함께 계셔서 모든 눈물을 그 눈에서 닦아 주시니 다시는 사망이 없고 애통하는 것이나 곡하는 것이나 아픈 것이 다시 있지 아니하리니 처음 것들이 다 지나갔음이러라. 이기는 자는 이것들을 상속으로 받으리라. 나는 그의 하나님이 되고 그는 내 아들이 되리라.

* 묵 상 *

1. 하나님께서 천지 만물을 창조하시고 다스리신다. 온 세상이 하나님 나라이다. 사람은 하나님의 피조물이고 하나님의 세상 속에서 살면서, 사탄의 유혹에 빠져 자기 욕심에 따라 하나님의 다스림을 벗어나 자기 뜻대로 인본주의 세상을 만들며 살아간다.

2. 사람이 하나님의 뜻을 어기고 하나님 나라를 벗어났는데, 하나님은 여전히 사람들이 하나님 백성으로 살아가기를 원하신다. 그래서 하나님께서 새로운 죄인 구원 계획을 세우시고, 성자를 예수로 보내 죄인 구원의 길을 만드시고, 성령을 보내 하나님의 백성으로 살도록 인도하시고, 하늘 천국의 영생을 약속하신다.

3. 사람이 예수 그리스도를 영접하고 죄를 회개하면 죄를 사함 받고 의로운 성도로 거듭나고, 성령님의 인도에 순종하여 하나님의 뜻에 따라 살아가면 그 안에 하나님 나라가 회복되고(눅17:21) 하나님께서 자기 백성에게 주시는 평강과 희락을 누린다.

4. 성령님의 인도에 순종하는 성도들은 금생(今生)에서 하나님의 백성으로 살게 되고, 금생에서 끝까지 하나님의 뜻에 따라 살면 예수님 재림하실 때 하늘로 올려져(살전4:17) 천국 백성이 되어 완전한 행복을 누리며 영생하게 된다(계21:7).

5. 하나님을 통치자로 섬기며 다스림을 받는 곳이면, 성도의 마음도, 가정도, 교회도, 세상도 하나님의 나라로 변화된다. 그러나 예수님께서 심판주로 오실 때까지 회개하지 않은 죄인들과 마귀들은 지옥 불못에 던져져 영원히 멸망한다(계20:10, 21:8).

6. 심판주 예수님께서 모든 악한 세력을 멸하시고 나라를 하나님께 바치면(고전15:24) 하나님 나라가 온전히 회복된다. 하나님 나라는 하나님 뜻이 온전히 실현되고, 방해 세력도 없고 불순종도 없다. 이리가 어린 양과 함께 살며 해됨도 상함도 없는 완전한 평화이고(사65:25), 하나님과 함께 살면서 눈물이 없고 평강과 희락이 충만한 완전한 행복이고 아픔과 사망이 없는 영생이다(계21:3-4).

029 ─── 사람으로 오신 하나님

- 로마서 3:23 모든 사람이 죄를 범하였으매 하나님의 영광에 이르지 못하더니,
- 요한복음 3:16 하나님이 세상을 이처럼 사랑하사 독생자를 주셨으니, 이는 그를 믿는 자마다 멸망하지 않고 영생을 얻게 하려 하심이라.
- 이사야 7:14 주께서 친히 징조를 너희에게 주실 것이라. 보라, 처녀가 잉태하여 아들을 낳을 것이요 그의 이름을 임마누엘이라 하리라.
- 누가복음 1:35 천사가 대답하여 이르되, 성령이 네게 임하시고 지극히 높으신 이의 능력이 너를 덮으시리니 이러므로 나실 바 거룩한 이는 하나님의 아들이라 일컬어지리라.
- 요한복음 1:14 말씀이 육신이 되어 우리 가운데 거하시매, 우리가 그의 영광을 보니, 아버지의 독생자의 영광이요 은혜와 진리가 충만하더라.
- 골로새서 1:15 그는 보이지 아니하는 하나님의 형상이시요
- 마태복음 17:5 구름 속에서 소리가 나서 이르시되, 이는 내 사랑하는 아들이요 내 기뻐하는 자니, 너희는 그의 말을 들으라 하시는지라.
- 이사야 61:1-2 여호와께서 내게 기름을 부으사 가난한 자에게 아름다운 소식을 전하게 하려 하심이라. 나를 보내사 마음이 상한 자를 고치며, 포로된 자에게 자유를 갇힌 자에게 놓임을 선포하며, 여호와의 은혜의 해와 우리 하나님의 보복의 날을 선포하여 모든 슬픈 자를 위로하되,
- 사도행전 10:38 하나님이 나사렛 예수에게 성령과 능력을 기름 붓듯 하셨으매, 그가 두루 다니시며 선한 일을 행하시고 마귀에게 눌린 모든 사람을 고치셨으니, 이는 하나님이 함께 하셨음이라.
- 갈라디아서 1:4 그리스도께서 하나님 곧 우리 아버지의 뜻을 따라 이 악한 세대에서 우리를 건지시려고 우리 죄를 대속하기 위하여 자기 몸을 주셨으니,
- 요한복음 10:10 내가 온 것은 양으로 생명을 얻게 하고 더 풍성히 얻게 하려는 것이라.

- **히브리서 2:14,17** 혈과 육을 함께 지니심은 죽음을 통하여 죽음의 세력을 잡은 자 곧 마귀를 멸하시며 - 하나님의 일에 자비하고 신실한 대제사장이 되어 백성의 죄를 속량하려 하심이라.
- **빌립보서 2:6-9** 그는 근본 하나님의 본체시나 - 자기를 비워 종의 형체를 가지사 사람들과 같이 되셨고 사람의 모양으로 나타나사 자기를 낮추시고 죽기까지 복종하셨으니 곧 십자가에서 죽으심이라. 이러므로 하나님이 그를 지극히 높여 모든 이름 위에 뛰어난 이름을 주사,
- **디모데전서 2:5** 하나님은 한 분이시요 또 하나님과 사람 사이의 중보자도 한 분이시니, 곧 사람이신 그리스도 예수라.

* 묵 상 *

1. 하나님은 사람을 백성으로 삼아 사랑과 은혜를 베푸시기를 원하신다. 그래서 사람을 하나님의 형상대로 지으시고 에덴에서 함께 사셨다. 사람이 하나님의 명령을 어기고 하나님을 떠나자, 이스라엘 민족을 선택하여 율법을 주어 하나님 백성으로 살아가게 하셨지만, 선민이 율법을 지키지 못하여 죄만 쌓이자 새로운 구원 계획을 세우셨다.

2. 하나님께서 모세와 이사야를 통하여 메시야를 예고하시고(신18:15,사7:14) 하나님의 아들을 인자(人子) 예수로 보내어 대속 제물로 희생시켜 죄인들이 죄에서 구원받아 하나님의 백성으로 되는 길을 마련하셨다. 그리고 예수를 부활시켜 구주로 삼으셨다.

3. 예수님이 처녀의 아들로 태어나신 것은 그가 하나님께서 보내신 메시야라고 알리는 징조였다(사7:14). 또 천사를 통하여 성령의 능력으로 하나님의 아들을 낳을 것이라고 알리셨고, 하나님께서 친히 모든 사람에게 예수님이 하나님의 아들이라고 밝히셨다.

4. 예수님은 누구든지 죄를 회개하면 하나님 나라의 백성이 될 수 있다고 가르치시고, 십자가에서 희생 제물로 죽으셔서 사람들의 모든 죄를 대신 속죄하셔서 죄인들이 죄를 회개하면 대속의 효과로 용서받을 수 있게 하셨다. 그것이 그리스도의 사명이다.

5. 예수님은 하나님께서 사람으로 오신 신인(神人)이고, 사람 몸 안에 하나님의 성품과 능력을 모두 가지고 계신다(골2:9). 그래서 하나님을 나타내 보이셨고(요1:18), 불치병을 고치시고, 귀신을 쫓아내시고, 물 위를 걸으시고, 죽은 사람을 살리셨다.

6. 예수님은 하나님이면서 사람이므로 사람의 죄를 대속하여 사람과 하나님을 화해시키시고(롬5:10), 화해 중재자로서 항상 하나님 곁에서 사람을 변호하시고(요일2:1) 간구하심으로 성도를 온전히 구원 받게 하신다(히7:24-25).

030 ─ 자기 백성을 구원할 자

- **로마서 5:12** 한 사람으로 말미암아 죄가 세상에 들어오고 죄로 말미암아 사망이 들어왔나니, 이와 같이 모든 사람이 죄를 지었으므로 사망이 모든 사람에게 이르렀느니라.
- **이사야 59:2** 오직 너희 죄악이 너희와 너희 하나님 사이를 갈라 놓았고, 너희 죄가 그의 얼굴을 가리어서 너희에게서 듣지 않으시게 함이니라.
- **마태복음 1:21** 아들을 낳으리니 이름을 예수라 하라, 이는 그가 자기 백성을 그들의 죄에서 구원할 자이심이라 하니라.
- **요한복음 3:17** 하나님이 그 아들을 세상에 보내신 것은 세상을 심판하려 하심이 아니요 그로 말미암아 세상이 구원을 받게 하려 하심이라.
- **누가복음 5:32** 내가 의인을 부르러 온 것이 아니요 죄인을 불러 회개시키러 왔노라.
- **마태복음 26:28** 이것은 죄 사함을 얻게 하려고 많은 사람을 위하여 흘리는 바 나의 피, 곧 언약의 피니라.
- **갈라디아서 2:16** 사람이 의롭게 되는 것은 율법의 행위로 말미암음이 아니요 오직 예수 그리스도를 믿음으로 말미암는 줄 알므로 우리도 그리스도 예수를 믿나니,
- **히브리서 9:14** 영원하신 성령으로 말미암아 흠 없는 자기를 하나님께 드린 그리스도의 피가 어찌 너희 양심을 죽은 행실에서 깨끗하게 하고 살아계신 하나님을 섬기게 하지 못하겠느냐.
- **데살로니가전서 5:10** 예수께서 우리를 위하여 죽으사 우리로 하여금 깨어 있든지 자든지 자기와 함께 살게 하려 하셨느니라.
- **히브리서 7:24-25** 예수는 영원히 계시므로 - 자기를 힘입어 하나님께 나아가는 자들을 온전히 구원하실 수 있으니 - 항상 살아 계셔서 그들을 위하여 간구하심이라.
- **베드로전서 2:10** 너희가 전에는 백성이 아니더니 이제는 하나님의 백성이요, 전에는 긍휼을 얻지 못하였더니 이제는 긍휼을 얻은 자니라.

- **데살로니가전서 4:16-17** 주께서 호령과 천사장의 소리와 하나님의 나팔 소리로 친히 하늘로부터 강림하시리니, 그리스도 안에서 죽은 자들이 먼저 일어나고, 그 후에 우리 살아 남은 자들도 그들과 함께 구름 속으로 끌어 올려 공중에서 주를 영접하게 하시리니, 그리하여 우리가 항상 주와 함께 있으리라.
- **요한계시록 21:7** 이기는 자는 이것들을 상속으로 받으리라. 나는 그의 하나님이 되고 그는 내 아들이 되리라.

* 묵 상 *

1. 하나님은 사람을 하나님 형상대로 지으셔서 하나님과 교제할 수 있게 하셨으나, 사람이 하나님께 죄를 지어 하나님과 분리되었다. 또 이스라엘 민족을 하나님의 백성으로 선택하셨지만 그들이 죄에서 벗어나지 못했다(렘13:11). 그래서 사람들의 죄와 죄로 인한 분리를 해소하여 다시 하나님과 교제할 수 있게 하시기 위하여 하나님의 아들에게 죄인들을 구원하는 사명을 주어 사람 예수로 보내셨다.

2. 예수님은 구원자의 사명을 이루기 위하여, 천국 복음을 전파하시고 모든 병과 약한 것을 고치셔서 하나님 나라를 보이셨고(마4:23-24), 십자가에서 희생 제물로 죽으셔서 사람들의 모든 죄를 대신 속죄하셨고, 부활하시고 승천하셔서 하나님 우편에서 사람을 변호하는 중보자가 되시고, 성령을 보내셔서 하나님 백성으로 살아가게 인도하시고, 마지막 때에 심판주로 오셔서 성도들을 하늘 천국으로 올리셔서 구원을 완성하신다.

3. 예수님은 모든 사람의 모든 죄를 대속하는 희생 제물로 죽으시고, 예수님의 대속을 영접하고 자기 죄를 회개하는 사람들의 죄를 사하시고 의인으로 여기시고 성령을 주셔서 하나님의 백성으로 살아갈 수 있게 하신다. 이것이 구원이고, 이 세상에서 사는 동안에도 누릴 수 있고, 하늘 천국으로 올려져 더욱 완전하게 영원히 누릴 수 있다.

4. 하나님의 백성으로 구원받는 사람이 미리 예정된 것이 아니라, 예수님의 십자가 대속과 하나님의 구원을 받아들이는 사람은 유대인이든 이방인이든 죄인이든 상관없이 다 구원 받아서 하나님의 백성으로 된다(롬1:16).

5. 하나님께서 예수님의 십자가 대속으로 죄인이 구원 받는 길을 만드시고 성령님을 보내셔서 구원 받는 삶으로 인도하시는 것은 하나님께서 모든 사람에게 베풀어 주시는 특별한 은혜이지만, 내 의지의 결단으로 예수님을 나의 구주로 영접하고 성령님을 내 삶의 주인으로 섬기고 순종해야 실제로 구원받게 된다.

031 ─────── 큰 기쁨의 좋은 소식

- **누가복음 2:10-11** 보라, 내가 온 백성에게 미칠 큰 기쁨의 좋은 소식을 너희에게 전하노라. 오늘 다윗의 동네에 너희를 위하여 구주가 나셨으니, 곧 그리스도 주시니라.

- **누가복음 4:18-19** 주의 성령이 내게 임하셨으니, 이는 가난한 자에게 복음을 전하게 하시려고 내게 기름을 부으시고 나를 보내사 포로된 자에게 자유를, 눈먼 자에게 다시 보게 함을 전파하며 눌린 자를 자유롭게 하고 주의 은혜의 해를 전파하게 하려 하심이라

- **마태복음 4:16** 흑암에 앉은 백성이 큰 빛을 보았고 사망의 땅과 그늘에 앉은 자들에게 빛이 비치었도다.

- **시편 16:11** 주께서 생명의 길을 내게 보이시리니, 주의 앞에는 충만한 기쁨이 있고 주의 오른쪽에는 영원한 즐거움이 있나이다.

- **요한복음 1:11-12** 자기 땅에 오매 자기 백성이 영접하지 아니하였으나, 영접하는 자 곧 그 이름을 믿는 자들에게는 하나님의 자녀가 되는 권세를 주셨으니,

- **요한복음 6:40** 내 아버지의 뜻은 아들을 보고 믿는 자마다 영생을 얻는 이것이니 마지막 날에 내가 이를 다시 살리리라

- **베드로전서 1:3-4** 우리 주 예수 그리스도의 아버지 하나님을 찬송하리로다. 그의 많으신 긍휼대로 예수 그리스도를 죽은 자 가운데서 부활하게 하심으로 말미암아, 우리를 거듭나게 하사 산 소망이 있게 하시며 썩지 않고 더럽지 않고 쇠하지 아니하는 유업을 잇게 하시나니, 곧 너희를 위하여 하늘에 간직하신 것이라.

- **히브리서 7:24-25** 예수는 영원히 계시므로 그 제사장 직분도 갈리지 아니하느니라. 그러므로 자기를 힘입어 하나님께 나아가는 자들을 온전히 구원하실 수 있으니 이는 그가 항상 살아 계셔서 그들을 위하여 간구하심이라.

- **로마서 1:2,16** 이 복음은 하나님이 선지자들을 통하여 그의 아들에 관하여 성경에 미리 약속하신 것이라. 이 복음은 모든 믿는 자에게 구원을 주시는 하나님의 능력이 됨이라. 먼저는 유대인에게요, 그리고 헬라인에게로다.

- **사도행전 2:21** 누구든지 주의 이름을 부르는 자는 구원을 받으리라.

- **마태복음 24:14** 이 천국 복음이 모든 민족에게 증언되기 위하여 온 세상에 전파되리니 그제야 끝이 오리라.
- **마가복음 16:15** 너희는 온 천하에 다니며 만민에게 복음을 전파하라.
- **베드로후서 3:12-13** 하나님의 날이 임하기를 바라보고 간절히 사모하라. 그 날에 하늘이 불에 타서 풀어지고 물질이 뜨거운 불에 녹아지려니와, 우리는 그의 약속대로 의가 있는 곳인 새 하늘과 새 땅을 바라보도다.

* 묵 상 *

1. 하나님의 아들이 하나님께 죄를 지은 사람들을 죄와 사망에서 구원하시려고 사람 예수로 오셨다. 이사야 선지자가 700년 전에 예언한 대로 처녀의 아들로(사7:14), 평강의 왕으로(사9:6) 오셨다. 큰 기쁨의 좋은 소식 – 복음(福音)이다.

2. 복음은 하나님께서 하나님의 아들을 예수 그리스도로 보내 십자가 대속을 통하여 사람들의 죄를 사하시고 의롭다 여기시고 하나님 백성으로 삼으신다는 언약이다. 복음은 믿음과 사랑과 천국 소망을 주는 진리의 말씀이다(골1:4-5).

3. 예수 그리스도의 오심은 하나님께서 새롭고 완전한 구원 언약을 실행하시는 은혜이고, 죄인이 희생 제사를 드리지 않고도 예수님의 십자가 대속으로 모든 죄를 용서받을 수 있게 된다는 복음이고, 유대인과 이방인을 모두 하나님의 자녀로 살아가게 하신다는 기쁜 소식이다.

4. 하나님은 모든 사람을 구원하기 원하셔서, 예수님을 희생 제물로 삼아 모든 사람의 모든 죄를 한꺼번에 영원히 대속하게 하셨고(히10:14), 온 세상 만민에게 구원의 복음을 전파하라 명령하셨다(막16:15). 그리고 구원의 초청을 받아들이고 죄를 회개하는 사람의 죄를 사하시고 의롭다 여기시고 자녀로 삼으신다.

5. 〈나의 큰 기쁨〉 예수님께서 십자가에서 죽으심으로 내 죄를 전부 대속하셨기 때문에, 내가 예수님을 나의 구주로 섬기고 내 죄를 회개하면 내가 희생 제사를 드리지 않고도 죄를 용서받고 의인으로 여겨지고 하나님의 자녀로 되어, 이 세상에서 하나님 백성으로 살아가고, 예수님 재림하실 때 하늘 천국에 들어가 완전한 행복을 영원히 누린다!

6. 누구든지 하나님의 구원 복음을 믿고 받아들이고 성령님의 인도에 순종하여 하나님의 뜻에 따라 살아가면 구원을 받는다. 구원 받는 길은 누구에게나 열려 있다.

032 　　　　　　　　　　죽으러 오신 예수님

- **로마서 5:12** 모든 사람이 죄를 지었으므로 사망이 모든 사람에게 이르렀느니라.
- **로마서 6:23** 죄의 삯은 사망이요, 하나님의 은사는 그리스도 예수 우리 주 안에 있는 영생이니라.
- **요한복음 3:16** 하나님이 세상을 이처럼 사랑하사 독생자를 주셨으니, 이는 그를 믿는 자마다 멸망하지 않고 영생을 얻게 하려 하심이라.
- **히브리서 10:9-10** 내가 하나님의 뜻을 행하러 왔나이다 - 이 뜻을 따라 예수 그리스도의 몸을 단번에 드리심으로 말미암아 우리가 거룩함을 얻었노라.
- **마태복음 20:28** 인자가 온 것은 섬김을 받으려 함이 아니라 도리어 섬기려 하고, 자기 목숨을 많은 사람의 대속물로 주려 함이니라.
- **갈라디아서 1:4** 그리스도께서 하나님 곧 우리 아버지의 뜻을 따라 이 악한 세대에서 우리를 건지시려고 우리 죄를 대속하기 위하여 자기 몸을 주셨으니,
- **요한복음 10:17-18** 내가 내 목숨을 버리는 것은 그것을 내가 다시 얻기 위함이니 - 이를 내게서 빼앗는 자가 있는 것이 아니라 내가 스스로 버리노라. 나는 버릴 권세도 있고 다시 얻을 권세도 있으니 이 계명은 내 아버지에게서 받았노라
- **마가복음 14:36** 아빠 아버지여, 아버지께는 모든 것이 가능하오니 이 잔을 내게서 옮기시옵소서. 그러나 나의 원대로 마시옵고 아버지의 원대로 하옵소서.
- **요한복음 18:11** 예수께서 베드로더러 이르시되, 칼을 칼집에 꽂으라, 아버지께서 주신 잔을 내가 마시지 아니하겠느냐 하시니라.
- **이사야 53:5,7** 그가 찔림은 우리의 허물 때문이요 그가 상함은 우리의 죄악 때문이라. 그가 징계를 받으므로 우리는 평화를 누리고 그가 채찍에 맞으므로 우리는 나음을 받았도다. 그가 곤욕을 당하여 괴로울 때에도 - 도수장으로 끌려 가는 어린 양과 같이 - 그의 입을 열지 아니하였도다.
- **빌립보서 2:6-11** 그는 근본 하나님의 본체시나 - 자기를 낮추시고 죽기까지 복종하

셨으니 곧 십자가에서 죽으심이라. 이러므로 하나님이 그를 지극히 높여 모든 이름 위에 뛰어난 이름을 주사 - 모든 입으로 예수 그리스도를 주라 시인하여 하나님 아버지께 영광을 돌리게 하셨느니라.

- 사도행전 2:36 너희가 십자가에 못 박은 이 예수를 하나님이 주와 그리스도가 되게 하셨느니라
- 고린도전서 1:18,24 십자가의 도가 멸망하는 자들에게는 미련한 것이요 구원을 받는 우리에게는 하나님의 능력이라. 오직 부르심을 받은 자들에게는 유대인이나 헬라인이나 그리스도는 하나님의 능력이요 하나님의 지혜니라.

* 묵 상 *

1. 하나님께 죄를 지은 사람이 하나님 앞에 가면 정죄 심판을 받아 죽는다. 또 죄인은 거룩하신 하나님과 분리되므로(사59:2) 하나님의 백성으로 살아가지 못한다.

2. 하나님께서 은혜를 베풀어 흠 없는 동물의 피로 사람의 죄를 대속할 수 있게 하셨으나(레17:11), 그 속죄는 온전하지 못했다(히10:1). 그래서 하나님께서 죄가 없는 사람을 희생 제물로 삼아 죄인들의 죄를 온전히 대속하는 계획을 세우셨다.

3. 그래서 성자 하나님이 죄 없는 사람 예수로 오셨다. 하나님께서 정하신 구원 계획에 따라(행2:23) 희생 제물로 죽으시려고 자진하여 오셨고(마20:28), 죽었다가 다시 살아나실 것을 미리 알리고(마16:21), 저항 없이 순순히 체포되셨고(요18:8), 하나님 아들을 사칭하였다는 죄목에 대하여 아무런 답변도 하지 않으셨고(막15:5), 자진하여 죽으셨다(요10:18).

4. 예수님께서 십자가에서 죽으심으로 하나님의 죄인 구원 계획이 실현되었고 사람들의 모든 죄가 대속되었다. 또 죽으신 뒤 죽음의 세력을 잡은 마귀를 멸하시고 부활하셔서 죄인들이 죄와 사망에서 풀려나 구원 받는 길을 만드시고(히2:14-15), 하나님의 뜻을 이루시고(히10:9-10), 승천하여 하나님 우편에서 영생하시는 모범을 보이시고, 모든 이름 위에 뛰어난 이름이 되시고 산 자와 죽은 자들의 주가 되시고(빌2:9-11), 죄인들의 그리스도가 되셨다.

5. 내 자아가 죽고 예수님을 나의 주님으로 모시면(갈2:20), 예수님께서 나를 하나님의 자녀로 높이시고 하나님 백성으로 살아가게 인도하시고(약4:10), 주님께서 심판주로 오셔서 나를 신령한 몸으로 변화시켜 천국 백성으로 삼으실 것이다(고전15:51-54).

033 ― 죄 값을 대신 치르셨다

- 갈라디아서 2:16 사람이 의롭게 되는 것은 율법의 행위로 말미암음이 아니요 오직 예수 그리스도를 믿음으로 말미암는 줄 알므로 우리도 그리스도 예수를 믿나니 – 율법의 행위로써는 의롭다 함을 얻을 육체가 없느니라.

- 히브리서 9:11-12 그리스도께서는 장래 좋은 일의 대제사장으로 오사 – 염소와 송아지의 피로 하지 아니하고 오직 자기의 피로 영원한 속죄를 이루사,

- 사도행전 2:23 그가 하나님께서 정하신 뜻과 미리 아신 대로 내준 바 되었거늘, 너희가 법 없는 자들의 손을 빌려 못 박아 죽였으나,

- 갈라디아서 1:4 그리스도께서 하나님 곧 우리 아버지의 뜻을 따라 이 악한 세대에서 우리를 건지시려고 우리 죄를 대속하기 위하여 자기 몸을 주셨으니,

- 로마서 5:9,19 이제 우리가 그의 피로 말미암아 의롭다 하심을 받았으니 더욱 그로 말미암아 진노하심에서 구원을 받을 것이니 – 한 사람이 순종하심으로 많은 사람이 의인이 되리라.

- 고린도전서 1:18,24 십자가의 도가 멸망하는 자들에게는 미련한 것이요 구원을 받는 우리에게는 하나님의 능력이라. 오직 부르심을 받은 자들에게는 유대인이나 헬라인이나 그리스도는 하나님의 능력이요 하나님의 지혜니라.

- 로마서 3:24 그리스도 예수 안에 있는 속량(贖良)으로 말미암아 하나님의 은혜로 값없이 의롭다 하심을 얻은 자 되었느니라.

- 히브리서 10:19-20 우리가 예수의 피를 힘입어 성소에 들어갈 담력을 얻었으니, 그 길은 우리를 위하여 휘장 가운데로 열어 놓으신 새로운 살 길이요

- 히브리서 10:12,14 그리스도는 죄를 위하여 한 영원한 제사를 드리시고 하나님 우편에 앉으사, 그가 거룩하게 된 자들을 한 번의 제사로 영원히 온전하게 하셨느니라.

- 히브리서 9:14-15 영원하신 성령으로 말미암아 흠 없는 자기를 하나님께 드린 그리스도의 피가 어찌 너희 양심을 죽은 행실에서 깨끗하게 하고 살아계신 하나님을 섬기

게 하지 못하겠느냐. 이로 말미암아 - 부르심을 입은 자로 하여금 영원한 기업의 약속을 얻게 하려 하심이라.

- 고린도전서 15:22 그리스도 안에서 모든 사람이 삶을 얻으리라.
- 고린도후서 5:15 그가 모든 사람을 대신하여 죽으심은 살아있는 자들로 하여금 다시는 그들 자신을 위하여 살지 않고 오직 그들을 대신하여 죽었다가 다시 살아나신 이를 위하여 살게 하려 함이라.

* 묵 상 *

1. 사람이 하나님께 죄를 지으면 하나님과 분리되고 하나님께서 설치하신 불칼에 의하여 차단된다(창3:24). 사람의 능력이나 노력으로는 죄와 사망에서 벗어날 수 없고(딛3:5), 하나님께서 설치하신 불칼을 통과하여 하나님께 나아갈 수 없다.

2. 하나님께 지은 죄의 삯은 죄인의 사망이다. 창조주의 뜻을 벗어났으니 생명을 회수 당하는 것이다. 죄를 미워하시는 하나님의 분노를 받아 하나님으로부터 버림받고(막15:34) 하나님의 사랑과 은혜가 끊어지고 하나님과 단절되는 것이다.

3. 하나님께서 독생자를 그리스도로 보내 십자가에서 희생 제물로 죽게 하심으로 모든 사람의 모든 죄를 단번에 영원히 대속하게 하셨다(히10:14). 예수님은 죄가 없는 유일한 사람이므로 모든 사람의 모든 죄를 대속하는 희생 제물로 드려져서(요일3:5), 모든 사람이 각자 받아야 할 진노를 다 모아서 한꺼번에 받으셨다.

4. 예수님은 하나님의 구원 계획을 이루시기 위하여 죽기까지 복종하셔서 사람들이 하나님께 불순종한 죄를 모두 속죄하셨다(롬5:19). 예수님은 모든 생명의 주관자이시므로 그 생명을 희생시켜 모든 사람들의 모든 죄를 대속하실 수 있다(요일2:2).

5. 그래서 죄인이 예수님을 자기 구주로 영접하고 자기 죄를 회개하면, 예수님의 대속의 효과를 받아서, 자기의 피를 흘리지 않고 희생 제사를 드리지 않고도, 모든 죄를 사함 받고 의롭다고 여겨져 정죄 심판에서 벗어나고(롬8:1) 하나님의 자녀로 살아갈 수 있게 된다.

6. 하나님 아들의 생명으로 죄인들의 죄를 대속하여 죄인들을 구원하는 것은, 하나님께서 계획하시고 실행하신 하나님의 일이고(마16:23), 생명을 주관하시는 하나님만 하실 수 있는 구원법이고, 모든 사람에게 적용되는 영원한 법칙이다. 인간의 이성을 초월하는 하나님의 사랑과 은혜이고(요3:16) 하나님의 지혜와 능력이다(고전1:18).

034 ─────── 사랑이 공의보다 크셔서

- **이사야 45:21** 나 외에 다른 신이 없나니, 나는 공의를 행하며 구원을 베푸는 하나님이라.
- **로마서 5:12** 모든 사람이 죄를 지었으므로 사망이 모든 사람에게 이르렀느니라.
- **히브리서 9:27** 한번 죽는 것은 사람에게 정해진 것이요, 그 후에는 심판이 있으리니,
- **로마서 2:6-8** 하나님께서 각 사람에게 행한 대로 보응하시되, 참고 선을 행하여 영광과 존귀와 썩지 아니함을 구하는 자에게는 영생으로 하시고, 진리를 따르지 아니하고 불의를 따르는 자에게는 진노와 분노로 하시리라.
- **데살로니가후서 1:8-9** 하나님을 모르는 자들과 우리 주 예수의 복음에 복종하지 않는 자들에게 형벌을 내리시리니, 이런 자들은 주의 얼굴과 그의 힘의 영광을 떠나 영원한 멸망의 형벌을 받으리로다.
- **나훔 1:6** 누가 능히 그의 분노 앞에 서며, 누가 능히 그의 진노를 감당하랴.
- **시편 78:38** 오직 하나님은 긍휼하시므로 죄악을 덮어 주시어 멸망시키지 아니하시고 그의 진노를 여러 번 돌이키시며 그의 모든 분을 다 쏟아 내지 아니하셨으니,
- **호세아 11:8-9** 이스라엘이여 내가 어찌 너를 버리겠느냐 – 내 마음이 내 속에서 돌이키어 나의 긍휼이 온전히 불붙듯 하도다 – 이는 내가 하나님이요 사람이 아님이라. 네 가운데 있는 거룩한 이니 진노함으로 네게 임하지 아니하리라.
- **이사야 42:1,3,4** 내가 택한 사람을 보라. 내가 나의 영을 그에게 주었은즉 그가 이방에 정의를 베풀리라. 상한 갈대를 꺾지 아니하며 꺼져가는 등불을 끄지 아니하고 진실로 정의를 시행할 것이며 – 낙담하지 아니하고 세상에 정의를 세우기에 이르리니,
- **요한복음 3:16** 하나님이 세상을 이처럼 사랑하사 독생자를 주셨으니, 이는 그를 믿는 자마다 멸망하지 않고 영생을 얻게 하려 하심이라.
- **로마서 5:8** 우리가 아직 죄인 되었을 때에 그리스도께서 우리를 위하여 죽으심으로 하나님께서 우리에 대한 자기의 사랑을 확증하셨느니라.

- **에베소서 2:4-5** 긍휼이 풍성하신 하나님이 우리를 사랑하신 그 큰 사랑을 인하여 허물로 죽은 우리를 그리스도와 함께 살리셨고(너희는 은혜로 구원을 받은 것이라)
- **이사야 43:25** 나는 나를 위하여 네 허물을 도말하는 자니 네 죄를 기억하지 아니하리라
- **베드로후서 3:9** 주께서는 너희를 대하여 오래 참으사 아무도 멸망하지 아니하고 다 회개하기에 이르기를 원하시느니라.

* 묵 상 *

1. 하나님은 사람을 하나님의 형상대로 지으시면서 사리를 분별하는 양심과 자유 의지를 주시고, 율법과 말씀을 주셔서 올바른 삶과 복된 삶으로 인도하신다. 그리고 사람의 모든 생각과 모든 행위를 은밀한 것까지 감찰하시고 선악 간에 심판하신다(전12:14).

2. 모든 사람이 하나님께 죄를 지었으므로 자기 생명으로 죄 값을 치러야 하고, 하나님은 사람의 모든 죄를 샅샅이 아시므로(시139:2-4) 범죄 즉시 심판하실 수 있고 정확하게 정의에 따라 판단하실 수 있다(시9:7-8).

3. 그러나 하나님은 죄인을 당장 심판하지 아니하시고 모두 구원하시길 원하신다. 그래서 죄인에 대한 심판을 미루시고 죄인 구원 계획을 세우셨다. 하나님의 아들을 사람 예수로 보내 사람들의 죄를 모두 대속하게 하셔서 죄인이 구원 받는 길을 만드셨다.

4. 죄인들의 죄값으로 죄인들의 생명을 거두시지 않으시고, 예수님께서 십자가에서 희생 제물로 죽으심으로 사람들의 죄값을 다 치르게 하셔서 하나님의 공의를 이루셨다. 하나님은 아들의 생명보다 죄인들의 구원을 더 귀하게 여기셔서, 예수님의 대신 속죄를 죄인들에 대한 공의의 심판으로 여기셨다.

5. 그러나 십자가 대속은 사람들의 죄를 즉시 사면하는 것이 아니다. 죄인이 십자가 대속이 자기 죄를 위한 것임을 인정하고 자기 죄를 꺼내놓고 회개하여야 비로소 대속의 효과를 받아 죄를 사함 받고 의인으로 여겨져 죄의 심판에서 벗어나게 된다(행3:19).

6. 하나님은 죄인 구원의 길을 만들어 놓고 죄인들에게 구원 기회를 주시기 위하여 죄에 대한 심판을 미루신다. 누구든지 구원의 부르심에 응하면 의롭다 하시고 심판을 면제하시고(롬8:1) 영화로운 삶으로 인도하신다(롬8:30).

7. 죄인이 하나님의 구원을 받아들이지 않으면, 예수님의 대속의 효과를 받지 못한다. 예수님께서 재림하셔서 심판을 미루었던 죄에 구원을 받아들이지 않은 죄까지 합쳐서(막16:16) 진노의 심판을 하시고 지옥 불못에서 영원한 형벌을 받게 하신다.

035 ─── 죄를 대속하시고 사면하심

- 마태복음 26:28 이것은 죄 사함을 얻게 하려고 많은 사람을 위하여 흘리는 바 나의 피, 곧 언약의 피니라.
- 베드로전서 1:18-19 너희가 – 헛된 행실에서 대속함을 받은 것은 – 오직 흠 없고 점 없는 어린 양 같은 그리스도의 보배로운 피로 된 것이니라.
- 히브리서 9:14 흠 없는 자기를 하나님께 드린 그리스도의 피가 어찌 너희 양심을 죽은 행실에서 깨끗하게 하고 살아계신 하나님을 섬기게 하지 못하겠느냐.
- 사도행전 3:19 그러므로 너희가 회개하고 돌이켜 너희 죄 없이 함을 받으라. 이같이 하면 새롭게 되는 날이 주 앞으로부터 이를 것이요
- 요한일서 1:7,9 예수의 피가 우리를 모든 죄에서 깨끗하게 하실 것이요, 만일 우리가 우리 죄를 자백하면 그는 미쁘시고 의로우사 우리 죄를 사하시며 우리를 모든 불의에서 깨끗하게 하실 것이요,
- 로마서 5:9 이제 우리가 그의 피로 말미암아 의롭다 하심을 받았으니 더욱 그로 말미암아 진노하심에서 구원을 받을 것이니,
- 로마서 8:1-2 이제 그리스도 예수 안에 있는 자에게는 결코 정죄함이 없나니, 이는 그리스도 예수 안에 있는 생명의 성령의 법이 죄와 사망의 법에서 너를 해방하였음이라.
- 사도행전 2:38 너희가 회개하여 각각 예수 그리스도의 이름으로 세례를 받고 죄 사함을 받으라. 그리하면 성령의 선물을 받으리니,
- 히브리서 10:19-20 우리가 예수의 피를 힘입어 성소에 들어갈 담력을 얻었으니, 그 길은 우리를 위하여 휘장 가운데로 열어 놓으신 새로운 살 길이요
- 고린도후서 5:17 누구든지 그리스도 안에 있으면 새로운 피조물이라. 이전 것은 지나갔으니, 보라, 새 것이 되었도다.
- 로마서 6:4 우리가 그의 죽으심과 합하여 세례를 받음으로 그와 함께 장사되었나니, 이는 아버지의 영광으로 말미암아 그리스도를 죽은 자 가운데서 살리심과 같이 우리로

또한 새 생명 가운데서 행하게 하려 함이라.

- 갈라디아서 2:20 내가 그리스도와 함께 십자가에 못 박혔나니, 그런즉 이제 내가 사는 것이 아니요 오직 내 안에 그리스도께서 사시는 것이라.
- 요한복음 6:54,56 내 살을 먹고 내 피를 마시는 자는 영생을 가졌고 마지막 날에 내가 그를 다시 살리리니, 내 살을 먹고 내 피를 마시는 자는 내 안에 거하고 나도 그의 안에 거하나니,
- 데살로니가전서 5:10 예수께서 우리를 위하여 죽으사 우리로 하여금 깨어 있든지 자든지 자기와 함께 살게 하려 하셨느니라.

* 묵 상 *

1. 예수님이 십자가에서 흘린 피는 창조주 하나님이 피조물 사람을 죄와 사망에서 구원하기 위하여 흘리신 피이다. 그 피의 능력으로 사람들의 모든 죄를 씻어내고 의롭다 여기시고 하나님의 백성으로 살아갈 수 있게 하신다. 그래서 보혈(寶血)이다.

2. 예수님의 보혈이 사람들의 죄를 모두 대속하셨지만, 죄인이 속죄한 것은 아니므로 죄인이 예수님의 대신 속죄를 자기의 속죄로 영접하고 회개해야 속죄의 효과를 받는다. 죄인이 예수님을 자기 죄를 대속하신 구주로 섬기고 죄를 회개하면 하나님께서 예수님의 대속을 죄인의 속죄로 인정하고 그 죄를 사하시고 의롭다고 여기신다.

3. 내가 죄가 없는 의인으로 여겨지면, 새로운 피조물이 되고 새로운 살 길이 열린다. 하나님께서 나의 죄를 기억하지 않으시므로(렘31:34) 정죄 심판에서 벗어나고, 죄인과 하나님을 분리시키던 죄의 장막이 없어져서(마27:51) 하나님께서 계신 성소에 들어가 거룩하신 하나님을 만나고 예배할 수 있다. 하나님의 자녀로 되는 자격을 얻고(요1:12), 성령을 선물로 받아 영적 존재로 거듭나고(행2:38), 성령님의 인도로 하나님의 다스림 안에서 살아갈 수 있다.

4. 예수님은 모든 생명을 주관하시는 하나님이시므로(요5:26) 그 피로 모든 죄인을 죄와 사망에서 구원하여 영생하게 하실 수 있다. 그래서 예수님은 생명의 주, 유일한 구주이시고(행4:12), 예수님을 주님으로 섬기면 영생을 얻는다(요3:36).

5. 하나님이신 예수님의 피로 죄인들의 죄 값을 대신 치르는 구원법은, 오직 하나님만 시행하실 수 있는 구원 방법이고, 하나님의 능력과 지혜이고(고전1:24), 하나님의 은혜이다. 모든 사람에게 적용되지만, 예수님께서 심판주로 오시면 마감된다.

036 ───────── 십자가 대속의 범위

- **디모데전서 2:4** 하나님은 모든 사람이 구원을 받으며 진리를 아는 데에 이르기를 원하시느니라.
- **갈라디아서 1:4** 그리스도께서 하나님 곧 우리 아버지의 뜻을 따라 이 악한 세대에서 우리를 건지시려고 우리 죄를 대속하기 위하여 자기 몸을 주셨으니,
- **로마서 5:8** 우리가 아직 죄인 되었을 때에 그리스도께서 우리를 위하여 죽으심으로 하나님께서 우리에 대한 자기의 사랑을 확증하셨느니라.
- **에베소서 1:7** 우리는 그리스도 안에서 그의 은혜의 풍성함을 따라 그의 피로 말미암아 속량 곧 죄 사함을 받았느니라.
- **요한일서 1:9** 만일 우리가 우리 죄를 자백하면, 그는 미쁘시고 의로우사 우리 죄를 사하시며 우리를 모든 불의에서 깨끗하게 하실 것이요
- **요한일서 2:2** 그는 우리 죄를 위한 화목 제물이니, 우리만 위할 뿐 아니요 온 세상의 죄를 위하심이라.
- **로마서 1:16** 이 복음은 모든 믿는 자에게 구원을 주시는 하나님의 능력이 됨이라. 먼저는 유대인에게요, 그리고 헬라인에게로다.
- **히브리서 10:14** 그가 거룩하게 된 자들을 한 번의 제사로 영원히 온전하게 하셨느니라.
- **히브리서 8:12** 내가 그들의 불의를 긍휼히 여기고 그들의 죄를 다시 기억하지 아니하리라
- **로마서 8:1** 그러므로 이제 그리스도 예수 안에 있는 자에게는 결코 정죄함이 없나니,
- **히브리서 7:22,25** 예수는 더 좋은 언약의 보증이 되셨느니라. 자기를 힘입어 하나님께 나아가는 자들을 온전히 구원하실 수 있으니 이는 그가 항상 살아 계셔서 그들을 위하여 간구하심이라.
- **베드로후서 3:9** 주께서는 너희를 대하여 오래 참으사 아무도 멸망하지 아니하고 다

회개하기에 이르기를 원하시느니라.

- **마태복음 24:14** 이 천국 복음이 모든 민족에게 증언되기 위하여 온 세상에 전파되리니 그제야 끝이 오리라.
- **히브리서 10:26-27** 우리가 진리를 아는 지식을 받은 후 짐짓 죄를 범한즉 다시 속죄하는 제사가 없고 오직 무서운 마음으로 심판을 기다리는 것과 대적하는 자를 태울 맹렬한 불만 있으리라.

* 묵 상 *

1. 하나님의 아들이 사람 예수로 오셔서 희생 제물로 죽으셔서 모든 사람의 모든 죄를 대신 속죄하셨다. 하나님의 죄인 구원 계획에 따라 세상의 모든 사람을 죄와 사망에서 구원하여 하나님의 백성으로 살아가게 하시려는 것이다.

2. 하나님과 예수님은 모든 생명을 창조하시고 주관하시므로, 모든 죄인을 죄와 사망의 굴레에서 구원하여 영원한 생명을 주실 수 있다. 하나님의 구원은 사람이 상상할 수도 없는 엄청난 사랑과 은혜이다. 사람들이 모두 죄중에서 회개하지 않고 있을 때 하나님께서 온 세상의 모든 사람에게 베푸셨다(롬5:8).

3. 십자가 대속의 효과는 시공(時空)을 초월하여 과거·현재·미래의 모든 죄에 미친다. 예수님께서 십자가에서 죽으신 후 2,000년 지나서 구주로 영접하고 죄를 회개하여도 대속 효과를 받아 죄를 사함 받는다. 시간을 초월하시고 과거·현재·미래를 함께 다스리시는 하나님께서 정하신 구원 법칙이다.

4. 사람에게 자유 의지를 주신 하나님은 구원도 강제하지 않으신다. 예수님의 십자가 대속을 받아들이고 죄를 회개하는 사람만 구속(救贖)하신다(행3:19). 하나님께 지은 죄가 없다고 생각하거나 예수님을 구주로 영접하지 않거나 죄를 회개하지 않거나 고의로 구원을 이탈한 사람은 속죄받지 못한다.

5. 예수님의 대속의 효과는 예수님께서 죽으시는 순간에 즉시 모든 사람을 위하여 효력이 생기는 것이 아니고, 사람이 자기 죄를 깨닫고 예수님을 자기 죄를 대속하신 구주로 영접하고 죄를 회개할 때 예수님의 대속이 자기 속죄로 인정되어 속죄 받게 된다. 속죄 받은 후 다시 죄를 지으면 그때마다 죄를 회개해야 그 죄를 속죄 받는다.

6. 예수님은 영원히 살아계신 하나님이시고 그 십자가 대속의 효력도 영원하다. 그러나 예수님께서 재림하셔서 최후의 심판을 하시면 죄인 구원은 마감된다.

037 죽으셨다가 부활하셨다

- **고린도전서 15:3-4** 성경대로 그리스도께서 우리 죄를 위하여 죽으시고 장사 지낸 바 되셨다가 성경대로 사흘 만에 다시 살아나사,
- **히브리서 2:14-15** 죽음을 통하여 죽음의 세력을 잡은 자 곧 마귀를 멸하시며, 또 죽기를 무서워하므로 한평생 매여 종 노릇하는 모든 자들을 놓아 주려 하심이니,
- **사무엘상 2:6** 여호와는 죽이기도 하시고 살리기도 하시며 스올에 내리게도 하시고 거기에서 올리기도 하시는 도다.
- **요한복음 10:17-18** 내가 내 목숨을 버리는 것은 그것을 내가 다시 얻기 위함이니 - 나는 버릴 권세도 있고 다시 얻을 권세도 있으니 이 계명은 내 아버지에게서 받았노라
- **로마서 1:4** 성결의 영으로는 죽은 자들 가운데서 부활하사 능력으로 하나님의 아들로 선포되셨으니 곧 우리 주 예수 그리스도시니라.
- **로마서 6:4** 우리가 그의 죽으심과 합하여 세례를 받음으로 그와 함께 장사되었나니, 이는 아버지의 영광으로 말미암아 그리스도를 죽은 자 가운데서 살리심과 같이 우리로 또한 새 생명 가운데서 행하게 하려 함이라.
- **로마서 8:11** 예수를 죽은 자 가운데서 살리신 이의 영이 너희 안에 거하시면, 그리스도 예수를 죽은 자 가운데서 살리신 이가 너희 안에 거하시는 그의 영으로 말미암아 너희 죽을 몸도 살리시리라.
- **베드로전서 1:3-4** 예수 그리스도를 죽은 자 가운데서 부활하게 하심으로 말미암아 우리를 거듭나게 하사 산 소망이 있게 하시며 썩지 않고 더럽지 않고 쇠하지 아니하는 유업을 잇게 하시나니 곧 너희를 위하여 하늘에 간직하신 것이라.

* 묵 상 *

1. 사람이신 예수님은 금요일 09시경 십자가에 못 박히시고 15시경 죽으셨다가 장사되었다가 일요일 새벽에 부활하셨다. 사람으로 죽으셨다가 신령한 사람 형체로 부활하

셔서 공간을 초월하시고 승천하여 영생하시는 첫 열매를 보여 주셨다.

2. 예수님은 생명의 주이시므로 죽으셨다가 부활하실 수 있다. 예수님의 죽으심과 부활하심은 하나님의 죄인 구원 계획으로 예정된 일이었고(행2:23), 예수님께서 미리 예고하신 일이다. 죽기까지 순종하심으로 하나님의 뜻을 이루셨기에 신령한 몸으로 부활하시고 승천하셔서 하나님과 함께 영생하신다(빌2:8-9).

3. 부활은 죽은 사람이 신령한 사람으로 다시 살아나서 죽지 않고(롬6:9) 승천하여 하나님과 함께 영생하는 것이다. 죽은 사람이 소생하여 살다가 다시 죽는 것과 다르다.

4. 예수님은 무덤 속에서 죽음의 세력을 잡은 마귀의 권능을 멸하시고 사람들이 정죄 심판을 면하고 사망에서 해방되는 길을 개설하시고(히2:14-15) 하나님과 함께 영생할 수 있는 신령한 몸으로 부활하시고 승천하셨다. 그래서 하나님의 아들이심을 증명하셨고(롬1:4) 하나님 우편에서 영원히 살아계시면서 생명과 사망을 주재하신다(계1:18).

5. 예수님은 죽으심으로 사람들의 죄를 대신 속죄하시고 의인으로 부활하셔서 하나님과 함께 영생하신다. 죄인이 구원 받아 영생하는 길을 만드시고 시범을 보이셨다. 그래서 사람들에게 죄인에서 벗어나 영적 존재로 거듭나서 하나님과 함께 영생하는 소망을 주셨다(벧전1:3-4).

6. 예수님은 죽으셨다가 부활하심으로 죄인들의 구원을 시작하셨고, 그를 주님으로 섬기고 죄를 회개하는 사람들에게 성령을 주어 하나님과 함께 영생할 수 있게 하신다. 사람은 죽었다가 다시 살아날 수 없지만, 예수님을 구주로 섬기면 구주의 은혜와 능력으로 성도로 거듭나서 하나님과 함께 영생할 수 있다.

7. 예수님을 나의 죄를 대속하신 구주로 영접하고 죄를 회개하면 예수님의 대신 속죄의 은혜를 받아 죄를 용서받고 정죄 심판과 사망에서 해방된다. 그리고 성령을 받아 예수님처럼 영적 존재로 거듭나서 성령님의 인도에 따라 하나님의 자녀로 영생할 수 있다.

8. 부활하신 예수님은 40일 동안 머무시며 죄인들이 구원받아 영생할 수 있다는 진리와 천국 복음을 전파하셔서 제자들과 세상을 바꾸셨다. 예수님께서 고난 받으실 때 피신했던 제자들이 예수님의 부활·영생을 보고 성령의 가르침을 받고 나서 목숨을 걸고 복음을 전파하였다.

9. 예수님 부활의 증거는 확실하다(행1:3). ①예수님의 시신을 안치하고 봉인된 무덤이 비어 있는 사실(눅24:13), ②그 무덤에 있던 천사의 알림 말(마28:6), ③부활하신 예수님께서 40일간 9차례 수많은 사람들에게 보이심(고전15:3-8), ④제자들에게 말씀하시고 그들이 보는 가운데 승천하심(행1:9), ⑤사도들의 증언(행2:32) 등

038   부활이요 생명이다

- 요한복음 11:25-26 예수께서 이르시되, 나는 부활이요 생명이니 나를 믿는 자는 죽어도 살겠고 무릇 살아서 나를 믿는 자는 영원히 죽지 아니하리니, 이것을 네가 믿느냐

- 요한복음 5:24 내가 진실로 진실로 너희에게 이르노니, 내 말을 듣고 나 보내신 이를 믿는 자는 영생을 얻었고 심판에 이르지 아니하나니, 사망에서 생명으로 옮겼느니라.

- 요한복음 5:26 아버지께서 자기 속에 생명이 있음 같이 아들에게도 생명을 주어 그 속에 있게 하셨고,

- 요한복음 6:40 내 아버지의 뜻은 아들을 보고 믿는 자마다 다 영생을 얻는 이것이니, 마지막 날에 내가 이를 다시 살리리라.

- 요한복음 6:48,51,54 내가 곧 생명의 떡이니라. 나는 하늘에서 내려온 살아 있는 떡이니 사람이 이 떡을 먹으면 영생하리라. 내 살을 먹고 내 피를 마시는 자는 영생을 가졌고 마지막 날에 내가 그를 살리리라.

- 요한일서 5:20 그는 참 하나님이시요 영생이시라.

- 고린도전서 15:22 그리스도 안에서 모든 사람이 삶을 얻으리라.

- 고린도후서 5:17 누구든지 그리스도 안에 있으면 새로운 피조물이라. 이전 것은 지나갔으니, 보라 새 것이 되었도다.

- 요한복음 17:2-3 아버지께서 아들에게 주신 모든 사람에게 영생을 주게 하시려고 만민을 다스리는 권세를 아들에게 주셨음이로소이다. 영생은 곧 유일하신 참 하나님과 그가 보내신 자 예수 그리스도를 아는 것이니이다.

- 요한복음 10:10 내가 온 것은 양으로 생명을 얻게 하고 더 풍성히 얻게 하려는 것이라.

- 요한복음 15:5 나는 포도나무요, 너희는 가지라. 그가 내 안에, 내가 그 안에 있으면 사람이 열매를 많이 맺나니, 나를 떠나서는 너희가 아무 것도 할 수 없음이라.

- 로마서 6:4 우리가 그의 죽으심과 합하여 세례를 받음으로 그와 함께 장사되었나니, 이는 아버지의 영광으로 말미암아 그리스도를 죽은 자 가운데서 살리심과 같이 우리로

또한 새 생명 가운데서 행하게 하려 함이라.

- 빌립보서 3:20-21 우리의 시민권은 하늘에 있는지라. - 주 예수 그리스도를 기다리노니, 그는 만물을 자기에게 복종하게 하실 수 있는 자의 역사로 우리의 낮은 몸을 자기 영광의 몸의 형체와 같이 변하게 하시리라. [역사(役事) : 특별한 능력으로 일함]
- 고전 15:54 이 썩을 것이 썩지 아니함을 입고 이 죽을 것이 죽지 아니함을 입을 때에는 사망을 삼키고 이기리라고 기록된 말씀이 이루어지리라.
- 고린도전서 15:13,17 만일 죽은 자의 부활이 없으면 그리스도도 다시 살아나지 못하셨으리라. 그리스도께서 다시 살아나신 일이 없으면 너희의 믿음도 헛되고 너희가 여전히 죄 가운데 있을 것이요,

* 묵 상 *

1. 하나님께서 아들에게 생명 주권을 주셔서 예수님은 모든 생명을 주관하시는 주권자이시다(행3:15). 죽은 사람을 살리실 수 있고, 스스로 십자가에서 죽으셨다가 부활하실 수 있고, 죄로 죽어야 할 사람을 구원하실 수 있고, 죽었던 영을 살리실 수 있고, 자기 사람을 마지막 날에 부활시켜 영생하게 하실 수 있다.

2. 예수님께서 죽으신 목적은 죽음을 이기고 부활하시는 것이고, 부활의 목적은 영생하시는 것이고, 영생은 하나님과 함께 살아가는 것이다(요17:3). 예수님의 죽으심과 부활과 영생은 하나님만 하실 수 있는 일이고, 하나님의 지혜와 능력이다(고전1:24). 하나님의 죄인 구원 계획에 따라 이루어진 일이고, 하나님의 은혜이다.

3. 예수님은 하나님의 뜻을 이루기 위하여 죽기까지 순종하시고 부활 영생에 이르셨다(빌2:8-9). 내가 죽고 그리스도께서 나의 주님이 되셔서 나를 다스리시고 내가 온전히 순종하면(갈2:20), 나도 주님의 생명 권능과 은혜에 의하여 하나님의 아들이 되어(롬8:14) 하나님 나라를 상속하고 영생할 수 있다(롬8:17).

4. 사람도 주님을 의지하여 부활 영생할 수 있다. ①예수님을 구주로 영접하고 죄를 회개한다. ②죄가 없는 의인으로 여겨져 사망에서 생명으로 옮겨진다. ③성령을 받아 영적 존재로 거듭나고 하나님의 자녀로 될 자격을 얻는다. ④성령님의 인도에 순종하여 하나님의 뜻에 따라 살아가며(엡4:22-24) 하늘에 속한 신령한 복을 누린다(엡1:3). ⑤예수님께서 재림하실 때 주님의 권능으로 생명의 부활을 얻어(요5:29) 하늘 천국으로 올려져 하나님과 함께 영생하게 된다.

039 ────── 부활하신 예수님

- **고린도전서 15:3-6** 성경대로 그리스도께서 우리 죄를 위하여 죽으시고 장사 지낸 바 되셨다가 성경대로 사흘 만에 다시 살아나사, 게바에게 보이시고 후에 열두 제자에게와 그 후에 오백여 형제에게 일시에 보이셨나니,
- **사도행전 1:3** 그가 고난 받으신 후에 또한 그들에게 확실한 많은 증거로 친히 살아계심을 나타내사 사십 일 동안 그들에게 보이시며 하나님 나라의 일을 말씀하시니라.
- **요한복음 20:19** 안식 후 첫날 저녁 때에 제자들이 유대인들을 두려워하여 모인 곳의 문들을 닫았더니 예수께서 오사 가운데 서서 이르시되 너희에게 평강이 있을지어다.
- **누가복음 24:39** 내 손과 발을 보고 나인 줄 알라. 또 나를 만져 보라. 영은 살과 뼈가 없으되 너희 보는 바와 같이 나는 있느니라.
- **마가복음 16:15,19** 너희는 온 천하에 다니며 만민에게 복음을 전파하라. 주 예수께서 말씀을 마치신 후에 하늘로 올려지사 하나님 우편에 앉으시니라
- **로마서 1:4** 성결의 영으로는 죽은 자들 가운데서 부활하사 능력으로 하나님의 아들로 선포되셨으니 곧 우리 주 예수 그리스도시니라.
- **사도행전 2:36** 너희가 십자가에 못 박은 이 예수를 하나님이 주와 그리스도가 되게 하셨느니라
- **에베소서 1:20-22** 그의 능력이 그리스도 안에서 역사(役事)하사 죽은 자들 가운데서 다시 살리시고 하늘에서 자기의 오른편에 앉히사, 모든 통치와 권세와 능력과 주권과 이 세상뿐 아니라 오는 세상에 일컫는 모든 이름 위에 뛰어나게 하시고 또 만물을 그의 발 아래에 복종하게 하시고 그를 만물 위에 교회의 머리로 삼으셨느니라.
- **요한계시록 1:17-18** 나는 처음이요 마지막이니, 곧 살아 있는 자라. 내가 전에 죽었었노라. 볼지어다, 이제 세세토록 살아 있어 사망과 음부의 열쇠를 가졌노니,
- **요한일서 5:20** 그는 참 하나님이시요 영생이시라.
- **히브리서 7:24-25** 예수는 영원히 계시므로 - 자기를 힘입어 하나님께 나아가는 자

들을 온전히 구원하실 수 있으니 이는 그가 항상 살아 계셔서 그들을 위하여 간구하심이라.

- 디모데전서 2:5 하나님은 한 분이시요 또 하나님과 사람 사이의 중보자도 한 분이시니, 곧 사람이신 그리스도 예수라.
- 사도행전 1:11 갈릴리 사람들아, 어찌하여 서서 하늘을 쳐다보느냐, 너희 가운데서 하늘로 올려지신 이 예수는 하늘로 가심을 본 그대로 오시리라
- 데살로니가전서 4:16-17 주께서 - 하나님의 나팔 소리로 친히 하늘로부터 강림하시리니 - 공중에서 주를 영접하게 하시리니, 그리하여 우리가 항상 주와 함께 있으리라.

* 묵 상 *

1. 예수님은 하나님의 죄인 구원 계획에 따라 사람들의 죄를 대속하는 희생 제물로 죽으셔서 속죄의 길을 만드시고 사망을 이기고 부활하셔서 영생의 길을 만드셨다. 그래서 예수님이 하나님의 아들이시고 생명의 주권자이시고 그리스도이심을 증명하셨고, 죄인 구원 복음에 대한 믿음과 부활 영생의 소망을 주셨다.

2. 예수님은 사람의 몸으로 부활하셔서 몸과 손발을 보이시고 말씀하셨고 제자들과 함께 걸으시고 음식을 잡수셨으나(눅24:36-43), 장소와 물체의 제한을 받지 않으셨다(눅24:31, 요20:19,26). 40일간 제자들에게 하나님 나라에 들어가는 길이 다 열렸다고 가르치시고 승천하셔서 하나님 우편에서 영생하신다(막16:19).

3. 부활하신 예수님의 행적 ①막달라 마리아 등에게 보이심(막16:9), ②제자들에게 보이심(눅24:34), ③엠마오로 가던 제자들에게 나타나심(눅24:18-35), ④ 안식 후 첫날 저녁 제자들 모임에 나타나심(막16:14,눅24:36,요20:19), ⑤안식일 후 8일에 의심하는 도마에게 나타나심(요20:26-29), ⑥디베랴 바닷가 제자들에게 나타나셔서 베드로에게 사랑하느냐 3번 물으심(요21:1-4), ⑦ 500여 형제에게 일시에 보이심(고전15:6), ⑧예수님의 동생 야고보에게 나타나심(고전15:7), ⑨감람산에 나타나셨다가 승천하심(막16:19,눅24:52,행1:9-12)

4. 예수님은 승천 후 10일 만에 성령을 보내셔서 예수님의 가르침에 따라 선도하게 하시고(요14:26), 하나님 곁에서 성도들을 중보하시다가(요일2:1), 마지막 때에 죽은 자와 산 자의 심판주로 오셔서 죽은 자를 깨우시고(요5:28-29) 의인과 죄인을 구분하시고 의인을 하늘로 들어올려 영생하게 하시고 죄인에게는 영벌을 주신다(마25:31-33,46).

040 — 부활의 열매

- **고린도전서 15:20-23** 이제 그리스도께서 죽은 자 가운데서 다시 살아나사 잠자는 자들의 첫 열매가 되셨도다. – 그리스도 안에서 모든 사람이 삶을 얻으리라. – 먼저는 첫 열매인 그리스도요, 다음에는 그가 강림하실 때에 그리스도에게 속한 자요

- **고린도후서 4:14** 주 예수를 살리신 이가 예수와 함께 우리도 다시 살리사 너희와 함께 그 앞에 서게 하실 줄을 아노라.

- **요한복음 6:51,54** 나는 하늘에서 내려온 살아 있는 떡이니 사람이 이 떡을 먹으면 영생하리라. 내 살을 먹고 내 피를 마시는 자는 영생을 가졌고 마지막 날에 내가 그를 살리리라.

- **요한복음 6:40** 내 아버지의 뜻은 아들을 보고 믿는 자마다 다 영생을 얻는 이것이니, 마지막 날에 내가 이를 다시 살리리라.

- **로마서 8:11** 예수를 죽은 자 가운데서 살리신 이의 영이 너희 안에 거하시면, 그리스도 예수를 죽은 자 가운데서 살리신 이가 너희 안에 거하시는 그의 영으로 말미암아 너희 죽을 몸도 살리시리라.

- **골로새서 2:12** 너희가 세례로 그리스도와 함께 장사되고, 또 죽은 자들 가운데서 그를 일으키신 하나님의 역사(役事)를 믿음으로 말미암아 그 안에서 함께 일으키심을 받았느니라. [역사(役事) : 특별한 능력으로 일하심]

- **베드로전서 1:3-4** 예수 그리스도를 죽은 자 가운데서 부활하게 하심으로 말미암아 우리를 거듭나게 하사 산 소망이 있게 하시며 썩지 않고 더럽지 않고 쇠하지 아니하는 유업을 잇게 하시나니 곧 너희를 위하여 하늘에 간직하신 것이라.

- **빌립보서 3:20-21** 구원하는 자 곧 주 예수 그리스도를 기다리노니, 그는 만물을 자기에게 복종하게 하실 수 있는 자의 역사(役事)로 우리의 낮은 몸을 자기 영광의 몸의 형체와 같이 변하게 하시리라.

- **사도행전 24:15** 하나님께 향한 소망을 나도 가졌으니, 곧 의인과 악인의 부활이 있으리라

- **요한복음 5:28-29** 이를 놀랍게 여기지 말라. 무덤 속에 있는 자가 다 그의 음성을 들을 때가 오나니, 선한 일을 행한 자는 생명의 부활로, 악한 일을 행한 자는 심판의 부활로 나오리라.
- **고린도전서 15:42-44** 죽은 자의 부활도 그와 같으니, 썩을 것으로 심고 썩지 아니할 것으로 다시 살아나며 - 육의 몸으로 심고 신령한 몸으로 다시 살아나나니 육의 몸이 있은즉 또 영의 몸도 있느니라.

* 묵 상 *

1. 썩지 아니할 신령한 몸으로 변화되어야 천국에 들어갈 수 있다(고전15:50-53). 예수님께서 사람의 몸으로 죽으셨다가 신령한 몸으로 부활하시고 승천하심으로써 부활과 영생의 첫 시범을 보이셨고, 성도들에게 부활·영생의 길을 열어 주셨고, 천국 영생의 소망을 주시고 보증하신다(히7:22,25).

2. 예수님은 모든 죄인을 대속하기 위하여 죽으셨고 그 대속을 영접하여 회개하는 사람들에게 새 인생을 주시려고 부활의 길을 여셨다. 그래서 예수님을 구주로 영접하고 죄 사함을 받으면 성령님에 의하여 부활 영생의 길로 인도되고 예수님의 권능에 의하여 부활 영생할 수 있게 된다. 부활의 믿음과 소망은 세상의 핍박을 이기고 하나님 나라를 차지하게 한다(벧전1:4).

3. 예수님의 부활 승천을 직접 목격한 사도들이 죽음을 두려워하지 않고 복음 전파의 사명을 수행하다가 순교하였고, 예수님의 부활을 증거하여 3,000명의 신도를 얻었다(행2:41). 그 성도들이 신앙공동체를 이루어 유무상통하며 하나님을 찬미하고 온 백성에게 칭송을 받았다(행2:44-47).

4. 예수님은 부활 영생의 첫 열매이고, 사람도 예수님을 주님으로 모시고 살아가면 예수님께서 심판주로 오실 때 주님의 부활 생명의 권능에 의하여 부활 영생의 열매를 얻을 수 있다(고전15:23).

5. 성도들이 부활하면, 썩지 않고 영원하고 영광스러운 신령한 몸이 되고, 영적인 세계 하나님 나라에서 영생하게 되고, 몸과 에너지가 강하여 음식을 먹을 필요가 없고(고전6:13), 그리스도의 신부가 되어 사람끼리 결혼하지 않는다(마22:30).

6. 예수님은 하나님 뜻에 순종하여 죽으셨기에 부활 승천하셨고 영생하신다. 나도 죄인으로 죽고 그리스도께서 나의 마음과 생각과 삶을 다스리시게 하면 내가 그리스도의 사람으로 거듭나 새 생명을 얻고(롬6:4) 하나님 나라에서 영생하게 된다(요6:40).

041 ─ 영생을 얻는 길

- **요한복음 17:3** 영생은 곧 유일하신 참 하나님과 그가 보내신 자 예수 그리스도를 아는 것이니이다. [아는 것 : 함께 살며 친밀한 것]
- **요한복음 3:16** 하나님이 세상을 이처럼 사랑하사 독생자를 주셨으니, 이는 그를 믿는 자마다 멸망하지 않고 영생을 얻게 하려 하심이라.
- **요한복음 6:40** 내 아버지의 뜻은 아들을 보고 믿는 자마다 다 영생을 얻는 이것이니, 마지막 날에 내가 이를 다시 살리리라.
- **요한복음 5:24** 내가 진실로 진실로 너희에게 이르노니, 내 말을 듣고 나 보내신 이를 믿는 자는 영생을 얻었고 심판에 이르지 아니하나니, 사망에서 생명으로 옮겼느니라.
- **요한일서 5:11-12** 증거는 이것이니, 하나님이 우리에게 영생을 주신 것과 이 생명이 그의 아들 안에 있는 그것이니라. 아들이 있는 자에게는 생명이 있고, 하나님의 아들이 없는 자에게는 생명이 없느니라.
- **요한복음 11:25-26** 예수께서 이르시되, 나는 부활이요 생명이니 나를 믿는 자는 죽어도 살겠고 무릇 살아서 나를 믿는 자는 영원히 죽지 아니하리니, 이것을 네가 믿느냐.
- **요한복음 10:10** 내가 온 것은 양으로 생명을 얻게 하고 더 풍성히 얻게 하려는 것이라.
- **고린도전서 1:30** 예수는 하나님으로부터 나와서 우리에게 지혜와 의로움과 거룩함과 구원함이 되셨으니,
- **요한복음 10:27-28** 내 양은 내 음성을 들으며, 나는 그들을 알며 그들은 나를 따르느니라. 내가 그들에게 영생을 주노니 영원히 멸망하지 아니할 것이요, 또 그들을 내 손에서 빼앗을 자가 없느니라.
- **요한복음 16:13** 진리의 성령이 오시면 그가 너희를 모든 진리 가운데로 인도하시리니,
- **로마서 8:11** 예수를 죽은 자 가운데서 살리신 이의 영이 너희 안에 거하시면, 그리스도 예수를 죽은 자 가운데서 살리신 이가 너희 안에 거하시는 그의 영으로 말미암아

너희 죽을 몸도 살리시리라.

- 에베소서 4:22-24 너희는 유혹의 욕심을 따라 썩어져 가는 구습을 따르는 옛사람을 벗어 버리고, 오직 너희의 심령이 새롭게 되어, 하나님을 따라 의와 진리의 거룩함으로 지으심을 받은 새 사람을 입으라.
- 요한일서 2:17 이 세상도 그 정욕도 지나가되, 오직 하나님의 뜻을 행하는 자는 영원히 거하느니라.
- 베드로전서 1:13 그러므로 너희 마음의 허리를 동이고 근신하여 예수 그리스도께서 나타나실 때에 너희에게 가져다 주실 은혜를 온전히 바랄지어다.

* 묵 상 *

1. 영생은 하나님과 함께 살아가는 것이다(요17:3). 그것은 예수님의 대신 속죄 은혜로 죄를 벗고 성령님의 인도를 받아 하나님께 나아가 하나님을 주님으로 섬기며 주님의 뜻에 따라 살아가는 것이다. 하나님 삼위의 은혜가 합력하여 사람을 영생하게 한다.

2. 하나님과 함께 살아가는 것은 하나님을 주님으로 섬기며 주님의 뜻에 따라 살아가는 것이고, 하나님의 백성으로 살아가며 하나님 나라의 완전한 행복을 영원히 누리는 것이다. 하나님 삼위를 모두 주님으로 섬겨야 영생의 은혜를 누릴 수 있다.

3. 죄인 구원의 목적은 영생이다(요6:40). 이를 위하여 구주 예수님께서 사람들의 죄를 모두 대속하셔서 죄인들이 죄를 사함 받고 하나님께 나아갈 수 있게 하셨고, 성령을 보내어 구원의 길로 인도하게 하시고, 마지막 때에 하늘 천국으로 들어 올리신다.

4. 예수 그리스도를 따르면 구원·영생을 얻을 수 있다. 예수님은 십자가 대속으로 죄인 구원의 길을 만드셨고, 사람으로 죽으셨다가 부활하셔서 사람이 부활하는 시범을 보이셨고, 하나님 뜻을 이루시고 승천하셔서 하나님 곁에서 영생하시는 모범을 보이셨다. 구주 예수님은 구원·영생의 알파와 오메가이시다(계22:13).

5. 의인이라도 성령의 인도를 받아야 하나님과 함께 살아갈 수 있다(요3:5). 그래서 예수님께서 성도에게 성령을 보혜사로 주셔서 개인 지도하게 하셨다. 나의 성령님을 삶의 주님으로 섬기며 그 인도를 구하고 순종하면 말씀 묵상과 기도를 통하여 하나님 뜻을 깨닫고 하나님 뜻에 따라 살아갈 수 있다.

6. 이 세상에서 하나님 삼위를 주님으로 모시고 하나님 뜻에 따라 살아가면, 천국 백성의 삶을 훈련하고 천국 백성의 행복을 맛보다가, 하늘 천국의 새 이름을 받고(계2:17) 하나님의 낙원에서 생명나무 열매를 먹으며 영생하게 된다(계2:7).

042　유일한 그리스도

- **로마서 3:23** 모든 사람이 죄를 범하였으매 하나님의 영광에 이르지 못하더니,

- **히브리서 10:12,14** 그리스도는 죄를 위하여 한 영원한 제사를 드리시고 하나님 우편에 앉으사, 그가 거룩하게 된 자들을 한 번의 제사로 영원히 온전하게 하셨느니라.

- **로마서 5:9** 이제 우리가 그의 피로 말미암아 의롭다 하심을 받았으니 더욱 그로 말미암아 진노하심에서 구원을 받을 것이니,

- **사도행전 2:36** 너희가 십자가에 못 박은 이 예수를 하나님이 주와 그리스도가 되게 하셨느니라

- **로마서 8:1-2** 그리스도 예수 안에 있는 자에게는 결코 정죄함이 없나니, 이는 그리스도 예수 안에 있는 생명의 성령의 법이 죄와 사망의 법에서 너를 해방하였음이라.

- **갈라디아서 2:16** 사람이 의롭게 되는 것은 율법의 행위로 말미암음이 아니요 오직 예수 그리스도를 믿음으로 말미암는 줄 알므로 우리도 그리스도 예수를 믿나니 – 율법의 행위로써는 의롭다 함을 얻을 육체가 없느니라.

- **요한복음 6:40** 내 아버지의 뜻은 아들을 보고 믿는 자마다 다 영생을 얻는 이것이니, 마지막 날에 내가 이를 다시 살리리라.

- **요한복음 5:26-27** 아버지께서 자기 속에 생명이 있음 같이 아들에게도 생명을 주어 그 속에 있게 하셨고, 또 인자됨으로 말미암아 심판하는 권한을 주셨느니라.

- **요한일서 5:12** 아들이 있는 자에게는 생명이 있고, 하나님의 아들이 없는 자에게는 생명이 없느니라.

- **요한복음 14:6** 예수께서 이르시되, 내가 곧 길이요 진리요 생명이니 나로 말미암지 않고는 아버지께로 올 자가 없느니라.

- **히브리서 7:24-25** 예수는 – 자기를 힘입어 하나님께 나아가는 자들을 온전히 구원하실 수 있으니, 이는 그가 항상 살아 계셔서 그들을 위하여 간구하심이라.

- **히브리서 5:9** 자기에게 순종하는 모든 자에게 영원한 구원의 근원이 되시고,

- **사도행전 2:21** 누구든지 주의 이름을 부르는 자는 구원을 받으리라.
- **사도행전 4:12** 다른 이로써는 구원을 받을 수 없나니, 천하 사람 중에 구원을 받을 만한 다른 이름을 우리에게 주신 일이 없음이라.
- **요한복음 12:26** 사람이 나를 섬기려면 나를 따르라. 나 있는 곳에 나를 섬기는 자도 거기 있으리니, 사람이 나를 섬기면 내 아버지께서 그를 귀히 여기시리라.
- **요한일서 2:22** 거짓말하는 자가 누구냐, 예수께서 그리스도이심을 부인하는 자가 아니냐,

✱ 묵 상 ✱

1. 하나님께 죄를 지은 사람은 하나님과 분리되고(사59:2), 하나님께서 설치하신 불칼 장벽을 통과할 수 없다(창3:24). 죄인이 하나님께 접근하면 정죄 심판을 받아 죽는다. 죄인이 하나님께 나아가려면 죄를 해소하고 의인으로 되어야 하는데, 사람이 하나님께 지은 죄를 해소하는 것은 사람의 능력이나 노력으로는 불가능하다.

2. 하나님은 사람과 함께 살기를 원하셔서 하나님의 아들을 사람 예수로 보내 사람들의 죄를 대신 속죄하게 하시고 그 대속을 받아들이는 사람을 죄 없는 의인으로 여기신다. 이것이 사람이 하나님께 지은 죄를 해소하고 하나님께 나아가는 유일한 길이고 다른 방법은 없다. 그래서 예수님이 유일한 그리스도 구주(救主)이시다. 이것은 하나님께서 세우신 구원 법칙이고, 이를 부정하면 이단(異端)이다.

3. 하나님께서 아들에게 생명 주권을 주시고 사람 예수로 보내 사람들의 죄를 대속하는 희생 제물로 죽었다가 다시 살아나게 하셔서 죄인 구원 계획을 이루게 하셨다. 그래서 예수님은 산 자와 죽은 자의 주가 되시고(빌2:11) 예수님을 구주로 영접하고 주님으로 섬기는 모든 자에게 구원과 영생을 주는 근원이 되셨다.

4. 예수님은 죄인이 죄를 벗고 하나님께 나아갈 수 있는 유일한 통로이시고, 자기를 구주로 영접하고 죄를 회개한 사람에게 성령을 주셔서 하나님의 뜻에 맞게 살아가도록 인도하시고(요14:16-17), 성도로 성화된 사람을 마지막 심판 때 하늘 천국으로 들어 올려 구원을 완성하신다. 그래서 예수님은 구원의 시작이시고 마침이시다(계22:13).

5. 예수 그리스도를 구주로 영접하고 죄를 회개하면 누구나 다 죄를 사함 받아 구원받을 수 있고 정원의 제한도 없다. 그러나 죽기 전에 죄를 회개하여 사면 받고 성령을 받아 성도로 거듭나야 한다(요3:5).

043 ── 영접(迎接)하면 새로운 인생

- **요한복음 3:16** 하나님이 세상을 이처럼 사랑하사 독생자를 주셨으니, 이는 그를 믿는 자마다 멸망하지 않고 영생을 얻게 하려 하심이라.
- **요한복음 1:12-13** 영접하는 자 곧 그 이름을 믿는 자들에게는 하나님의 자녀가 되는 권세를 주셨으니, 이는 혈통으로나 육정으로나 사람의 뜻으로 나지 아니하고 오직 하나님께로부터 난 자들이니라.
- **요한복음 6:40** 내 아버지의 뜻은 아들을 보고 믿는 자마다 다 영생을 얻는 이것이니, 마지막 날에 내가 이를 다시 살리리라.
- **골로새서 1:13-14** 그가 우리를 흑암의 권세에서 건져내사 그의 사랑의 아들의 나라로 옮기셨으니, 그 아들 안에서 우리가 속량 곧 죄사함을 얻었도다.
- **로마서 6:22** 이제는 너희가 죄로부터 해방되고 하나님께 종이 되어 거룩함에 이르는 열매를 맺었으니 그 마지막은 영생이라.
- **히브리서 9:14** 영원하신 성령으로 말미암아 흠 없는 자기를 하나님께 드린 그리스도의 피가 어찌 너희 양심을 죽은 행실에서 깨끗하게 하고 살아계신 하나님을 섬기게 하지 못하겠느냐.
- **갈라디아서 2:20** 내가 그리스도와 함께 십자가에 못 박혔나니, 그런즉 이제 내가 사는 것이 아니요 오직 내 안에 그리스도께서 사시는 것이라.
- **이사야 43:1** 내가 너를 구속하였고 내가 너를 지명하여 불렀나니, 너는 내 것이라.
- **고린도후서 5:17** 누구든지 그리스도 안에 있으면 새로운 피조물이라. 이전 것은 지나갔으니, 보라, 새 것이 되었도다.
- **요한복음 16:13** 진리의 성령이 오시면 그가 너희를 모든 진리 가운데로 인도하시리니,
- **로마서 8:14** 무릇 하나님의 영으로 인도함을 받는 사람은 곧 하나님의 아들이라.
- **로마서 6:4** 우리가 그의 죽으심과 합하여 세례를 받음으로 그와 함께 장사되었나니,

이는 아버지의 영광으로 말미암아 그리스도를 죽은 자 가운데서 살리심과 같이 우리로 또한 새 생명 가운데서 행하게 하려 함이라.

- 데살로니가전서 5:10 예수께서 우리를 위하여 죽으사 우리로 하여금 깨어 있든지 자든지 자기와 함께 살게 하려 하셨느니라.
- 에베소서 2:19 이제부터 너희는 외인도 아니요 나그네도 아니요, 오직 성도들과 동일한 시민이요 하나님의 권속이라 [권속(眷屬) : family]
- 에베소서 4:22-24 너희는 - 옛 사람을 벗어 버리고, 오직 너희의 심령이 새롭게 되어 하나님을 따라 의와 진리의 거룩함으로 지으심을 받은 새 사람을 입으라.

* 묵 상 *

1. 사람이 하나님 말씀을 어기는 죄를 짓고 하나님을 떠나서 온갖 인생고를 겪다가 죽게 되었다. 하나님은 죄인을 구원하여 하나님의 백성으로 살아가게 하신다. 그래서 사람이 하나님의 구원을 받아들이면 죄와 사망에서 벗어나 하나님과 함께 살아갈 수 있다.

2. 〈영접 과정〉 하나님의 구원을 영접하려면, 예수님을 구주로 섬기며 죄를 지을 때마다 구주 앞에 회개하고, 성령님을 인도자로 섬기며 그 인도를 구하고 순종하여야 한다. ⑴내가 창조주 하나님의 뜻을 어기고 하나님을 떠난 죄인임을 인정한다. ⑵하나님께 지은 죄를 없애야 하나님께 나아갈 수 있음을 깨닫는다. ⑶하나님께 지은 죄를 해소하는 길은 예수님의 십자가 대속을 받아들이고 회개하는 것뿐임을 깨닫는다. ⑷예수님이 나의 죄를 대속하신 그리스도라고 인정하고 나의 구주로 섬긴다. ⑸나의 구주 앞에 나의 죄를 모두 고백하고 회개한다. ⑹죄를 용서 받고 죄가 없는 의인으로 여겨져 성령을 선물로 받는다. ⑺성령님을 삶의 주님으로 섬기며 그 인도에 순종한다. ⑻말씀과 기도로 하나님의 뜻을 깨닫는다. ⑼하나님의 뜻에 따라 하나님의 자녀·백성으로 살아가며 육신의 정욕과 세상 가치와 마귀의 유혹을 이겨낸다.

3. 〈영접 효과〉 ①하나님께 지은 죄를 용서받는다. ②하나님께서 의롭다 여기셔서 분리 장벽을 해소하고 하나님 자녀의 자격을 주신다. ③성령을 받아 영적 존재로 거듭난다. ④성령님께서 내주하셔서 구원 영생의 길로 인도하신다. ⑤성령님의 인도에 순종하여 하나님 뜻에 따라 살아간다. ⑥내 안에 하나님 나라가 이루어지고 천국의 행복을 누린다(창조 목적에 맞는 삶). ⑦재림 예수님께서 하늘 천국으로 들어 올리신다.

4. 영접은 내 자아를 낮추고 예수님과 성령님을 주님으로 섬기며 다스림을 받는 것이다. 그리하면 하나님께서 나를 하나님의 자녀로 높여 더 영광스럽게 하신다(약4:10).

044 ─ 성령 받아 거듭난다

- 요한복음 3:5-7   사람이 물과 성령으로 나지 아니하면 하나님의 나라에 들어갈 수 없느니라. 육으로 난 것은 육이요 영으로 난 것은 영이니, 내가 네게 거듭나야 하겠다 하는 말을 놀랍게 여기지 말라.

- 요한복음 1:13   이는 혈통으로나 육정으로나 사람의 뜻으로 나지 아니하고 오직 하나님께로부터 난 자들이니라.

- 요한복음 6:63   내가 너희에게 이른 말은 영이요 생명이라.

- 요한복음 14:16,20   내가 아버지께 구하겠으니 그가 또 다른 보혜사를 너희에게 주사 영원토록 너희와 함께 있게 하리니, 그 날에는 내가 아버지 안에, 너희가 내 안에, 내가 너희 안에 있는 것을 너희가 알리라.

- 사도행전 2:38   베드로가 이르되, 너희가 회개하여 각각 예수 그리스도의 이름으로 세례를 받고 죄 사함을 받으라. 그리하면 성령의 선물을 받으리니,

- 고린도전서 2:10-11   성령은 모든 것 곧 하나님의 깊은 것까지도 통달하시느니라. - 하나님의 일도 하나님의 영 외에는 아무도 알지 못하느니라.

- 사도행전 2:17   말세에 내가 내 영을 모든 육체에 부어 주리니, 너희의 자녀들은 예언할 것이요, 너희의 젊은이들은 환상을 보고, 너희의 늙은이들은 꿈을 꾸리라.

- 디도서 3:5,7   우리를 구원하시되 - 오직 그의 긍휼하심을 따라 중생의 씻음과 성령의 새롭게 하심으로 하셨나니, 우리로 그의 은혜를 힘입어 의롭다 하심을 얻어 영생의 소망을 따라 상속자가 되게 하려 하심이라.

- 고린도전서 6:11   주 예수 그리스도의 이름과 우리 하나님의 성령 안에서 씻음과 거룩함과 의롭다 하심을 받았느니라.

- 고린도후서 5:17   그런즉 누구든지 그리스도 안에 있으면 새로운 피조물이라. 이전 것은 지나갔으니, 보라, 새 것이 되었도다.

- 고린도전서 12:3   성령으로 아니하고는 누구든지 예수를 주시라 할 수 없느니라.

- 로마서 8:9,14   누구든지 그리스도의 영이 없으면 그리스도의 사람이 아니라. 무릇

하나님의 영으로 인도함을 받는 사람은 곧 하나님의 아들이라.

- 베드로전서 2:9-10 너희는 택하신 족속이요 왕 같은 제사장들이요 거룩한 나라요 그의 소유가 된 백성이니 - 너희가 전에는 백성이 아니더니 이제는 하나님의 백성이요, 전에는 긍휼을 얻지 못하였더니 이제는 긍휼을 얻은 자라
- 누가복음 11:13 너희가 악할지라도 좋은 것을 자식에게 줄 줄 알거든, 하물며 너희 하늘 아버지께서 구하는 자에게 성령을 주시지 않겠느냐
- 에베소서 6:18 모든 기도와 간구를 하되 항상 성령 안에서 기도하고,
- 갈라디아서 6:14-15 내게는 우리 주 예수 그리스도의 십자가 외에 결코 자랑할 것이 없으니 - 오직 새로 지으심을 받는 것만이 중요하니라.

✱ 묵 상 ✱

1. 하나님은 영이시고 하나님의 다스리심은 영적 세계이므로 의인이라도 성령의 인도를 받아야 하나님을 알 수 있고 하나님의 뜻에 따라 살아갈 수 있다.

2. 사람은 영적 존재로 창조되었지만 하나님께 죄를 지은 탓으로 하나님과 분리되어 영적 교제가 단절되었다(영적 사망). 그래서 하나님께서 죄를 사하신 사람에게 성령(하나님의 영, 예수의 영)을 주셔서 하나님과 영적으로 교제할 수 있게 하신다. 영적 거듭남·부활이고 하나님께로부터 난 자(요1:13), 성령으로 난 사람(요3:8)이 된다.

3. 사람이 영적 존재로 거듭나면, ①하나님의 영적 세계를 알게 되고(고전2:10), ②세상 만물과 나의 모든 것이 하나님께서 만드시고 다스리시는 은혜임을 깨닫고(고전2:12), ③하나님이 나의 주인임을 인정하고 주님으로 섬기며, ④성령님의 인도로 하나님의 뜻을 깨닫고, ⑤하나님의 다스리심을 구하고 순종하여 하나님의 백성으로 살아간다.

4. 그래서 예수님은 제자들에게 성령을 기다려 능력을 받고 복음을 전파하라고 말씀하시고 승천하신 후 10일만에 성령을 보내셨다. 성령 세례를 받은 제자들은 그리스도의 사람으로 변화되어 온갖 고난을 무릅쓰고 하나님의 구원 복음을 전파하였다.

5. 죄를 벗지 못한 사람은 성령을 받지 못하므로, 영적 존재로 거듭나지 못하고(요3:6), 성경의 진리를 깨닫지 못하고(요16:13), 하나님께서 다스리시는 영적 세계를 알지 못하고(고전2:14), 예수님의 대신 속죄와 하나님의 구원을 이해하지 못한다(고전2:9).

6. 예수님은 하나님 뜻에 순종하여 죽으셨기에 부활 승천하셨고 영생하신다. 나도 죄인으로 죽고 그리스도께서 나의 마음과 생각과 삶을 다스리시게 하면 내가 그리스도의 사람으로 거듭나 새 생명을 얻고(롬6:4) 하나님 나라에서 영생하게 된다(요6:40).

045 ── 성령님께서 내주(內住)하신다

- **요한복음 16:7** 내가 너희에게 실상을 말하노니 내가 떠나가는 것이 너희에게 유익이라. 내가 떠나가지 아니하면 보혜사가 너희에게로 오시지 아니할 것이요, 가면 내가 그를 너희에게로 보내리니,

- **요한복음 14:16-17** 내가 아버지께 구하겠으니, 그가 또 다른 보혜사를 너희에게 주사 영원토록 너희와 함께 있게 하리니, 그는 진리의 영이라 - 그는 너희와 함께 거하심이요 또 너희 속에 계시겠음이라.

- **사도행전 2:38** 너희가 회개하여 각각 예수 그리스도의 이름으로 세례를 받고 죄 사함을 받으라. 그리하면 성령의 선물을 받으리니,

- **고린도후서 6:16** 하나님께서 이르시되, 내가 그들 가운데 거하며 두루 행하여 나는 그들의 하나님이 되고 그들은 나의 백성이 되리라.

- **요한일서 4:13** 그의 성령을 우리에게 주시므로 우리가 그 안에 거하고 그가 우리 안에 거하시는 줄을 아느니라.

- **로마서 8:16** 성령이 친히 우리의 영과 더불어 우리가 하나님의 자녀인 것을 증언하시나니

- **고린도전서 12:3** 성령으로 아니하고는 누구든지 예수를 주시라 할 수 없느니라.

- **로마서 8:9,14** 누구든지 그리스도의 영이 없으면 그리스도의 사람이 아니라. 무릇 하나님의 영으로 인도함을 받는 사람은 곧 하나님의 아들이라.

- **에베소서 2:22** 너희도 성령 안에서 하나님이 거하실 처소가 되기 위하여 그리스도 예수 안에서 함께 지어져 가느니라.

- **고린도전서 3:16-17** 너희는 너희가 하나님의 성전인 것과 하나님의 성령이 너희 안에 계시는 것을 알지 못하느냐. 누구든지 하나님의 성전을 더럽히면 하나님이 그 사람을 멸하시리라. 하나님의 성전은 거룩하니 너희도 그러하니라.

- **에베소서 3:16** 그의 성령으로 말미암아 너희 속사람을 능력으로 강건하게 하시오며,

- **갈라디아서 5:22-23** 오직 성령의 열매는 사랑과 희락과 화평과 오래 참음과 자비와 양선과 충성과 온유와 절제니, 이같은 것을 금지할 법이 없느니라.
- **에베소서 4:22-24** 너희는 유혹의 욕심을 따라 썩어져 가는 구습을 따르는 옛사람을 벗어 버리고, 오직 너희의 심령이 새롭게 되어, 하나님을 따라 의와 진리의 거룩함으로 지으심을 받은 새 사람을 입으라.
- **갈라디아서 5:16-17** 너희는 성령을 따라 행하라. 그리하면 육체의 욕심을 이루지 아니하리라. 육체의 소욕은 성령을 거스르고 성령은 육체를 거스르나니,
- **에베소서 5:18** 술 취하지 말라, 이는 방탕한 것이니, 오직 성령으로 충만함을 받으라.
- **에베소서 4:30** 하나님의 성령을 근심하게 하지 말라. 그 안에서 너희가 구원의 날까지 인치심을 받았느니라.
- **데살로니가전서 5:19,22** 성령을 소멸하지 말며, 악은 어떤 모양이라도 버리라.

* 묵 상 *

1. 하나님의 아들이 죄인을 구원하기 위해서 오셨지만 사람 예수로 오셨기 때문에 시간과 공간의 제약을 받아서 천하 만민을 동시에 만날 수 없었다. 그래서 예수님께서 승천하신 후 10일만에 성령을 보내셔서 각 성도 안에 계시면서 개별 지도하게 하셨다.

2. 성령 하나님도 거룩하시므로 죄인과 함께 계시지 않는다. 그런데 죄인이 예수님을 구주로 영접하고 죄를 회개하여 죄 사함을 받으면, 그 안에 죄성이 남아 있더라도 의인으로 여기시고 성령님께서 내주하시고, 그 후에 죄를 짓더라도 떠나지 않고 영원토록 계시면서 구원의 길로 인도하신다. 죄인을 구원하시려는 하나님의 특별 은혜이다.

3. 성령님께서 내주하시면, 사람의 심령이 성전이 되고, 말씀 묵상과 기도로 하나님의 뜻을 구하고 하나님의 다스리심을 받아 하나님 나라가 이루어진다. 죄로 인하여 차단되었던 하나님과 다시 교제(예배·기도)할 수 있고 하나님께서 주신 사명을 깨닫고 하나님 뜻에 맞는 삶을 살아갈 수 있다.

4. 그러나 성령님은 사람을 강제적으로 이끌지 않으시고 사람이 성령님의 인도를 구하고 순종할 때 비로소 구원의 길로 인도하시고(렘29:13) 능력을 베푸신다(대하16:9).

5. 성령님의 인도를 구하고 순종하면, 성령님께서 그의 마음과 생각과 언행과 삶을 다스리셔서 하나님의 성도로 성화시키시고 하나님 나라의 신령한 복을 누리게 하신다.

046 — 진리로 인도하신다

- **이사야 48:17** 나는 네게 유익하도록 가르치고 너를 마땅히 행할 길로 인도하는 네 하나님 여호와라.
- **요한복음 3:5** 사람이 물과 성령으로 나지 아니하면 하나님의 나라에 들어갈 수 없느니라.
- **데살로니가전서 5:10** 예수께서 우리를 위하여 죽으사 우리로 하여금 깨어 있든지 자든지 자기와 함께 살게 하려 하셨느니라.
- **요한복음 16:13** 진리의 성령이 오시면 그가 너희를 모든 진리 가운데로 인도하시리니,
- **요한복음 14:26** 보혜사 곧 아버지께서 내 이름으로 보내실 성령, 그가 너희에게 모든 것을 가르치고 내가 너희에게 말한 모든 것을 생각나게 하리라.
- **고린도전서 2:10-11** 성령은 모든 것 곧 하나님의 깊은 것까지도 통달하시느니라 - 하나님의 일도 하나님의 영 외에는 아무도 알지 못하느니라.
- **로마서 8:9,14** 누구든지 그리스도의 영이 없으면 그리스도의 사람이 아니라. 무릇 하나님의 영으로 인도함을 받는 사람은 곧 하나님의 아들이라.
- **에베소서 1:17** 우리 주 예수 그리스도의 하나님 영광의 아버지께서 지혜와 계시의 영을 너희에게 주사 하나님을 알게 하시며,
- **고린도전서 12:7** 각 사람에게 성령을 나타내심은 유익하게 하려 하심이라.
- **에베소서 3:16** 그의 성령으로 말미암아 너희 속사람을 능력으로 강건하게 하시오며,
- **요한복음 8:32** 진리를 알지니 진리가 너희를 자유롭게 하리라.
- **로마서 8:26-27** 성령도 우리의 연약함을 도우시나니, 우리는 마땅히 기도할 바를 알지 못하나 오직 성령이 - 하나님의 뜻대로 성도를 위하여 간구하심이니라.
- **로마서 8:6,13** 육신의 생각은 사망이요, 영의 생각은 생명과 평안이니라. 너희가 육신대로 살면 반드시 죽을 것이로되 영으로서 몸의 행실을 죽이면 살리니,

- 갈라디아서 5:16 너희는 성령을 따라 행하라. 그리하면 육체의 욕심을 이루지 아니하리라.
- 고린도전서 2:14 육에 속한 사람은 하나님의 성령의 일들을 받지 아니하나니 이는 그것들이 그에게는 어리석게 보임이요, 또 그는 그것들을 알 수도 없나니 그러한 일은 영적으로 분별되기 때문이라.

* 묵 상 *

1. 사람이 하나님께 죄를 지으면 하나님과 분리되고 영이 죽어서 하나님을 알지 못하고 하나님과 교제하지 못한다. 죄인이 예수님을 구주로 영접하고 죄를 회개하면 성령을 선물로 받아 영적 존재로 거듭나서 하나님의 영적 세계에 들어갈 수 있다(요3:5).

2. 사람이 하나님께 죄를 회개하여 용서받고 죄가 없는 의인으로 여겨지더라도, 사람의 죄성과 마귀의 방해는 여전하기 때문에, 성령의 인도를 받지 않은 채 사람의 의지와 능력만으로 하나님의 뜻에 맞게 거룩하게 살아가는 것은 매우 어렵다.

3. 그래서 죄를 용서받고 의인으로 여겨진 성도 안에 성령님께서 내주하셔서 하나님과 하나님의 나라와 하나님의 구원을 알게 하시고, 하나님의 구원을 받아들여 하나님의 다스리심을 받으며 하나님 뜻에 맞게 살아가도록 선도(善導)하신다.

4. 〈성령님의 선도하심〉 하나님의 말씀을 성경으로 기록하게 하시고(딤후3:16), 예수님의 가르침을 생각나게 하시고(요14:26), 성도의 죄를 회개시켜 의롭게 하시고(요16:8), 구원의 진리와 길을 가르쳐(요16:13) 믿음을 주시고(고전2:5), 기도하게 하시고(엡6:18), 육체의 욕심을 다스리게 하시고(갈5:16), 거룩하게 하시고(살후2:13), 각종 은사를 나누어 주시고(고전12:11), 능력과 권능을 주어 그리스도의 증인이 되게 하시고(행1:8), 마귀를 대적하게 하시고(벧전5:9), 성령의 열매를 맺게 하시고(갈5:22-23), 죽을 몸을 살리신다(롬6:11).

5. 성도가 성령님의 인도에 순종하면, 성령님께서 그의 마음과 생각과 언행과 삶을 다스리셔서 하나님의 뜻에 맞게 살도록 이끄시고 성령의 은사로 주신 일을 하게 하신다. 하나님의 뜻과 다스리심에 순종하는 백성이 되어 어떠한 상황과 처지에서도 하나님의 은혜를 느끼고 감사와 평안과 기쁨을 누린다.

6. 성령님의 인도를 받으려면, 성령님을 삶의 주님으로 섬기고 말씀 묵상과 기도에 힘써 성령님의 인도를 구하며 자신의 삶을 성령님께 전적으로 맡기고 순종하여야 한다. 성령님을 나의 주님으로 섬기며 내 삶을 온전히 다스리시게 하는 것이 성령충만이다.

047 — 진리가 자유롭게 하리라

- **요한복음 8:32** 진리를 알지니 진리가 너희를 자유롭게 하리라.
- **요한복음 14:6** 예수께서 이르시되, 내가 곧 길이요 진리요 생명이니 나로 말미암지 않고는 아버지께로 올 자가 없느니라.
- **요한복음 5:24** 내가 진실로 진실로 너희에게 이르노니, 내 말을 듣고 또 나 보내신 이를 믿는 자는 영생을 얻었고 심판에 이르지 아니하나니 사망에서 생명으로 옮겼느니라.
- **로마서 8:1-2** 이제 그리스도 예수 안에 있는 자에게는 결코 정죄함이 없나니, 이는 그리스도 예수 안에 있는 생명의 성령의 법이 죄와 사망의 법에서 너를 해방하였음이라.
- **데살로니가후서 2:13** 하나님께 감사할 것은 하나님이 처음부터 너희를 택하사 성령의 거룩하게 하심과 진리를 믿음으로 구원을 받게 하심이니,
- **고린도전서 15:22** 그리스도 안에서 모든 사람이 삶을 얻으리라.
- **로마서 6:17-18** 하나님께 감사하리로다. 너희가 본래 죄의 종이더니, 너희에게 전하여 준 바 교훈의 본을 마음으로 순종하여 죄로부터 해방되어 의에게 종이 되었느니라.
- **요한복음 8:12** 예수께서 또 말씀하여 이르시되, 나는 세상의 빛이니 나를 따르는 자는 어둠에 다니지 아니하고 생명의 빛을 얻으리라.
- **마태복음 11:28** 수고하고 무거운 짐진 자들아, 다 내게로 오라. 내가 너희를 쉬게 하리라.
- **요한복음 14:27** 나의 평안을 너희에게 주노라. 내가 너희에게 주는 것은 세상이 주는 것과 같지 아니하니라. 너희는 마음에 근심하지도 말고 두려워하지도 말라.
- **갈라디아서 5:1** 그리스도께서 우리를 자유롭게 하려고 자유를 주셨으니, 그러므로 굳건하게 서서 다시는 종의 멍에를 메지 말라.
- **요한복음 16:13** 진리의 성령이 오시면 그가 너희를 모든 진리 가운데로 인도하시리니,

- **요한복음 17:17** 그들을 진리로 거룩하게 하옵소서. 아버지의 말씀은 진리니이다.
- **디모데후서 3:15** 성경은 능히 너로 하여금 그리스도 예수 안에 있는 믿음으로 말미암아 구원에 이르는 지혜가 있게 하느니라.
- **여호수아 1:8** 이 율법책을 네 입에서 떠나지 말게 하며 주야로 그것을 묵상하여 그 안에 기록된 대로 다 지켜 행하라. 그리하면 네 길이 평탄하게 될 것이며 네가 형통하리라.
- **빌립보서 4:6-7** 아무 것도 염려하지 말고, 다만 모든 일에 기도와 간구로 너희 구할 것을 감사함으로 하나님께 아뢰라. 그리하면 모든 지각에 뛰어난 하나님의 평강이 그리스도 예수 안에서 너희 마음과 생각을 지키시리라.

* 묵 상 *

1. 예수 그리스도께서 사람들의 죄를 모두 대속하셨고 이를 영접하는 사람에게 하나님의 말씀과 성령을 주어 구원으로 인도하신다. 이 복음은 하나님께서 선포하신 언약이고, 완전하고 확정적이고 영원히 변하지 않는 진리이다(갈2:5,골1:5).

2. 예수 그리스도는 하나님의 구원 계획에 따라 십자가에서 죽으심으로 죄인들의 죄를 대속하셔서 죄인이 죄와 사망에서 벗어나 하나님과 함께 살아갈 수 있게 하셨다. 구원의 은혜를 나타내셨고(요1:17) 구원에 이르는 길과 진리가 되셨다(요14:6).

3. 하나님의 아들이 사람 예수로 오셔서 희생 제물로 죽으셔서 모든 사람의 모든 죄를 대신 속죄하였다는 것은 하나님께서 세우신 법이고 영원히 변하지 않는 진리이고 모든 사람에게 적용되는 언약이다. 그 진리를 믿고 예수님의 대속을 받아들이고 죄를 회개하면, 죄인에서 벗어나 정죄 심판을 받지 않게 된다. 죄의 종에서 해방되고 의인으로 여겨져 하나님과 함께 살아갈 수 있다. 이것이 하나님의 구원이고 은혜이다.

4. 하나님께서 말씀으로 계시므로(요1:1) 하나님 말씀은 영원히 살아있고 하나님의 뜻과 사랑과 능력으로 역사(役事)하여 구원의 언약을 이룬다. 그 말씀의 생명력이 사람의 영혼을 소성케 하고(시19:7), 거듭나게 하고(벧전1:23), 하나님의 사람을 온전하게 성화시켜 구원에 이르게 하고(딤후3:15-17), 마음과 생각을 다스려 평강과 희락을 주고(롬14:17), 하나님의 영원한 생명을 얻게 한다(요20:31).

5. 예수님의 대속을 받아들여 죄에서 해방되고 하나님의 말씀과 다스림에 순종하며 살아가는 것은 창조주의 뜻에 맞는 삶이므로 가장 고상한 인생이고 최선의 행복을 누린다. 구원은 차원 높은 인생과 신령한 행복을 누리게 하므로, 모든 것을 다 바쳐 확보해야 하고(마13:44), 인간 세상의 복락과 가치보다 더 고귀하게 지켜야 한다(빌3:7-8).

048 ── 구원의 복음은 생명의 법이다

- **사무엘상 2:6** 여호와는 죽이기도 하시고 살리기도 하시며, 스올에 내리게도 하시고 거기에서 올리기도 하시는도다.
- **디모데전서 2:4** 하나님은 모든 사람이 구원을 받으며 진리를 아는 데에 이르기를 원하시느니라.
- **예레미야 33:2,8** 일을 행하시는 여호와, 그것을 만들며 성취하시는 여호와, 그의 이름을 여호와라 하는 이가 이와 같이 이르시도다. 내가 그들을 내게 범한 그 모든 죄악에서 정하게 하며 그들이 내게 범하며 행한 모든 죄악을 사할 것이라.
- **요한복음 3:16** 하나님이 세상을 이처럼 사랑하사 독생자를 주셨으니, 이는 그를 믿는 자마다 멸망하지 않고 영생을 얻게 하려 하심이라.
- **요한복음 5:24** 내가 진실로 진실로 너희에게 이르노니, 내 말을 듣고 또 나 보내신 이를 믿는 자는 영생을 얻었고 심판에 이르지 아니하나니 사망에서 생명으로 옮겼느니라.
- **요한일서 5:11-12** 증거는 이것이니, 하나님이 우리에게 영생을 주신 것과 이 생명이 그의 아들 안에 있는 그것이니라. 아들이 있는 자에게는 생명이 있고, 하나님의 아들이 없는 자에게는 생명이 없느니라.
- **마태복음 24:35** 천지는 없어질지언정 내 말은 없어지지 아니하리라.
- **고린도전서 15:22** 그리스도 안에서 모든 사람이 삶을 얻으리라.
- **요한복음 16:13** 진리의 성령이 오시면 그가 너희를 모든 진리 가운데로 인도하시리니,
- **요한복음 8:32** 진리를 알지니 진리가 너희를 자유롭게 하리라.
- **로마서 1:16** 이 복음은 모든 믿는 자에게 구원을 주시는 하나님의 능력이 됨이라.
- **요한복음 20:31** 오직 이것을 기록함은 너희로 예수께서 하나님의 아들 그리스도이심을 믿게 하려 함이요, 또 너희로 믿고 그 이름을 힘입어 생명을 얻게 하려 함이니라.
- **요한복음 17:17** 그들을 진리로 거룩하게 하옵소서. 아버지의 말씀은 진리니이다.

- **마가복음 16:15-16** 너희는 온 천하에 다니며 만민에게 복음을 전파하라. 믿고 세례를 받는 사람은 구원을 얻을 것이요 믿지 않는 사람은 정죄를 받으리라.

- **데살로니가후서 1:8** 하나님을 모르는 자들과 우리 주 예수의 복음에 복종하지 않는 자들에게 형벌을 내리시리니, 이런 자들은 주의 얼굴과 그의 힘의 영광을 떠나 영원한 멸망의 형벌을 받으리로다.

- **신명기 30:19-20** 내가 생명과 사망과 복과 저주를 네 앞에 두었은즉, 너와 네 자손이 살기 위하여 생명을 택하고, 네 하나님 여호와를 사랑하고 그의 말씀을 청종하며 또 그를 의지하라.

* 묵 상 *

1. 하나님의 구원은 죄인을 죄와 사망에서 구원하여 하나님과 함께 살아가게 하시는 것이다(살전5:10). 이를 위하여 죄인 구원법을 세우시고, 하나님의 아들을 사람 예수로 보내 죄인들 대신 속죄 제물로 죽게 하시고, 죄성으로 물든 사람 마음 안에 성령을 내주시켜 하나님 백성으로 살아가도록 인도하신다. 이것이 하나님의 구원 복음이다.

2. 죄인 구원법은 사람의 생사화복을 주관하시는(삼상2:6-7) 하나님께서 정하신 생명법이다. 사람의 생사화복을 좌우하는 법이지만 그 준행 여부는 사람의 자유의지에 맡겨져 있다. 그 법을 지키면 죄와 사망에서 벗어나 하나님 나라에서 행복하게 영생하지만, 그 법을 지키지 않으면 정죄 심판을 받아 하나님과 완전히 단절되어 멸망한다.

3. 죄인 구원의 부르심은 완전하시고 영원하신 하나님의 뜻이고, 하나님 삼위께서 함께 보증하시고 실현하시는 복음이다. 하나님의 죄인 구원의 뜻과 언약은 완전하고 확정적이고 예수님께서 재림하실 때까지 변하지 않고 반드시 실현되는 법칙이고 진리이다.

4. 하나님의 아들이 사람 예수로 오셔서 하나님께서 정하신 죄인 구원 복음을 가르치셨고(요8:40), 그 복음을 실현하기 위하여 십자가에서 죽으셨다가 부활하셔서 구원의 길이 되셨고(요14:6), 마지막 때 재림하셔서 구원의 복음을 믿고 따랐는지 심판하신다.

5. 하나님의 구원 언약은 사람들이 모두 죄인일 때 정해지고 공표된 것이므로(롬5:8), 구원받은 사람이 다시 하나님께 죄를 지어도 실효되거나 취소되지 않는다. 다만 죄를 지을 때마다 구주 앞에 죄를 고백하고 회개하여야 구원이 유지된다(요일1:9).

6. 구원의 복음을 믿고 받아들이면 죄와 사망에서 해방되어 거룩하신 하나님 앞에 나아가 영과 진리로 참된 예배를 드리며(요4:23) 하나님의 백성으로 살아간다.

049 구원의 길로 부르신다

- 마가복음 1:15 때가 찼고 하나님의 나라가 가까이 왔으니 회개하고 복음을 믿으라.
- 사도행전 16:31 주 예수를 믿으라. 그리하면 너와 네 집이 구원을 받으리라.
- 디모데전서 2:4 하나님은 모든 사람이 구원을 받으며 진리를 아는 데에 이르기를 원하시느니라.
- 출애굽기 19:5-6 너희가 내 말을 잘 듣고 내 언약을 지키면, 너희는 모든 민족 중에서 내 소유가 되겠고, 너희가 내게 대하여 제사장 나라가 되며 거룩한 백성이 되리라.
- 요한복음 3:17 하나님이 그 아들을 세상에 보내신 것은, 세상을 심판하려 하심이 아니요, 그로 말미암아 세상이 구원을 받게 하려 하심이라.
- 이사야 55:3,6-7 너희는 귀를 기울이고 내게로 나아와 들으라. 그리하면 너희의 영혼이 살리라. 너희는 여호와를 만날 만한 때에 찾으라. 가까이 계실 때에 그를 부르라. 악인은 그의 길을, 불의한 자는 그의 생각을 버리고 여호와께로 돌아오라. 그리하면 그가 긍휼히 여기시리라. 우리 하나님께로 돌아오라. 그가 너그럽게 용서하시리라.
- 사도행전 2:21 누구든지 주의 이름을 부르는 자는 구원을 받으리라.
- 요한계시록 3:20 볼지어다. 내가 문 밖에 서서 두드리노니 누구든지 내 음성을 듣고 문을 열면 내가 그에게로 들어가 그와 더불어 먹고 그는 나와 더불어 먹으리라.
- 마가복음 16:16 믿고 세례를 받는 사람은 구원을 얻을 것이요, 믿지 않는 사람은 정죄를 받으리라.
- 로마서 8:30 미리 정하신 그들을 또한 부르시고 부르신 그들을 또한 의롭다 하시고 의롭다 하신 그들을 또한 영화롭게 하셨느니라.
- 로마서 1:6 너희도 그들 중에서 예수 그리스도의 것으로 부르심을 받은 자니라.
- 이사야 43:1 내가 너를 구속하였고 내가 너를 지명하여 불렀나니, 너는 내 것이라.
- 데살로니가전서 4:7-8 하나님이 우리를 부르심은 - 거룩하게 하심이니, 그러므로

저버리는 자는 - 너희에게 그의 성령을 주신 하나님을 저버림이니라.

- 호세아 12:6 그런즉 너의 하나님께로 돌아와서 인애와 정의를 지키며 항상 너의 하나님을 바랄지니라.
- 에베소서 4:1-3 너희가 부르심을 받은 일에 합당하게 행하여 모든 겸손과 온유로 하고, 오래 참음으로 사랑 가운데서 서로 용납하고, 평안의 매는 줄로 성령이 하나 되게 하신 것을 힘써 지키라.
- 디모데전서 6:12 믿음의 선한 싸움을 싸우라. 영생을 취하라. 이를 위하여 네가 부르심을 받았고,
- 베드로후서 1:10-11 그러므로 형제들아 더욱 힘써 너희 부르심과 택하심을 굳게 하라. - 이같이 하면 우리 주 곧 구주 예수 그리스도의 영원한 나라에 들어감을 넉넉히 너희에게 주시리라.

* 묵 상 *

1. 사람을 하나님 형상대로 만드시고 에덴에 두신 것은 함께 살자는 부르심이다. 이스라엘 민족에게 율법을 주시고 수많은 선지자를 보내 가르치신 것은 하나님의 선민으로 부르심이다. 하나님의 아들과 성령을 동원하여 죄인 구원의 길을 만드신 것은 구원의 부르심이고 하나님의 백성으로 부르심이고(살전5:10) 마지막 부르심이다(막12:6).

2. 하나님의 아들을 예수로 보내어 사람들의 죄를 대속하게 하시고 그 대속을 받아들인 사람에게 성령을 주셔서 구원의 길로 인도하시는 것은 죄인들이 죄와 사망의 길에서 벗어나 하나님 백성으로 살아가게 하시는 구원의 부르심이고 약속이고 은혜이다.

3. 죄인을 구원하여 백성으로 삼으시는 하나님의 은혜와 부르심은 여러 단계로 발전한다. ① 죄인을 심판하지 않으시고 구원 계획을 세우신다. ② 하나님의 아들을 사람 예수로 보내어 사람들의 죄를 대속하게 하신다. ③ 예수님의 대속을 받아들인 사람을 의롭다고 여기신다. ④ 의롭다고 여기신 사람에게 자녀의 자격을 주시고 성령을 주신다. ⑤ 성령님의 인도에 순종하는 사람에게 천국 소망을 주시고 거룩하게 살아가게 하신다. ⑥ 거룩하게 살아가는 사람을 영화롭게 하시고 마지막 때에 천국으로 들어 올리신다.

4. 예수님의 십자가 대속과 성령 강림이 이루어졌으니 하나님의 구원 부르심은 완수되었다. 지금은 하나님의 구원 은혜를 받을 때이고(고후6:2), 구원의 부르심을 거부하면 정죄 심판을 받는다(요3:18).

050 ─── 구원의 부르심은 한시적이다

- **고린도후서 6:2** 보라, 지금은 은혜 받을 만한 때요, 보라, 지금은 구원의 날이로다.
- **요한복음 3:17** 하나님이 그 아들을 세상에 보내신 것은, 세상을 심판하려 하심이 아니요, 그로 말미암아 세상이 구원을 받게 하려 하심이라.
- **요한복음 6:40** 내 아버지의 뜻은 아들을 보고 믿는 자마다 다 영생을 얻는 이것이니, 마지막 날에 내가 이를 다시 살리리라.
- **베드로후서 3:9** 주께서는 너희를 대하여 오래 참으사 아무도 멸망하지 아니하고 다 회개하기에 이르기를 원하시느니라.
- **요한복음 1:12** 영접하는 자 곧 그 이름을 믿는 자들에게는 하나님의 자녀가 되는 권세를 주셨으니,
- **요한복음 14:16-17** 내가 아버지께 구하겠으니, 그가 또 다른 보혜사를 너희에게 주사 영원토록 너희와 함께 있게 하리니, 그는 진리의 영이라 세상은 능히 그를 받지 못하나니 이는 그를 보지도 못하고 알지도 못함이라.
- **요한계시록 3:20** 볼지어다. 내가 문 밖에 서서 두드리노니 누구든지 내 음성을 듣고 문을 열면 내가 그에게로 들어가 그와 더불어 먹고 그는 나와 더불어 먹으리라.
- **마가복음 16:16** 믿고 세례를 받는 사람은 구원을 얻을 것이요, 믿지 않는 사람은 정죄를 받으리라.
- **마태복음 16:27** 인자가 아버지의 영광으로 그 천사들과 함께 오리니 그 때에 각 사람이 행한 대로 갚으리라.
- **마태복음 24:37,39** 노아의 때와 같이 인자의 임함도 그러하리라. 홍수가 나서 그들을 다 멸하기까지 깨닫지 못하였으니 인자의 임함도 이와 같으리라.
- **마태복음 24:27** 번개가 동편에서 나서 서편까지 번쩍임 같이 인자의 임함도 그러하리라.
- **누가복음 17:34-35** 그 밤에 둘이 한 자리에 누워 있으매 하나는 데려감을 얻고 하

나는 버려둠을 당할 것이요, 두 여자가 맷돌을 갈고 있으매 하나는 데려감을 얻고 하나는 버려둠을 당할 것이니라

- 마태복음 24:36,42 그 날과 그 때는 아무도 모르나니, 하늘의 천사들도 아들도 모르고 오직 아버지만 아시느니라. 그러므로 깨어 있으라. 어느 날에 너희 주가 임할는지 너희가 알지 못함이니라.
- 마태복음 24:14 이 천국 복음이 모든 민족에게 증언되기 위하여 온 세상에 전파되리니 그제야 끝이 오리라.
- 마가복음 16:15 너희는 온 천하에 다니며 만민에게 복음을 전파하라.
- 이사야 55:6-7 너희는 여호와를 만날 만한 때에 찾으라. 가까이 계실 때에 그를 부르라. 악인은 그의 길을, 불의한 자는 그의 생각을 버리고 여호와께로 돌아오라. 그리하면 그가 긍휼히 여기시리라. 우리 하나님께로 돌아오라. 그가 너그럽게 용서하시리라.

* 묵 상 *

1. 하나님은 사람을 사랑하셔서 하나님 품 안에서 행복하게 살아가길 원하신다. 사람이 하나님의 법을 어기고 하나님을 떠나자, 이스라엘 민족을 택하여 하나님 백성으로 인도하셨으나 그들이 하나님 뜻을 배반하는 죄에서 벗어나지 못했다(렘13:11).

2. 모든 사람이 죄와 사망에 빠져 있을 때 하나님은 그 죄인들을 사랑하셔서(롬5:8) 하나님의 아들과 성령을 동원하여 죄인이 죄와 사망에서 벗어나 하나님의 백성으로 살아갈 수 있는 길을 만드셨다.

3. 하나님께서 죄인 구원의 길을 만드신 것은 죄인이 죄와 사망의 굴레에서 벗어나 하나님 백성으로 살아갈 수 있게 하시는 은혜이고 부르심이다. 하나님께서 마음과 정성을 다하여 사람들에게 복을 주시기 위한 영원한 약속이다(렘32:40-41).

4. 죄인이 참된 마음으로 하나님의 구원을 받아들이면 구원을 누리게 된다.

5. 구원의 영접은 예수 그리스도를 내 죄를 대속하신 구주로 섬기고 나의 죄를 구주 앞에 내놓고 회개하여 죄를 용서받고, 내 안에 내주하신 성령님을 삶의 주님으로 섬기며 그 인도를 구하고 순종하여 하나님 백성으로 살아가는 것이다.

6. 구원의 영접은 내가 살아 있을 때, 예수님께서 재림하시기 전에, 하여야 한다. 내가 죽은 뒤에는 구주를 영접할 수 없고 죄를 회개할 수 없다. 예수님께서 재림하시면 구원을 영접할 기회도 없이 최후의 심판이 번개 치듯이 순식간에 끝나버린다(마24:27).

051 ― 믿고 따르면 구원 받는다

- **이사야 55:3,6-7** 너희는 귀를 기울이고 내게로 나아와 들으라. 그리하면 너희의 영혼이 살리라. 너희는 여호와를 만날 만한 때에 찾으라. 가까이 계실 때에 그를 부르라. 악인은 그의 길을, 불의한 자는 그의 생각을 버리고 여호와께로 돌아오라. 그리하면 그가 긍휼히 여기시리라. 우리 하나님께로 돌아오라. 그가 너그럽게 용서하시리라.

- **요한복음 3:17-18** 하나님이 그 아들을 세상에 보내신 것은 세상을 심판하려 하심이 아니요 그로 말미암아 세상이 구원을 받게 하려 하심이라. 그를 믿는 자는 심판을 받지 아니하는 것이요, 믿지 아니하는 자는 하나님의 독생자의 이름을 믿지 아니하므로 벌써 심판을 받은 것이니라.

- **사도행전 16:31** 주 예수를 믿으라. 그리하면 너와 네 집이 구원을 받으리라.

- **요한일서 1:7,9** 예수의 피가 우리를 모든 죄에서 깨끗하게 하실 것이요, 만일 우리가 우리 죄를 자백하면 그는 미쁘시고 의로우사 우리 죄를 사하시며 우리를 모든 불의에서 깨끗하게 하실 것이요,

- **사도행전 3:19** 그러므로 너희가 회개하고 돌이켜 너희 죄 없이 함을 받으라. 이같이 하면 새롭게 되는 날이 주 앞으로부터 이를 것이요

- **로마서 5:9** 이제 우리가 그의 피로 말미암아 의롭다 하심을 받았으니 더욱 그로 말미암아 진노하심에서 구원을 받을 것이니,

- **로마서 8:1-2** 이제 그리스도 예수 안에 있는 자에게는 결코 정죄함이 없나니, 이는 그리스도 예수 안에 있는 생명의 성령의 법이 죄와 사망의 법에서 너를 해방하였음이라.

- **사도행전 2:38** 너희가 회개하여 각각 예수 그리스도의 이름으로 세례를 받고 죄 사함을 받으라. 그리하면 성령의 선물을 받으리니,

- **로마서 8:14** 무릇 하나님의 영으로 인도함을 받는 사람은 곧 하나님의 아들이라.

- **로마서 1:16** 이 복음은 모든 믿는 자에게 구원을 주시는 하나님의 능력이 됨이라.
- **히브리서 4:16** 그러므로 우리는 긍휼하심을 받고 때를 따라 돕는 은혜를 얻기 위하여 은혜의 보좌 앞에 담대히 나아갈 것이니라.
- **에베소서 4:21,24** 진리가 예수 안에 있는 것 같이 너희가 참으로 그에게서 듣고 또한 그 안에서 가르침을 받았을진대, 하나님을 따라 의와 진리의 거룩함으로 지으심을 받은 새 사람을 입으라.
- **야고보서 2:22,26** 믿음이 그의 행함과 함께 일하고 행함으로 믿음이 온전하게 되었느니라. 영혼 없는 몸이 죽은 것같이 행함이 없는 믿음은 죽은 것이니라.

* 묵 상 *

1. 하나님의 구원은 사람을 죄와 사망의 굴레에서 해방시켜서 하나님과 함께 살아가게 하는 것이다. 이를 위하여 하나님께서 성자와 성령까지 동원하여 죄인이 구원 받을 수 있는 길을 만드시고 인도하시고 그것을 받아들이는 사람에게 구원을 베푸신다.

2. 하나님의 구원 언약, 예수님의 십자가 대속, 구원의 길 마련, 죄 사함과 의롭다 여기심, 성령 내주 인도 등은 모두 하나님의 지극하신 은혜로 주어지는 것이다. 이를 사람이 믿고 따르면 그 수준에 따라 단계별로 구원의 은혜를 누린다. 믿고 따른다는 것은 머리로 깨닫고 마음으로 믿고 몸으로 순종하여 삶으로 나타내는 것이다.

3. 믿음과 순종과 구원 은혜

	깨닫고 믿음	받아들여 순종함	구원 은혜
결의	하나님이 나의 창조주 나는 주님을 떠난 죄인	내 생명과 인생의 주님이신 하나님께 돌아가자	구원 언약, 예수 그리스도의 십자가 대속
1단계	예수님을 내 죄를 대속하신 구주로 믿고 영접	예수님을 내 구주로 섬기며 내 죄를 고백 회개함	죄 사면, 의인 여기심, 성령 주심
2단계	성령님이 내 안에서 구원의 길로 인도하심	성령님을 인도자로 섬기고 그 인도를 구하고 순종함	하나님 자녀·백성으로 다스리시고 인도하심
3단계	예수님께서 재림하셔서 최종 심판	하나님 나라 소망, 하나님의 백성답게 거룩하게 살아감	주님 재림, 휴거, 구원 완성, 천국 영생

4. 하나님의 구원 법칙은 사람이 믿고 따르면 반드시 실현되어 구원을 베푸신다. 그러나 예수님께서 재림하실 때까지 믿고 따르지 않으면 최후 정죄 심판의 근거로 된다.

052 신앙의 길
[信仰 : 하나님의 섭리를 믿고 따르는 것]

1. **하나님은 천지만물과 나를 만드신 창조주이시고 나의 주님이시다.** 행17:28

   하나님은 스스로 존재하시는 유일신(唯一神)이고 시공을 초월하여 영원히 존재하신다. 하나님은 전지전능하셔서 천지만물과 나를 창조하시고 다스리시는 창조주이시다. 하나님은 나의 생명과 생존과 인생을 주관하시니, 그 도움이 없으면 살아갈 수 없다.

2. **창조주 하나님의 뜻에 따라 하나님과 함께 살아가는 게 최선의 삶이다.** 사48:17

   하나님은 사람을 하나님 형상대로 만드시고 함께 살면서 사랑하시길 원하신다. 하나님을 창조주로 섬기며 그 다스림을 받으며 살아가는 것이 올바른 인생법이다. 하나님께서 만들어 주신 적성·재능과 하나님의 선도(善導)하심에 따라 살아가는 것이 장 현명하고 가장 행복하게 살아가는 비결이다.

3. **사람이 하나님께 죄 짓고 하나님을 떠나서 불행하게 살다가 죽어서 지옥 간다.** 엡4:18

   우주만물이 창조주 하나님의 뜻에 순종하는데, 사탄과 사람만 배반하고 이탈하였다. 사람은 창조주 하나님의 말씀을 어기고 하나님을 떠나 자기 뜻대로 살아온 죄인이다. 하나님께 죄를 지은 사람은 거룩하신 하나님과 분리되어 영이 죽고 육신의 존재로 전락하여 각자의 욕심과 능력이 서로 경쟁하면서 온갖 불만과 불행을 겪다가 죽는다. 죄의 삯은 사망이고, 사망 후 지옥 심판을 받아 하나님과 영원히 확정적으로 단절된다. 하나님께 지은 죄와 죄의 삯은 사람의 의지·노력·선행·수양으로는 해결할 수 없고, 하나님의 용서를 받으면 해소된다.

4. **하나님께서 죄인이 죄를 용서 받고 하나님과 함께 살아가는 길을 만드셨다.** 요3:16

   하나님의 아들을 사람 예수로 보내 십자가에서 죽으셔서 사람들의 죄 값을 대신 갚고 부활하심으로 죄인들이 죄와 사망에서 벗어나 하나님께 돌아올 수 있게 하셨다. 예수님을 하나님께서 보내신 구주(救主)로 믿고 섬기며 죄를 회개하는 사람을 용서하시고 성령을 주셔서 하나님의 백성으로 살아갈 수 있게 인도하신다.

5. 내가 예수 그리스도를 나의 구주로 영접(迎接)하여 섬기고 죄를 회개하면 죄를 용서 받고 성령 받아 새로운 인생을 살게 된다. 요1:12

   내가 하나님께 죄인임을 인정하고, 예수님을 나의 죄를 대신 속죄하신 그리스도라고 믿고, 나의 구주로 영접하여 섬기며 내 죄를 주님께 내놓고 회개하면, 내 죄가 그리스도의 대속(代贖)의 은혜로 사면되어 죄 없는 의인(義人)으로 여겨진다.
   내가 의인으로 여겨지면, 내 안에 성령님이 들어오셔서 내가 영적 존재로 거듭나서 성령님의 인도로 하나님의 다스리심을 받으며 하나님의 백성으로 살아갈 수 있다.
   구원의 복음을 믿고 천국 소망을 가지고 사랑으로 성화되어 가는 삶이 신앙 생활이다.

6. 성령님의 인도를 구하고 순종하면 하나님의 뜻에 맞게 살아갈 수 있다. 롬8:14

   하나님과 하나님 나라는 신령한 영적 세계이므로 성령님의 인도를 받아야 알 수 있다.
   내가 성령을 받아 성도로 거듭나면, 성령님께서 나의 마음 안에 계시면서 성경 말씀과 기도를 통하여 하나님의 뜻과 사랑과 은혜를 깨닫게 하시고 하나님의 자녀·백성으로 살아가도록 인도하신다.
   성령님 인도에 순종하여 하나님 뜻에 따라 하나님을 사랑하고 이웃을 사랑하면, 하나님께서 하나님 나라의 행복(의·평강·희락)을 주시고, 하나님 나라 일에 사용하신다.

7. 끝까지 이기면 하늘 천국으로 올려져 완전한 행복을 영원히 누린다. 계21:7

   신앙을 키우고 성화되려면 성령님을 의지하여 육신의 정욕, 세상 가치와 마귀의 유혹을 이겨내야 한다.
   내가 끝날까지 믿음의 선한 싸움을 이기면, 예수님께서 재림하셔서 심판하실 때 하늘로 들어 올려져 하늘 천국에서 하나님과 함께 영생하게 된다.
   하나님께서 사랑과 은혜로 다스리시는 나라는 완전한 평화와 완전한 행복이 영원하다.

> ◎ 구원의 복음은 신실하신 하나님께서 세우신 법칙이고, 영원히 변하지 않는 진리이다.
> ◎ 구원은 하나님의 사랑과 은혜이지만, 내가 믿고 받고 누리고 벗어나지 말아야 한다.

053 　　　　　　　　　　　신앙의 열매

- **사도행전 16:31**　주 예수를 믿으라. 그리하면 너와 네 집이 구원을 받으리라.
- **로마서 10:10**　사람이 마음으로 믿어 의에 이르고 입으로 시인하여 구원에 이르느니라.
- **로마서 1:16**　이 복음은 모든 믿는 자에게 구원을 주시는 하나님의 능력이 됨이라.
- **베드로전서 1:9**　믿음의 결국 곧 영혼의 구원을 받음이라.
- **요한복음 5:24**　내가 진실로 진실로 너희에게 이르노니, 내 말을 듣고 또 나 보내신 이를 믿는 자는 영생을 얻었고 심판에 이르지 아니하나니 사망에서 생명으로 옮겼느니라.
- **사도행전 2:17,21**　하나님이 말씀하시기를, 말세에 내가 내 영을 모든 육체에 부어 주리니, 너희 자녀들은 예언할 것이요, 너희의 젊은이들은 환상을 보고, 너희의 늙은이들은 꿈을 꾸리라. 누구든지 주의 이름을 부르는 자는 구원을 받으리라 하였느니라.
- **로마서 8:30**　미리 정하신 그들을 또한 부르시고 부르신 그들을 또한 의롭다 하시고 의롭다 하신 그들을 또한 영화롭게 하셨느니라.
- **로마서 6:22**　이제는 너희가 죄로부터 해방되고 하나님께 종이 되어 거룩함에 이르는 열매를 맺었으니 그 마지막은 영생이라.
- **베드로후서 1:5-8**　너희가 더욱 힘써 너희 믿음에 덕을, 덕에 지식을, 지식에 절제를, 절제에 인내를, 인내에 경건을, 경건에 형제 우애를, 형제 우애에 사랑을 더하라. 이런 것이 너희에게 있어 흡족한즉 너희로 우리 주 예수 그리스도를 알기에 게으르지 않고 열매 없는 자가 되지 않게 하려니와,
- **갈라디아서 5:22-23**　성령의 열매는 사랑과 희락과 화평과 오래 참음과 자비와 양선과 충성과 온유와 절제니, 이같은 것을 금지할 법이 없느니라.
- **고린도후서 4:7-10**　우리가 이 보배를 질그릇에 가졌으니, 이는 심히 큰 능력은 하나님께 있고 우리에게 있지 아니함을 알게 하려 함이라. 우리가 사방으로 우겨쌈을 당

하여도 싸이지 아니하며, 답답한 일을 당하여도 낙심하지 아니하며, 박해를 받아도 버린 바 되지 아니하며, 거꾸러뜨림을 당하여도 망하지 아니하고, 우리가 항상 예수의 죽음을 몸에 짊어짐은 예수의 생명이 또한 우리 몸에 나타나게 하려 함이라.

- 히브리서 11:38 이런 사람은 세상이 감당하지 못하느니라.

* 묵 상 *

1. 기독교인은 하나님을 믿고, 그 열매로 하나님을 생명과 인생의 주님으로 섬긴다.

   ① 영원히 살아계시고 전지전능하셔서 천지만물과 나를 지으시고 다스리시는 하나님,
   ② 나를 죄와 사망에서 구원하기 위하여 성자 하나님을 사람 예수로 보내어 내 죄를 대속하는 희생제물로 죽게 하신 하나님,
   ③ 예수님께서 내 죄를 대신 속죄하셨다고 믿고 나의 구주로 영접하고 내 죄를 회개하면 내 죄를 다 용서하시고 나를 의롭다고 여기시는 하나님,
   ④ 나에게 성령 하나님을 보내셔서 하나님의 뜻에 따라 살아가도록 인도하시는 하나님,
   ⑤ 내가 찾을 때 만나 주시고 기도에 응답하시고 하나님의 뜻을 깨닫게 하시는 하나님,
   ⑥ 내가 하나님의 뜻에 순종하며 살아가면 하나님과 함께 영생하게 하시는 하나님.

2. 신앙 생활은 하나님과 하나님의 구원을 깨닫고 믿고 따르는 것이고, 그 열매는 구원과 영생, 죄와 사망에서 구원받아 하나님과 함께 살아가는 것이다.

3. 예수님이 내 죄를 대속하신 그리스도라고 믿으면 예수님을 나의 구주로 섬기게 되고, 구주 앞에 내 죄를 고백하고 회개하면 죄 사함과 의롭다 여기심을 받고 하나님과 함께 살아갈 수 있다. 믿음의 열매로 회개하고, 회개의 열매로 구원을 받는다.

4. 성령님의 인도에 순종하면, 그 열매가 많다. 하나님의 뜻과 은혜를 알고(고전2:12), 구원 영생의 길로 인도받고(요16:13), 하나님과 함께 살아가고(살전5:10), 성령의 내주 인도로 성도로 성화되고(갈5:22-23), 하나님 나라의 신령한 행복(롬14:17, 엡1:3)을 누린다. 온전히 순종할수록 순종의 열매가 더욱 견실해진다.

5. 하나님을 믿고 의지하면, 하나님의 지혜와 능력으로 어리석은 자가 지혜롭게 되고 세상의 약한 자가 강한 자로 되고, 세상의 비천한 자들이 자랑하게 된다(고전1:24-29).

6. 신앙의 열매는 성도가 하나님을 주님으로 섬기며 주님의 뜻에 순종할 때 드러내시는 하나님의 능력이다(고후4:7). 하나님을 주님이라고 믿어도 주님 뜻에 따라 살아가지 않으면 구원을 받지 못하고 하나님 나라에 들어가지 못한다(마7:19,21).

054 ── 신앙을 방해하는 것

1. **<영적 사망>** 사람은 특별히 하나님의 형상으로 창조되었으니 사람의 영이 하나님과 교제하고 하나님의 뜻에 따라 사람의 혼과 몸을 다스려야 마땅한데, 사람이 에덴에서 하나님 말씀을 어기는 죄를 짓고 하나님과 분리되면서 하나님과 영적 교제가 차단되어(영적 사망) 하나님의 섭리와 구원을 알지 못하게 되었다. 그러나 예수 그리스도를 구주로 영접하여 하나님께 지은 죄를 용서받고 성령을 받아 영적 존재로 거듭나면, 다시 하나님과 교제하여 하나님의 다스리심과 구원 은혜를 알 수 있다.

- **로마서 3:23** 모든 사람이 죄를 범하였으매 하나님의 영광에 이르지 못하더니,
- **고린도전서 2:14** 육에 속한 사람은 하나님의 성령의 일들을 받지 아니하나니 이는 그것들이 그에게는 어리석게 보임이요, 또 그는 그것들을 알 수도 없나니 그러한 일은 영적으로 분별되기 때문이라.
- **에베소서 1:17** 우리 주 예수 그리스도의 하나님, 영광의 아버지께서 지혜와 계시의 영을 너희에게 주사 하나님을 알게 하시고,

2. **<인간의 교만>** 창조주 하나님은 사람을 하나님의 형상대로 지으시고 하나님의 뜻을 따라 하나님의 피조물을 관리할 수 있는 영적·지적 능력을 주셨다. 사람은 하나님께서 주신 능력을 활용하여 인본주의 문화를 이루면서 우월감에 빠져 하나님을 주님으로 섬기지 않는다. 그러나 하나님을 주님으로 섬기면 하나님의 자녀로 높이신다.

- **로마서 1:21-22,28** 하나님을 알되 하나님을 영화롭게도 아니하며 감사하지도 아니하고, 오히려 그 생각이 허망하여지며 미련한 마음이 어두워졌나니, 스스로 지혜 있다 하나 어리석게 되어 – 마음에 하나님 두기를 싫어하매,
- **신명기 8:13-14,17** 네 소유가 다 풍부하게 될 때에 네 마음이 교만하여 네 하나님 여호와를 잊어버릴까 염려하노라. – 네가 마음에 이르기를 내 능력과 내 손의 힘으로 이 재물을 얻었다 말할 것이라.
- **베드로전서 5:6** 하나님의 능하신 손 아래에서 겸손하라. 때가 되면 너희를 높이시리라.

3. **<사람의 욕심>** 사람이 에덴 낙원에서 하나님의 풍성한 생명과 은혜를 누리던 중 사

탄의 유혹으로 욕심이 생겨 사람의 마음을 차지하고 성령의 인도와 진리를 거역한다. 그 결과 하나님의 사랑과 은혜를 벗어나 불행하게 살다가 죽어서 지옥 간다.

- 갈라디아서 5:16-17 너희는 성령을 따라 행하라. 그리하면 육체의 욕심을 이루지 아니하리라. 육체의 소욕은 성령을 거스르고 성령은 육체를 거스르나니, 이 둘이 서로 대적함으로 너희가 원하는 것을 하지 못하게 함이니라.
- 로마서 8:13 너희가 육신대로 살면 반드시 죽을 것이로되, 영으로써 몸의 행실을 죽이면 살리니,
- 디모데전서 5:6 향락을 좋아하는 자는 살았으나 죽었느니라.

4. <세상의 자랑> 사람이 하나님과 분리되어 사람들의 욕심과 능력이 경쟁하는 세상에서 살면서 인간 세상의 가치와 자랑을 추구하게 되었다. 그러나 세상의 자랑은 이 세상에 있는 동안 잠깐 즐겁게 할 뿐이고 하나님 앞에 내놓을 것이 못된다.

- 요한일서 2:15-17 이 세상이나 세상에 있는 것들을 사랑하지 말라. - 세상에 있는 모든 것이 육신의 정욕과 안목의 정욕과 이생의 자랑이니, 다 아버지께로부터 온 것이 아니요 세상으로부터 온 것이라. 이 세상도 그 정욕도 지나가되 오직 하나님의 뜻을 행하는 자는 영원히 거하느니라.
- 마태복음 6:33 너희는 먼저 그의 나라와 그의 의를 구하라.

5. <마귀의 방해> 하나님을 섬기도록 지음 받은 천사가 교만해져서 하나님을 대적하는 사탄이 되어 사람이 하나님을 주님으로 섬기는 것을 방해하고 자기가 다스리려 한다.

- 베드로전서 5:8 너희 대적 마귀가 우는 사자 같이 두루 다니며 삼킬 자를 찾나니,
- 에베소서 6:11 마귀의 간계를 능히 대적하기 위하여 하나님의 전신갑주를 입으라.

6. <믿음의 싸움> 위의 것들은 믿음과 신앙 생활을 끈질기게 방해한다. 믿음이 성장할수록 방해도 더욱 드세진다. 성령님을 의지하여 끝날까지 믿음의 선한 싸움을 이겨내야 하나님과 함께 영생할 수 있다.

- 디모데전서 6:12 믿음의 선한 싸움을 싸우라. 영생을 취하라.
- 디모데후서 4:7-8 나는 선한 싸움을 싸우고 나의 달려갈 길을 마치고 믿음을 지켰으니, 이제 후로는 나를 위하여 의의 면류관이 예비되었으므로, 주 곧 의로우신 재판장이 그 날에 내게 주실 것이며, 내게만 아니라 주의 나타나심을 사모하는 모든 자에게도니라.

055   신앙의 결단

- **사도행전 17:24** 우주와 만물을 지으신 하나님께서는 천지의 주재(主宰)시니,
- **이사야 48:17** 나는 네게 유익하도록 가르치고 너를 마땅히 행할 길로 인도하는 네 하나님 여호와라.
- **민수기 6:24-26** 여호와는 네게 복을 주시고 너를 지키시기를 원하며, 여호와는 그의 얼굴을 네게 비추사 은혜 베푸시기를 원하며, 여호와는 그 얼굴을 네게로 향하여 드사 평강 주시기를 원하노라
- **이사야 55:3,6** 너희는 귀를 기울이고 내게로 나아와 들으라. 그리하면 너희의 영혼이 살리라. 너희는 여호와를 만날 만한 때에 찾으라. 가까이 계실 때에 그를 부르라.
- **신명기 10:12-13** 네 하나님 여호와께서 네게 요구하시는 것이 무엇이냐, 곧 네 하나님 여호와를 경외하여 그의 모든 도를 행하고 그를 사랑하며 마음을 다하고 뜻을 다하여 네 하나님 여호와를 섬기고, 내가 오늘 네 행복을 위하여 네게 명하는 여호와의 명령과 규례를 지킬 것이 아니냐.
- **로마서 6:23** 죄의 삯은 사망이요, 하나님의 은사는 그리스도 예수 우리 주 안에 있는 영생이니라.
- **요한복음 3:16** 하나님이 세상을 이처럼 사랑하사 독생자를 주셨으니 이는 그를 믿는 자마다 멸망하지 않고 영생을 얻게 하심이라.
- **요한복음 6:40** 내 아버지의 뜻은 아들을 보고 믿는 자마다 다 영생을 얻는 이것이니, 마지막 날에 내가 이를 다시 살리리라.
- **요한복음 1:12-13** 영접하는 자 곧 그 이름을 믿는 자들에게는 하나님의 자녀가 되는 권세를 주셨으니, 이는 - 오직 하나님께로부터 난 자들이니라.
- **이사야 43:1** 내가 너를 지명하여 불렀나니, 너는 내 것이라.
- **요한복음 20:31** 오직 이것을 기록함은 너희로 예수께서 하나님의 아들 그리스도이심을 믿게 하려 함이요 또 너희로 믿고 그 이름을 힘입어 생명을 얻게 하려 함이니라.

- **마가복음 16:16** 믿고 세례를 받는 사람은 구원을 얻을 것이요, 믿지 않는 사람은 정죄를 받으리라.
- **전도서 12:13** 일의 결국을 다 들었으니, 하나님을 경외(敬畏)하고 그의 명령들을 지킬지어다. 이것이 사람의 본분이니라.
- **로마서 8:14** 무릇 하나님의 영으로 인도함을 받는 사람은 곧 하나님의 아들이라.

* 묵 상 *

1. 창조주 하나님은 나의 생명과 적성과 재능, 살아갈 환경을 만드시고 다스리신다. 나는 하나님의 섭리 안에서 살고 죽는다. 이것은 부인할 수 없는 사실이고 영원한 진리이다. 그러므로 하나님을 내 생명과 인생의 주님으로 인정하고 섬기는 것이 옳다.

2. 창조주 하나님께서 나와 함께 살기 원하시는데 내가 하나님의 뜻을 벗어나 내 뜻과 내 욕심대로 살아가는 것은 창조주의 뜻과 은혜를 배반하는 죄이다.

3. 하나님께서 내가 하나님께 지은 죄를 청산하고 하나님 뜻에 살아갈 수 있는 길을 만들어 놓으시고 돌아오라고 부르신다. 그러한 하나님의 구원과 은혜를 받아들여 죄와 사망에서 벗어나 하나님과 함께 살아가는 것이 주님을 섬기는 도리이다.

4. 아브라함은 하나님 말씀에 순종하여 고향과 친척과 아버지 집을 떠나(창12:1) 갈 바를 알지 못하고 하나님께서 지시하시는 대로 나아갔고(히11:8), 모세는 믿음으로 하나님 백성과 함께 고난 받기를 애굽 왕족의 부귀보다 더 귀하게 여겼다(히11:24-26).

5. 내가 창조주 하나님과 유일한 구주 예수님과 구원 인도자 성령님을 내 인생의 주님으로 섬기고 따르면, 주님의 은혜와 능력으로 나를 구원·영생의 길로 이끄셔서 나의 기쁨이 충만하고 영원하리라(시16:11).

6. 나의 결단 - ① 하나님이 나의 창조주, 나의 주님임을 인정하고 경배하자! ② 내가 창조주의 뜻을 떠나 내 멋대로 살아온 죄인임을 인정하자! ③ 하나님께서 그리스도로 보내신 예수님을 나의 죄를 대신 속죄하신 구주로 영접하자! ④ 나의 구주 앞에 내 죄를 모두 고백 회개하고 하나님께 돌아가자! ⑤ 죄를 지을 때마다 즉시 회개하자! ⑥ 내 안에 계시는 성령님을 내 삶을 인도하시는 주님으로 받들자! ⑦ 모든 일에 성령님의 인도를 구하고 그 인도에 순종하여 하나님 뜻에 따라 살아가자! ⑧ 성령님의 도움을 구하여 내 육신의 정욕과 세상의 가치와 마귀의 유혹을 이겨내자! ⑨ 그리하여 하나님 백성의 이름을 얻고 하나님의 낙원에 들어가 하나님 나라 백성으로 영생하자!

056 ── 나의 하나님, 나의 주님

1. **<성민으로 부르심>** 하나님께서 사람을 영적 존재로 지으셔서 하나님과 교제하며 살아가게 하셨다. 사람이 하나님께 죄를 짓고 육신의 존재로 전락하자 죄인 구원 계획을 세우시고, 성자 하나님께서 사람 예수로 오셔서 사람들의 죄를 대속하시고 구원·영생의 길을 만드시고, 성령 하나님께서 성도 안에 내주하셔서 구원·영생의 삶으로 인도하신다. 이것은 하나님과 교제하며 하나님의 백성으로 살아가라는 부르심이다.

- **이사야 43:7,21** 내가 내 영광을 위하여 창조한 자를 오게 하라 – 이 백성은 내가 나를 위하여 지었나니, 나를 찬송하게 하려 함이라.
- **신명기 26:17,19** 여호와를 네 하나님으로 인정하고 – 그의 규례와 명령과 법도를 지키며 – 그런즉 여호와께서 너를 – 네 하나님 여호와의 성민이 되게 하시리라.

2. **<생명과 인생의 주님>** 성부·성자·성령 하나님은 나의 생명과 인생을 지으시고 구원하시고 선도하신다. 내가 이 진리를 인정하면 전지전능하신 하나님께서 나의 하나님, 나의 주님으로 되신다. 그러므로 나는 하나님을 내 생명과 인생의 주님으로 섬기며 하나님의 뜻에 따라 살아가야 한다.

- **요한복음 20:28** 도마가 대답하여 이르되, 나의 주님이시요 나의 하나님이시니이다.
- **시편 95:6-7** 우리가 굽혀 경배하며 우리를 지으신 여호와 앞에 무릎을 꿇자. 그는 우리의 하나님이요 우리는 그가 기르시는 백성이며 그의 손이 돌보시는 양이기 때문이라.
- **마태복음 22:37-38** 네 마음을 다하고 목숨을 다하고 뜻을 다하여 주 너의 하나님을 사랑하라 하셨으니, 이것이 크고 첫째 되는 계명이요

3. **<구원하시는 주님>** 내가 하나님께 죄를 짓고 하나님을 떠나 내 뜻대로 살아가면서 하나님께 지은 죄를 회개하지 않았는데도, 하나님께서 예수님을 희생 제물로 삼아 나의 죄를 대신 속죄하시는 은혜를 베푸시고, 내가 그 구원을 받아들이면 나의 죄를 다 용서하시고 의롭다고 여기시고 성령을 주시고 하나님의 자녀로 되는 권세까지 주신다.

- **로마서 3:24** 그리스도 예수 안에 있는 속량(贖良)으로 말미암아 하나님의 은혜로 값 없이 의롭다 하심을 얻은 자 되었느니라.
- **요한복음 1:12-13** 영접하는 자 곧 그 이름을 믿는 자들에게는 하나님의 자녀가 되는 권세를 주셨으니, 이는 – 오직 하나님께로부터 난 자들이니라.

4. **<선도하시는 주님>** 내가 성도로 거듭나면 성령님께서 항상 내 안에 계시면서 하나님과 하나님의 구원과 하나님 나라의 행복을 깨닫게 하시고 하나님의 뜻에 따라 살아가도록 인도하신다. 내가 성령님의 인도에 순종하면 구원·영생의 삶을 누릴 수 있다.

- **요한복음 14:16-17** 그가 또 다른 보혜사를 너희에게 주사 영원토록 함께 있게 하리니 – 그는 너희와 함께 거하심이요 또 너희 속에 계시겠음이라.
- **요한복음 16:13** 진리의 성령이 오시면 그가 너희를 모든 진리 가운데로 인도하시리니,

5. **<성민으로 살기>** 내가 하나님을 나의 창조주·구원자·인도자로 인정하고 나의 주님으로 섬기려면 하나님의 뜻에 따라 살아야 한다. 모든 일에 성령님의 인도를 구하고 순종해야 한다. 성령님은 내가 구할 때마다 하나님의 뜻에 따라 개인지도하여 주신다.

- **예레미야 11:4** 너희는 내 목소리를 순종하고 나의 모든 명령을 따라 행하라. 그리하면 너희는 내 백성이 되겠고 나는 너희의 하나님이 되리라.
- **로마서 12:2** 너희는 이 세대를 본받지 말고, 오직 마음을 새롭게 함으로 변화를 받아 하나님의 선하시고 기뻐하시고 온전하신 뜻이 무엇인지 분별하도록 하라.

6. **<나의 아버지>** 내가 하나님을 나의 하나님, 나의 주님으로 섬기면 하나님은 나를 자녀로 삼아 함께 살아가며 하나님 나라의 신령한 행복을 누리게 하신다. 자녀는 아버지 슬하에서 살아가며 아버지의 뜻에 따르고 아버지의 보살핌을 받는다.

- **로마서 8:14** 무릇 하나님의 영으로 인도함을 받는 사람은 곧 하나님의 아들이라.
- **예레미야 3:19** 너희가 나를 나의 아버지라 하고 나를 떠나지 말 것이니라.

7. **<나의 인생>** 내가 내 인생의 주인으로 살아가면 사람 수준의 인생으로 그치지만, 내 인생을 하나님의 선하신 인도에 맡기면 하나님 수준의 인생을 이룰 수 있다.

- **시편 37:5-6** 네 길을 여호와께 맡기라. 그를 의지하면 그가 이루시고 네 의를 빛 같이 나타내시며 네 공의를 정오의 빛 같이 하시리로다.

057 ─── 선하시고 인자하신 아버지

- **시편 107:1** 여호와께 감사하라, 그는 선하시며 그 인자하심이 영원함이로다.
- **이사야 48:17** 나는 네게 유익하도록 가르치고 너를 마땅히 행할 길로 인도하는 네 하나님 여호와라.
- **예레미야 32:40-41** 내가 그들에게 복을 주기 위하여 그들을 떠나지 아니하리라 하는 영원한 언약을 그들에게 세우고, 나를 경외함을 그들의 마음에 두어 나를 떠나지 않게 하고, 내가 기쁨으로 그들에게 복을 주되 분명히 나의 마음과 정성을 다하여 그들을 이 땅에 심으리라.
- **스바냐 3:17** 너의 하나님 여호와가 너의 가운데에 계시니, 그는 구원을 베푸실 전능자이시라. 그가 너로 말미암아 기쁨을 이기지 못하시며, 너를 잠잠히 사랑하시며, 너로 말미암아 즐거이 부르며 기뻐하시리라
- **시편 78:38** 오직 하나님은 긍휼하시므로 죄악을 덮어 주시어 멸망시키지 아니하시고 그의 진노를 여러 번 돌이키시며 그의 모든 분을 다 쏟아 내지 아니하셨으니,
- **요한복음 3:16** 하나님이 세상을 이처럼 사랑하사 독생자를 주셨으니, 이는 그를 믿는 자마다 멸망하지 않고 영생을 얻게 하려 하심이라.
- **로마서 5:8,11** 우리가 아직 죄인 되었을 때에 그리스도께서 우리를 위하여 죽으심으로 하나님께서 우리에 대한 자기의 사랑을 확증하셨느니라. 이제 우리로 화목하게 하신 우리 주 예수 그리스도로 말미암아 하나님 안에서 또한 즐거워하느니라.
- **데살로니가전서 5:10** 예수께서 우리를 위하여 죽으사 우리로 하여금 깨어 있든지 자든지 자기와 함께 살게 하려 하셨느니라.
- **요한복음 10:9-10** 내가 문이니 누구든지 나로 말미암아 들어가면 구원을 받고 또는 들어가며 나오며 꼴을 얻으리라. 내가 온 것은 양으로 생명을 얻게 하고 더 풍성히 얻게 하려는 것이라.
- **로마서 8:28** 하나님을 사랑하는 자 곧 그의 뜻대로 부르심을 입은 자들에게는 모든 것이 합력하여 선을 이루느니라.

- **요한일서 4:16** 하나님은 사랑이시라. 사랑 안에 거하는 자는 하나님 안에 거하고 하나님도 그의 안에 거하시느니라.
- **로마서 8:39** 어떤 피조물이라도 우리를 우리 주 그리스도 예수 안에 있는 하나님의 사랑에서 끊을 수 없으리라.
- **마태복음 11:28-29** 수고하고 무거운 짐 진 자들아, 다 내게로 오라. 내가 너희를 쉬게 하리라. 나는 마음이 온유하고 겸손하니 나의 멍에를 메고 내게 배우라.
- **호세아 12:6** 그런즉 너의 하나님께로 돌아와서 인애와 정의를 지키며 항상 너의 하나님을 바랄지니라.
- **시편 16:11** 주께서 생명의 길을 내게 보이시리니, 주의 앞에는 충만한 기쁨이 있고, 주의 오른쪽에는 영원한 즐거움이 있나이다.

* 묵 상 *

1. 하나님은 선하셔서 사람이 행복하게 살기를 원하신다. 사람과 함께 사시면서 사랑과 은혜를 베푸시기 위하여 사람을 하나님과 함께 살아갈 수 있는 존재로 만드시고 에덴 낙원에서 함께 살고자 하셨다.

2. 사람이 하나님 말씀을 어기는 죄를 지어 그 죄 값으로 그들의 생명을 거두셔야 마땅했지만, 인자하신 하나님은 사람의 영원한 생명을 죽어야 하는 존재로 전락시키면서 동물을 희생시켜 가죽 옷을 만들어 사람의 벗은 몸을 가리게 하셨다.

3. 사람의 죄악이 세상에 충만함을 보시고 온 땅을 150일간 물로 덮어 지상의 모든 생물을 죽이실 때에도 노아의 가족 8인과 각종 생물을 종류대로 구원하여 온 세상의 족속을 이루게 하셨다(창10:32).

4. 모든 사람이 하나님께 죄인이 되어 거룩하신 하나님 앞에 나아갈 수 없게 되자, 하나님의 아들을 희생시켜 모든 사람의 모든 죄를 대신 속죄하게 하셔서 사람들이 죄에서 구원받아 다시 하나님과 화목할 수 있게 하셨다.

5. 한없이 인자하신 하나님은 죄인의 회개를 기다리시고 무척 기뻐하신다. 죄인이 회개하면 그 죄를 다 용서하시고 자녀로 삼으시고 인생을 축복하신다. 사람의 인생을 하나님 자녀의 인생으로 높이시고, 성령의 인도로 하나님의 다스림(사랑과 은혜) 안에서 살아가게 하시고, 하나님 나라의 신령한 행복을 누리게 하신다.

058 하나님께 돌아가자

1. 하나님께 돌아가는 것은 하나님 떠난 죄를 회개하고 하나님 모시고 살아가는 것이다

하나님은 나와 함께 사시길 원하시며(살전5:10) 언제 어디서나 나를 지켜보시는데(렘 23:24), 나는 하나님을 떠나 마음에 두기 싫어한다(롬1:28). 내가 하나님의 구원을 받아들여 하나님 떠난 죄를 회개하고 하나님을 주님으로 섬기면 하나님은 나의 하나님, 나의 아버지가 되셔서 나의 인생을 인도하신다. 이것이 하나님께 돌아가는 것이다.

- **사무엘상 7:3** 너희가 전심으로 여호와께 돌아오려거든 이방 신들과 아스다롯 [가나안 풍요의 여신]을 너희 중에서 제거하고 너희 마음을 여호와께로 향하여 그만을 섬기라.
- **신명기 10:16,20** 너희는 마음에 할례를 행하고 다시는 목을 곧게 하지 말라. 네 하나님 여호와를 경외하여 그를 섬기며 그에게 의지하고 그의 이름으로 맹세하라.

2. 하나님의 구원을 받아들여 하나님께 돌아가면 하나님께서 기쁘게 환영하신다.

하나님은 구원의 길을 만들어 놓고 사람이 죄를 씻고 하나님께 돌아오기를 기다리신다(사30:18). 사람이 하나님께 지은 죄를 회개하고 하나님께 돌아가면, 하나님은 지극히 기뻐하시고 과거의 죄를 다 용서하시고 사랑의 품으로 안아주신다(눅15:20-24).

- **이사야 55:7** 악인은 그의 길을, 불의한 자는 그의 생각을 버리고 여호와께로 돌아오라. 그리하면 그가 긍휼히 여기시리라. 우리 하나님께로 돌아오라. 그가 너그럽게 용서하시리라.
- **누가복음 15:7** 죄인 한 사람이 회개하면 하늘에서는 회개할 것 없는 의인 아흔아홉으로 말미암아 기뻐하는 것보다 더하리라.

3. 하나님께 돌아가는 것은 하나님의 사람으로 거듭나는 것이다

하나님께서 내 죄를 용서하시고 의롭다고 여기시면, 죄인이던 내가 의인으로 여겨지고(롬3:24), 하나님의 자녀로 되어 그리스도와 함께 하나님의 상속자가 되고(롬8:17), 이 세상과 하늘 천국에서 하나님과 함께 살아가게 된다(딤전4:8).

- 요한복음 3:5 진실로 진실로 네게 이르노니, 사람이 물과 성령으로 나지 아니하면 하나님의 나라에 들어갈 수 없느니라.
- 사도행전 3:19 그러므로 너희가 회개하고 돌이켜 너희 죄 없이 함을 받으라. 이같이 하면 새롭게 되는 날이 주 앞으로부터 이를 것이요

4. 하나님께 돌아가면 하나님과 함께 영원히 살아간다.

　생명의 근원이신 하나님을 나의 하나님, 나의 주님으로 섬기면, 죄로 하나님과 분리되었던 내가 하나님과 화목하게 되고(롬5:10), 성령을 선물로 받아 영적 교제가 회복되고, 성령의 인도로 하나님과 함께 영생하게 된다.

- 데살로니가전서 5:10 예수께서 우리를 위하여 죽으사 우리로 하여금 깨어 있든지 자든지 자기와 함께 살게 하려 하셨느니라.
- 요한복음 17:3 영생은 곧 유일하신 참 하나님과 그가 보내신 자 예수 그리스도를 아는 것이니이다. [아는 것 : 함께 살며 친밀한 것]

5. 하나님께 돌아가는 것은 성령의 인도로 하나님의 뜻에 따라 살아가는 것이다.

　내 안에 내주하신 성령님을 내 인생의 주님으로 섬기며 그 인도를 구하고 순종하면, 하나님의 다스림을 받으며 하나님의 뜻에 따라 살아가는 하나님의 백성으로 된다. 그것이 죄인을 구원하시는 하나님의 뜻이다.

- 마태복음 7:21 나더러 주여 주여 하는 자마다 다 천국에 들어갈 것이 아니요, 다만 하늘에 계신 아버지의 뜻대로 행하는 자라야 들어가리라.
- 로마서 8:14 무릇 하나님의 영으로 인도함을 받는 사람은 곧 하나님의 아들이라.

6. 하나님께 온전히 돌아가면 하나님의 인도로 차원 높은 인생을 살아간다.

　내가 전지전능하신 성령 하나님의 인도를 구하고 온전히 순종하면, 차원 높은 인생을 이루고 하나님 나라의 신령한 행복을 누리게 되고, 육신의 정욕이나 인간 세상의 가치를 초월하게 된다(마6:33).

- 에베소서 1:3 하나님 곧 우리 주 예수 그리스도의 아버지께서 그리스도 안에서 하늘에 속한 신령한 복을 우리에게 주시되,
- 마태복음 13:44 천국은 마치 밭에 감추인 보화와 같으니, 사람이 이를 발견한 후 숨겨 두고 기뻐하며 돌아가서, 자기의 소유를 다 팔아 그 밭을 사느니라.

059 ── 하나님께 돌아가는 길

- 요한복음 14:6 예수께서 이르시되, 내가 곧 길이요 진리요 생명이니 나로 말미암지 않고는 아버지께로 올 자가 없느니라.
- 요한복음 16:13 진리의 성령이 오시면 그가 너희를 모든 진리 가운데로 인도하시리니,
- 디모데후서 3:15 성경은 능히 너로 하여금 그리스도 예수 안에 있는 믿음으로 말미암아 구원에 이르는 지혜가 있게 하느니라.
- 히브리서 4:16 그러므로 우리는 긍휼하심을 받고 때를 따라 돕는 은혜를 얻기 위하여 은혜의 보좌 앞에 담대히 나아갈 것이니라.

* 묵 상 *

1. 하나님은 사람과 함께 살면서 사랑과 은혜를 베푸시길 원하신다. 그래서 사람을 하나님 형상대로 지으시고 에덴 낙원에서 살게 하셨다. 그러나 사람이 하나님의 법을 어겨 죄를 짓고 하나님을 떠나 하나님을 잊고 살아간다(롬1:28).

2. 죄인은 아무리 애써도 하나님께 돌아갈 수 없다. 내가 죄인일 때 하나님께서 내가 죄를 용서받고 하나님께 돌아갈 수 있는 길을 만드시고 내가 돌아오기를 기다리신다.

3. 내가 하나님께 돌아가려면 예수 그리스도의 대속을 받아들여 죄를 용서받고 하나님을 나의 주님으로 섬기며 성령 하나님의 인도를 구하고 온전히 순종하면 된다. 그리하면 이 세상과 하늘 천국에서 하나님의 아들로 살아갈 수 있다(롬8:14, 계21:7).

4. 하나님께 돌아가려면 하나님을 떠나온 길을 역순으로 되돌아가야 한다.

하나님께서 풍성한 생명과 모든 필요를 공급하시는 에덴 낙원에서 하나님과 함께 살아감(창2:8-17)		새 하늘 새 땅에서 하나님과 함께 살며 완전한 평화와 완전한 행복을 영원히 누림(계21:1-7)	
사람이 하나님께 죄짓고 하나님을 떠나는 과정	1) 하나님의 말씀을 온전히 받들지 아니하여(창3:3) 주님 관계에 틈이 생김	⑦ 하나님 뜻에 온전히 순종하여 하나님의 백성으로 성화되면 재림 예수님이 하늘 천국으로 들어올리심	죄인이 죄를 용서받고 하나님께 돌아가는 과정
	2) 사탄의 유혹으로 욕심이 생기고 욕심을 따름(창3:7)	⑥ 구원 확신과 천국 소망을 가지고 말씀으로 무장하여 사탄의 방해를 이김	
	3) 선악과를 먹어 말씀을 어기고 악의 지배를 받아들임(창3:7)	⑤ 나의 욕심, 세상 가치보다 하나님의 뜻에 따라 살아감	
	4) 하나님을 피하고 숨어서(창3:8) 죄악의 어두움에 속함	④ 내 안에 내주하신 성령님을 인생의 주님으로 모시고 인도를 구하고 순종함	
	5) 하나님의 부르심에도 회개하지 아니하여(창3:12-13) 죄성을 유지하고 하나님을 외면함(사59:2)	③ 나의 죄를 구주 앞에 고백하고 회개함 → 의롭다 여기심을 받아 하나님 앞에 나아갈 자격을 얻음	
	6) 하나님께서 즉시 죽이지 않고 에덴에서 쫓아내심(창3:23) → 하나님과 분리되어 자기 주인 되어 살아감	② 하나님의 구원을 받아들여 예수님을 내 죄를 대속하신 그리스도로 영접하고 나의 구주로 섬김	
	7) 하나님께서 그룹들과 회전 불칼을 두어 죄인 차단(창3:24) → 사람의 능력·노력으로 해소할 수 없음	① 하나님의 아들을 예수로 보내 사람들의 모든 죄를 대속하셔서 죄를 벗고 불칼 장벽을 통과할 길을 만드심	
땅에서 흙을 갈며 자기 힘으로 살아가고 출산의 고통을 겪음 - 온갖 인생고 각자의 소견과 욕심이 경쟁하며 불행하게 살다가 죽어서 흙으로 돌아감(창3:19) 죽은 뒤에 예수님의 심판으로 지옥 불못에 던져짐(계21:8) - 하나님과 완전 단절			

◇ 천로역정(John Bunyan의 소설, 1,678년) - 크리스천이 죄를 깨닫고 구원을 받으려는 일념으로 멸망의 도시와 가족을 떠나서 온갖 유혹과 방해를 주님의 도움으로 극복하고 온 힘을 다하여 천국을 찾아가는 신앙의 길을 상징적으로 그린 소설. 죄의 회개, 올바른 믿음, 실패하는 믿음, 믿음의 실행, 죄 짐을 벗은 후의 성결 투쟁, 혼신의 천국 소망, 목숨을 건 영적 전쟁, 어려울 때마다 돕는 주님의 손길 등을 실감나게 묘사한다.

060 — 하나님께 나아가는 자격, 칭의

- **이사야 59:2** 오직 너희 죄악이 너희와 너희 하나님 사이를 갈라 놓았고, 너희 죄가 그의 얼굴을 가리어서 너희에게서 듣지 않으시게 함이니라.
- **로마서 3:23-24** 모든 사람이 죄를 범하였으매 하나님의 영광에 이르지 못하더니, 그리스도 예수 안에 있는 속량으로 말미암아 하나님의 은혜로 값없이 의롭다 하심을 얻은 자 되었느니라.
- **요한일서 1:7,9** 예수의 피가 우리를 모든 죄에서 깨끗하게 하실 것이요, 만일 우리가 우리 죄를 자백하면 그는 미쁘시고 의로우사 우리 죄를 사하시며 우리를 모든 불의에서 깨끗하게 하실 것이요
- **에베소서 2:14-15** 그는 우리의 화평이신지라. 둘로 하나를 만드사 – 중간에 막힌 담을 자기 육체로 허시고 – 이 둘로 자기 안에서 한 새 사람을 지어 화평하게 하시고,
- **사도행전 3:19** 그러므로 너희가 회개하고 돌이켜 너희 죄 없이 함을 받으라. 이같이 하면 새롭게 되는 날이 주 앞으로부터 이를 것이요
- **고린도후서 5:17** 누구든지 그리스도 안에 있으면 새로운 피조물이라. 이전 것은 지나갔으니, 보라, 새 것이 되었도다.
- **히브리서 10:19-20** 우리가 예수의 피를 힘입어 성소에 들어갈 담력을 얻었으니, 그 길은 우리를 위하여 휘장 가운데로 열어 놓으신 새로운 살 길이요, 휘장은 곧 그의 육체라
- **히브리서 9:14** 흠 없는 자기를 하나님께 드린 그리스도의 피가 어찌 너희 양심을 죽은 행실에서 깨끗하게 하고 살아계신 하나님을 섬기게 하지 못하겠느냐.
- **갈라디아서 2:16** 사람이 의롭게 되는 것은 율법의 행위로 말미암음이 아니요 오직 예수 그리스도를 믿음으로 말미암는 줄 알므로 우리도 그리스도 예수를 믿나니
- **로마서 6:11** 이와 같이 너희도 너희 자신을 죄에 대하여는 죽은 자요 그리스도 예수 안에서 하나님께 대하여는 살아 있는 자로 여길지어다.

* 묵 상 *

1. 하나님은 사람이 선악과를 먹으면 반드시 죽는다고 말씀하시고도, 하나님 말씀을 어기고 선악과를 먹은 죄인들을 즉시 죽이시지 않고 에덴에서 쫓아내시고 죄인이 접근하지 못하도록 그룹들과 두루 도는 불칼을 두어 지키게 하셨다(창3:24). 죄인이 하나님께 접근하면 정죄 받아 죽게 되므로 죄인의 접근을 차단하시고, 죄인이 회개하고 돌아오면 환영하신다(겔33:11).

2. 죄인이 하나님께 돌아가려면 죄를 없애거나 용서받아야 한다. 그러나 사람의 의지·능력·노력·수행·선행으로는 하나님께 지은 죄를 없애거나 용서받을 수 없다. 모든 사람이 죄 속에 빠져 하나님께 나아오지 못하자, 하나님께서 죄인을 긍휼히 여기셔서 죄인이 죄에서 벗어나 하나님께 나아갈 수 있는 길을 만드셨다.

3. 하나님께서 독생자를 사람 예수로 보내 십자가에서 사람들의 모든 죄를 대신 속죄하는 희생 제물로 죽게 하시고, 예수님의 대신 속죄를 영접하고 죄를 회개하는 사람의 죄를 다 용서하시고 죄가 없는 의인으로 여기신다. 이것이 칭의(稱義)이다.

4. 내가 내 죄를 대속하신 예수님을 나의 구주로 영접하고 구주 앞에 내 죄를 고백하고 회개하면, 하나님께서 기뻐하시면서 내 죄를 전부 용서하시고 하나님 앞에 의롭다고 여기신다. 이렇게 칭의를 받으면 하나님 앞에 나아가 함께 살아갈 수 있다.

5. 칭의는 죄 사함을 받고 의인으로 여겨지는 것이다. 죄 사함이 없으면 칭의는 없다. 죄 사함이 분리장벽을 통과하게 하고 의인으로 여기져 하나님께 나아갈 수 있게 한다. 그 위에 성령을 주셔서 영적 존재로 거듭나서 하나님과 함께 살아갈 수 있게 하신다.

6. 죄를 용서받고 죄가 없는 의인으로 여겨지면 정죄 심판을 받지 않게 된다. 칭의는 죄와 사망에서 벗어나게 하는 구원이지만, 하나님 앞에 나아가 하나님과 함께 영생할 수 있는 자격을 얻는 것, 구원의 시작에 불과하다. 1단계 구원이다.

7. 죄가 없는 의인으로 여겨져야 하나님께 나아갈 수 있고 교제할 수 있으므로, 칭의는 구원 받기 시작할 때부터 구원이 완성될 때까지 모든 과정에서 항상 유지되어야 한다. 칭의가 무너지면 하나님과의 교제가 중단되고 예배·찬양·기도가 헛것이 되고 성령의 인도도 받을 수 없다. 칭의는 구원 받기 위한 기본 조건이고 기반이다.

8. 내가 죄 없는 의인으로 여겨지더라도 내 죄성이 다 없어지는 것은 아니다. 의인으로 여겨진 후에 다시 하나님께 죄를 지으면, 그때마다 죄를 회개하여 예수님의 피로 성결해져야(요일1:9) 하나님께 나아가는 자격을 유지하고 구원에 이를 수 있다.

061 — 죄 사함을 받게 하는 회개

- **출애굽기 30:18,20** 너는 물두멍을 놋으로 만들고 – 회막과 제단 사이에 두고 그 속에 물을 담으라. 그들이 회막에 들어갈 때에 물로 씻어 죽기를 면할 것이요, 제단에 가까이 가서 그 직분을 행하여 여호와 앞에 화제를 사를 때에도 그리 할지니라.
- **마가복음 1:4-5** 세례 요한이 광야에 이르러 죄 사함을 받게 하는 회개의 세례를 전파하니, 온 유대 지방과 예루살렘 사람이 다 나아가 자기 죄를 자복하고 요단 강에서 그에게 세례를 받더라.
- **마가복음 1:14-15** 하나님의 복음을 전파하여 이르시되, 때가 찼고 하나님의 나라가 가까이 왔으니 회개하고 복음을 믿으라 하시더라.
- **요한일서 1:7,9** 예수의 피가 우리를 모든 죄에서 깨끗하게 하실 것이요, 만일 우리가 우리 죄를 자백하면 그는 미쁘시고 의로우사 우리 죄를 사하시며 우리를 모든 불의에서 깨끗하게 하실 것이요
- **마태복음 3:11** 나는 너희로 회개하게 하기 위하여 물로 세례를 베풀거니와, 내 뒤에 오시는 이는 – 성령과 불로 너희에게 세례를 베푸실 것이요
- **사도행전 2:38** 너희가 회개하여 각각 예수 그리스도의 이름으로 세례를 받고 죄 사함을 받으라. 그리하면 성령의 선물을 받으리니,
- **요한복음 3:5** 사람이 물과 성령으로 나지 아니하면 하나님의 나라에 들어갈 수 없느니라.
- **에베소서 5:26-27** 물로 씻어 말씀으로 깨끗하게 하사 거룩하게 하시고 자기 앞에 영광스러운 교회로 세우사, 티나 주름 잡힌 것이나 – 흠이 없게 하려 함이라.
- **갈라디아서 3:27** 누구든지 그리스도와 합하기 위하여 세례를 받은 자는 그리스도로 옷 입었느니라.
- **골로새서 2:12** 너희가 세례로 그리스도와 함께 장사되고 또 죽은 자들 가운데서 그를 일으키신 하나님의 역사를 믿음으로 말미암아 그 안에서 함께 일으키심을 받았느니라.

- **디도서 3:5,7** 우리를 구원하시되 우리가 행한 바 의로운 행위로 말미암지 아니하고 오직 그의 긍휼하심을 따라 중생의 씻음과 성령의 새롭게 하심으로 하셨나니, 우리로 그의 은혜를 힙입어 의롭다 하심을 얻어 영생의 소망을 따라 상속자가 되게 하려 하심이라.
- **마태복음 28:19-20** 너희는 가서 모든 민족을 제자로 삼아 아버지와 아들과 성령의 이름으로 세례를 베풀고 내가 너희에게 분부한 모든 것을 가르쳐 지키게 하라.

* 묵 상 *

1. 하나님은 동물의 희생 제사로 사람이 속죄받게 하시다가, 죄가 없는 사람 예수님을 희생시켜 사람들의 죄를 대신 속죄하게 하시고 사람이 죄를 회개하면 사면하시는 새 구원법을 정하셨다. 그리고 마지막 선지자(눅16:16) 세례 요한을 보내어(요1:33) 죄 사함을 받게 하는 회개의 세례를 베풀게 하셨다.

2. 요한의 세례는 죄를 회개하여 죄를 용서받고 주님을 맞이하게 하는 것이었다. 요한은 죄를 회개하여 진노를 피하라고 외쳤고(마3:2,7), 사람들이 죄를 자복하고 회개하면(마3:6,막1:5) 물로 세례를 베풀어 예수 그리스도의 길을 준비하였다(마3:1-3).

3. 물 세례는 사람이 하나님께 지은 죄를 회개하여 하나님 앞에 흠이 없게 하는 정결 의식이고, 그리스도의 성령 세례를 받기 위한 준비였다(행2:38). 죄가 없으신 예수님은 그리스도임을 나타내기 위하여 물 세례를 받으셨다(요1:31-34,마3:16-17).

4. 죄 사함은 죄를 자복하고 회개하는 사람에게 하나님께서 주시는 은혜이고, 물로 씻었다 하여 주어지는 것이 아니다. 물에 잠기거나 물로 씻는 행위는 회개로 죄를 씻어 죄 사함을 받고 죄 없는 의인으로 거듭남을 나타내는 의식이다.

5. 예수님께서 십자가 희생으로 모든 사람의 모든 죄를 대속하신 후에는 유일하신 그리스도의 대속을 받아들여야 죄 사함을 받는다. 나의 죄를 인정하고 예수님의 죽으심이 내 죄를 대속하였다고 믿고 내 죄를 털어내야 죄 사함을 받고 물 세례를 받게 된다.

6. 예수님의 대속 은혜로 죄 사함을 받고 세례를 받는 것은 옛 사람이 예수와 함께 죽어 죄의 종으로 죽고 예수와 같이 하나님의 사람으로 변화되는 것이고, 하나님과 함께 새 생명 가운데서 살아가게 하는 것이다(롬6:4).

7. 예수님은 대속을 받아들인 사람의 죄를 사면 받게 하시고 나아가 성령 세례를 베풀어 하나님과 함께 살아가는 알곡이 되게 하시고(요3:5), 그러한 구원을 받아들이지 않는 사람에게는 마지막 때에 지옥 불 세례(눅3:16-17)를 주신다.

062 ─── 회개, 죄 사함, 의롭다 하심

1. **<죄인과 하나님의 분리>** 하나님을 나를 만드시고 다스리시는 창조주로 섬기지 않거나 하나님의 말씀을 어기거나 창조주의 다스림을 벗어나면 하나님께 죄인으로 된다. 죄인은 거룩하신 하나님과 함께 할 수 없고 하나님과 분리된다. 영적 교제가 단절되므로 죄인이 예배나 기도를 드려도 하나님께서 받지 않으신다(요9:31).

- 이사야 59:2 오직 너희 죄악이 너희와 너희 하나님 사이를 갈라 놓았고, 너희 죄가 그의 얼굴을 가리어서 너희에게서 듣지 않으시게 함이니라.
- 고린도후서 6:14 의와 불법이 어찌 함께 하며, 빛과 어둠이 어찌 사귀며,

2. **<사람들 죄의 대신 속죄>** 모든 사람이 하나님께 죄를 지어 하나님과 분리되었는데, 사람의 능력으로는 하나님께 지은 죄와 죄인 분리 장벽을 해소시키고 하나님께 나아갈 수 없다(롬3:23). 그래서 하나님께서 성자 예수님을 희생시켜 사람들의 모든 죄를 대신 속죄하게 하셔서 죄인 구원의 길을 만드셨다. 예수님의 대속 은혜로 속죄 받으면 하나님께 지은 죄를 벗고 하나님께 나아갈 수 있다(히10:19-20).

- 갈라디아서 1:4 그리스도께서 하나님 곧 우리 아버지의 뜻을 따라 이 악한 세대에서 우리를 건지시려고 우리 죄를 대속하기 위하여 자기 몸을 주셨으니,
- 요한복음 14:6 예수께서 이르시되, 내가 곧 길이요 진리요 생명이니 나로 말미암지 않고는 아버지께로 올 자가 없느니라.

3. **<회개하여 대속 효과 영접>** 예수님의 대신 속죄는 나의 모든 죄에도 미치지만, 내가 예수님의 대속을 나의 속죄로 영접해야 내 죄를 속죄 받게 된다. 내가 하나님께 지은 죄를 깨닫고, 예수님께서 나의 죄를 대속하셨다고 믿고, 내 죄를 구주 앞에 고백하고 회개하면, 예수님의 대신 속죄의 은혜를 받아 내 죄가 속죄된다(요일1:7,9).

- 사도행전 2:38 너희가 회개하여 각각 예수 그리스도의 이름으로 세례를 받고 죄 사함을 받으라.
- 히브리서 9:14 흠 없는 자기를 하나님께 드린 그리스도의 피가 어찌 너희 양심을 죽

은 행실에서 깨끗하게 하고 살아계신 하나님을 섬기게 하지 못하겠느냐.

4. **<죄를 용서 받음>** 내가 예수님의 대속 은혜를 영접하여 내 죄를 속죄 받으면, 하나님께서 나의 죄를 다 용서하시고 내 죄를 기억하지 않으시고(사43:25) 나를 죄가 없는 의인으로 여기신다. 그래서 나의 죄로 생긴 분리 장벽이 해소된다. 예수님의 대속은 영원하고 모든 죄에 미치므로 내가 죄를 회개할 때마다 속죄 받을 수 있다(요일1:9).

- 요한일서 1:7,9 예수의 피가 우리를 모든 죄에서 깨끗하게 하실 것이요, 만일 우리가 우리 죄를 자백하면 그는 미쁘시고 의로우사 우리 죄를 사하시며 우리를 모든 불의에서 깨끗하게 하실 것이요
- 로마서 5:9 이제 우리가 그의 피로 말미암아 의롭다 하심을 받았으니 더욱 그로 말미암아 진노하심에서 구원을 받을 것이니,

5. **<의롭다 여기심>** 하나님께서 나를 의인으로 여기시면, 나의 죄로 생긴 분리 장벽이 없어져 내가 하나님 앞에 나아갈 수 있고, 성령의 인도를 받아 하나님과 함께 살아갈 수 있다. 이것이 바로 하나님께서 죄인을 구원하시는 목적이고, 이를 위하여 의롭다 여기신 사람에게 성령을 주셔서 하나님과 함께 살아가도록 인도하신다(요16:13).

- 로마서 3:24 그리스도 예수 안에 있는 속량(贖良)으로 말미암아 하나님의 은혜로 값없이 의롭다 하심을 얻은 자 되었느니라.
- 에베소서 2:14-15 그는 우리의 화평이신지라. 둘로 하나를 만드사 - 중간에 막힌 담을 자기 육체로 허시고 - 둘로 자기 안에서 한 새 사람을 지어 화평하게 하시고,

6. **<내가 할 일>** 내가 하나님께 죄를 지어 하나님과 분리된 것은 모두 나의 잘못인데, 하나님께서 성자를 희생시켜 나의 죄를 용서하시고 나를 의롭다고 여기시고 성령을 주신다. 그것은 죄인을 하나님의 성도로 거듭나게 하시는 은혜이고 하나님을 주님으로 섬기며 하나님의 뜻에 따라 살아가라는 소명이다(히9:14).

- 데살로니가전서 5:10 예수께서 우리를 위하여 죽으사 우리로 하여금 깨어 있든지 자든지 자기와 함께 살게 하려 하셨느니라.
- 디도서 2:14 그가 우리를 대신하여 자신을 주심은 모든 불법에서 우리를 속량하시고 우리를 깨끗하게 하사 선한 일을 열심히 하는 자기 백성이 되게 하려 하심이라.
- 히브리서 12:2 믿음의 주요 또 온전하게 하시는 이인 예수를 바라보자.

063 — 의인으로 여기시는 은혜

- 디모데전서 2:4 하나님은 모든 사람이 구원을 받으며 진리를 아는 데에 이르기를 원하시느니라.

- 로마서 3:23-24 모든 사람이 죄를 범하였으매 하나님의 영광에 이르지 못하더니, 그리스도 예수 안에 있는 속량으로 말미암아 하나님의 은혜로 값 없이 의롭다 하심을 얻은 자 되었느니라.

- 요한일서 1:7 예수의 피가 우리를 모든 죄에서 깨끗하게 하실 것이요

- 이사야 43:25 나는 나를 위하여 네 허물을 도말하는 자니 네 죄를 기억하지 아니하리라

- 로마서 8:1 이제 그리스도 예수 안에 있는 자에게는 결코 정죄함이 없나니,

- 사도행전 2:38 너희가 회개하여 각각 예수 그리스도의 이름으로 세례를 받고 죄 사함을 받으라. 그리하면 성령의 선물을 받으리니,

- 고린도후서 5:17 그런즉 누구든지 그리스도 안에 있으면 새로운 피조물이라. 이전 것은 지나갔으니, 보라, 새 것이 되었도다.

- 히브리서 10:19-20 우리가 예수의 피를 힘입어 성소에 들어갈 담력을 얻었으니, 그 길은 우리를 위하여 휘장 가운데로 열어 놓으신 새로운 살 길이요

- 에베소서 2:14-15 그는 우리의 화평이신지라. 둘로 하나를 만드사 - 중간에 막힌 담을 자기 육체로 허시고 - 이 둘로 자기 안에서 한 새 사람을 지어 화평하게 하시고,

- 요한복음 1:12-13 영접하는 자 곧 그 이름을 믿는 자들에게는 하나님의 자녀가 되는 권세를 주셨으니, 이는 - 오직 하나님께로부터 난 자들이니라.

- 데살로니가전서 5:10 예수께서 우리를 위하여 죽으사 우리로 하여금 깨어 있든지 자든지 자기와 함께 살게 하려 하셨느니라.

- 로마서 8:30 미리 정하신 그들을 또한 부르시고, 부르신 그들을 또한 의롭다 하시고, 의롭다 하신 그들을 또한 영화롭게 하셨느니라.

• 디도서 3:5,7   우리를 구원하시되 우리가 행한 바 의로운 행위로 말미암지 아니하고 오직 그의 긍휼하심을 따라 중생의 씻음과 성령의 새롭게 하심으로 하셨나니, 우리로 그의 은혜를 힘입어 의롭다 하심을 얻어 영생의 소망을 따라 상속자가 되게 하려 하심이라.

* 묵 상 *

1. 사람은 누구나 다 하나님께 죄인이지만, 예수 그리스도를 구주로 영접하고 죄를 회개하면 하나님께서 그 죄를 사면하시고 의롭다고 하신다. 그래서 죄인이 죄와 사망에서 벗어나 의인으로 여겨져서 (롬6:7) 하나님께 나아갈 수 있게 된다.

2. 이러한 칭의(稱義)는 의로우신 하나님께서 의인과 함께 살면서 사랑과 은혜를 베풀기 원하시는 오랜 갈망에서 나온 은혜이고, 수많은 은혜가 쌓이고 쌓여 뭉쳐진 것이다.

    ① 죄의 삯은 사망이라고 정하시고도 죄인을 즉시 죽이시지 않고 회개하기를 기다리시는 은혜, ② 사람이 구하지 않았는데 죄인 구원의 법을 만드신 은혜, ③ 하나님의 아들을 희생 제물로 드려 모든 사람들의 모든 죄를 대속하신 은혜, ④ 죄를 지은 사실이 분명하고 죄 값을 치르지 않았는데도 그리스도 앞에 죄를 회개하였다 하여 죄를 다 용서하시는 은혜, ⑤ 회개한 죄를 지우시고 기억하지 않으시는 은혜, ⑥ 죄를 회개한 후에 실제로 의로워지지 않았는데도 의롭다 하시고 의인으로 취급하시는 은혜, ⑦ 죄가 없는 의인으로 취급하여 불칼 장벽을 통과하여 하나님 앞에 나아갈 수 있게 하시는 은혜

3. 하나님은 의롭다 여기신 사람에게 더 크고 높은 은혜를 부어 주신다.

    ⑧ 의인으로 여겨진 사람에게 성령을 주어 성도로 거듭나게 하시고 하나님 백성으로 살아가도록 인도하시는 은혜, ⑨ 죄를 회개한 후에도 죄성이 그대로 남아 있는데도 죄로 단절되었던 하나님과의 영적 교제를 회복시켜 주시는 은혜, ⑩ 하나님 자녀의 자격을 주셔서 하나님과 함께 살아갈 수 있게 하시는 은혜, ⑪ 원할 때마다 성령님께서 하나님 뜻을 깨닫게 하시고 하나님 뜻에 맞게 살아가도록 인도하시는 은혜, ⑫ 다시 죄를 지어도 그 죄를 회개하면 다시 의롭다고 여기시는 은혜

4. 이러한 은혜들은 칭의의 기반 위에서만 받고 누릴 수 있다. 그러므로 죄를 지을 때마다 회개하여 칭의의 기반을 항상 굳건하게 해야 한다.

5. 하나님께서 이토록 많은 은혜를 베푸시는 것은 사람이 죄와 사망에서 구원받고 하나님의 성도로 살아가게 하시려는 것이다. 이를 위하여 칭의를 받은 사람이 다시 하나님께 죄를 지어도 그 죄를 회개하면 그 죄도 용서하시고 또다시 의인으로 여기신다.

064 — 내가 너를 지명하여 불렀나니

- **디모데전서 2:4** 하나님은 모든 사람이 구원을 받으며 진리를 아는 데에 이르기를 원하시느니라.
- **이사야 43:1** 이스라엘아, 너를 지으신 이가 말씀하시느니라. 너는 두려워하지 말라. 내가 너를 구속(救贖)하였고 내가 너를 지명하여 불렀나니, 너는 내 것이라.
- **신명기 14:2** 너는 네 하나님 여호와의 성민(聖民)이라. 여호와께서 지상 만민 중에서 너를 택하여 자기 기업의 백성으로 삼으셨느니라.
- **로마서 1:6** 너희도 그들 중에서 예수 그리스도의 것으로 부르심을 받은 자니라.
- **고린도전서 1:24** 오직 부르심을 받은 자들에게는 유대인이나 헬라인이나 그리스도는 하나님의 능력이요 하나님의 지혜니라.
- **사도행전 2:21** 누구든지 주의 이름을 부르는 자는 구원을 받으리라.
- **요한복음 1:12-13** 영접하는 자 곧 그 이름을 믿는 자들에게는 하나님의 자녀가 되는 권세를 주셨으니, 이는 – 오직 하나님께로부터 난 자들이니라.
- **히브리서 9:14-15** 흠 없는 자기를 하나님께 드린 그리스도의 피가 어찌 너희 양심을 죽은 행실에서 깨끗하게 하고 살아 계신 하나님을 섬기게 하지 못하겠느냐. 이로 말미암아 – 부르심을 입은 자로 하여금 영원한 기업의 약속을 얻게 하려 하심이라.
- **고린도전서 1:28-29** 하나님께서 세상의 천한 것들과 멸시 받는 것들과 없는 것들을 택하사 있는 것들을 폐하려 하시나니, 이는 아무 육체도 하나님 앞에서 자랑하지 못하게 하려 하심이라.
- **고린도전서 7:23-24** 너희는 값으로 사신 것이니 사람들의 종이 되지 말라. 형제들아, 너희는 각각 부르심을 받은 그대로 하나님과 함께 거하라.
- **에베소서 4:1-3** 너희에게 권하노니 너희가 부르심을 받은 일에 합당하게 행하여 모든 겸손과 온유로 하고 오래 참음으로 사랑 가운데서 서로 용납하고 평안의 매는 줄로 성령이 하나 되게 하신 것을 힘써 지키라.

- **디모데전서 6:12** 믿음의 선한 싸움을 싸우라. 영생을 취하라. 이를 위하여 네가 부르심을 받았고
- **베드로후서 1:10-11** 그러므로 형제들아 더욱 힘써 너희 부르심과 택하심을 굳게 하라. - 이같이 하면 우리 주 곧 구주 예수 그리스도의 영원한 나라에 들어감을 넉넉히 너희에게 주시리라.
- **빌립보서 3:13-14** 나는 아직 내가 잡은 줄로 여기지 아니하고 오직 한 일 - 푯대를 향하여 그리스도 예수 안에서 하나님이 위에서 부르신 부름의 상을 위하여 달려가노라.

* 묵 상 *

1. 하나님은 사람과 함께 살면서 사랑과 은혜를 베푸시기 원하신다(민6:24-26). 사람이 하나님 말씀을 어기고 하나님을 떠난 뒤 죄의 장벽 때문에 하나님께 나아갈 수 없게 되자, 하나님께서 성자 하나님을 희생시켜 사람들의 죄를 대속하게 하셔서 사람들이 죄에서 벗어날 수 있는 길을 만드시고 죄인들을 구원의 길로 부르신다.

2. 예수님의 대속을 영접하고 죄를 회개하는 사람의 죄를 용서하시고 의롭다고 여기심은 죄인을 의인으로 재창조하여 하나님께 돌아올 수 있게 하시는 부르심이다(롬6:22).

3. 하나님의 구원을 받아들여 죄를 용서 받은 사람을 하나님 자녀로 삼으심은 하나님과 함께 살아가라는 부르심이고 하나님 나라를 기업으로 주시겠다는 약속이다(히9:15).

4. 하나님께서 의인으로 여기신 사람에게 성령을 주어 구원 영생의 길로 인도하게 하시는 것은, 영적 존재로 회복시켜 하나님과 교제하면서 살아가라는 부르심이고, 하나님의 뜻을 알고 항상 하나님 뜻에 따라 살아가라는 계명이다(롬12:2).

5. 하나님을 주님으로 섬기며 하나님의 뜻에 순종하는 사람에게 미리 주신 은사에 따라 직분을 맡기시는 것은 하나님의 뜻을 이루는 일꾼으로 부르심이다(벧전4:10).

6. 재림하신 예수님께서 하나님 나라에서 살아갈 만큼 성화된 성도들을 하늘 천국으로 들이시는 것은, 하늘 천국에서 하나님과 함께 영생하면서 완전한 행복을 누리게 하는 부르심이고, 구원을 완성시키는 최종 심판이고, 그 동안 부르심의 상급이다(계21:7).

7. 하나님의 부르심은 하나님께 지은 죄를 용서하시고 하나님과 함께 살아가게 하시는 은혜이고, 하나님의 자녀로 살아가게 하시는 특허이고, 하나님의 다스림 안에서 살아가라는 계명이고, 천국의 소망과 영생의 상급을 주는 복음이다(엡1:17-19).

065 힘써 하나님께 나아가자

- **이사야 30:18** 여호와께서 기다리시나니, 이는 너희에게 은혜를 베풀려 하심이요, 일어나시리니 이는 너희를 긍휼히 여기려 하심이라.
- **예레미야 29:13** 너희가 온 마음으로 나를 구하면, 나를 찾을 것이요 나를 만나리라.
- **골로새서 1:13** 그가 우리를 흑암의 권세에서 건져내사 그의 사랑의 아들의 나라로 옮기셨으니,
- **고린도후서 5:15** 그가 모든 사람을 대신하여 죽으심은 살아 있는 자들로 하여금 다시는 그들 자신을 위하여 살지 않고 그들을 대신하여 죽었다가 다시 살아나신 이를 위하여 살게 하려 함이라.
- **히브리서 10:19-20** 우리가 예수의 피를 힘입어 성소에 들어갈 담력을 얻었나니, 그 길은 우리를 위하여 휘장 가운데로 열어 놓으신 새로운 살 길이요,
- **히브리서 4:16** 그러므로 우리는 긍휼하심을 받고 때를 따라 돕는 은혜를 얻기 위하여 은혜의 보좌 앞에 담대히 나아갈 것이니라.
- **에베소서 3:12** 우리가 그 안에서 그를 믿음으로 말미암아 담대함과 확신을 가지고 하나님께 나아감을 얻느니라.
- **히브리서 11:6** 하나님께 나아가는 자는 반드시 그가 계신 것과 또한 그가 자기를 찾는 자들에게 상 주시는 이심을 믿어야 할지니라.
- **로마서 5:10-11** 우리가 원수 되었을 때에 그의 아들의 죽으심으로 말미암아 하나님과 화목하게 되었은즉 - 이제 우리로 화목하게 하신 우리 주 예수 그리스도로 말미암아 하나님 안에서 또한 즐거워하느니라.
- **고린도전서 6:19-20** 너희 몸은 너희가 하나님께로부터 받은 바 - 너희는 너희 자신의 것이 아니라 값으로 산 것이 되었으니, 그런즉 너희 몸으로 하나님께 영광을 돌리라
- **로마서 12:2** 너희는 이 세대를 본받지 말고 오직 마음을 새롭게 함으로 변화를 받아 하나님의 선하시고 기뻐하시고 온전하신 뜻이 무엇인지 분별하도록 하라.

- 요한복음 14:21 나의 계명을 지키는 자라야 나를 사랑하는 자니, 나를 사랑하는 자는 내 아버지께 사랑을 받을 것이요, 나도 그를 사랑하여 그에게 나를 나타내리라.
- 요한복음 4:23 아버지께 참되게 예배하는 자들은 영과 진리로 예배할 때가 오나니, 곧 이 때라. 아버지께서는 자기에게 이렇게 예배하는 자들을 찾으시느니라.
- 여호수아 24:14 그러므로 이제는 여호와를 경외하며 온전함과 진실함으로 그를 섬기라.
- 요한복음 14:27 나의 평안을 너희에게 주노라. 내가 너희에게 주는 것은 세상이 주는 것과 같지 아니하니라. 너희는 마음에 근심하지도 말고 두려워하지도 말라.
- 시편 91:14 하나님이 이르시되, 그가 나를 사랑한즉 내가 그를 건지리라. 그가 내 이름을 안즉 내가 그를 높이리라.

* 묵 상 *

1. 하나님은 사람이 하나님의 다스림(사랑과 은혜)을 받으며 행복하게 살기를 원하신다(딤전 2:4). 하나님은 나를 떠나신 적이 없고 항상 내 곁에 계신다(계3:20). 내가 하나님께 돌아가기만 하면 하나님 앞에서 행복하게 살아갈 수 있다.

2. 하나님의 구원을 받아들여 죄를 사함 받은 성도는 성령의 인도를 받아 하나님께 나아가 찬송하고 경배하고 하나님의 뜻에 따라 살아간다. 그것이 하나님 앞에서 살아가는 coram Deo 신앙 생활이고 하나님을 사랑하는 것이다.

3. 하나님을 찬송하는 것은 하나님이 나를 창조하시고 다스리시는 창조주이시고, 나에게 생명을 주시고 생존에 필요한 모든 것을 은혜로 주시는 생명의 주님이시고, 나를 죄악에서 구원하여 하나님 앞으로 인도하신 주님이라고 고백하고 기리는 것이다.

4. 하나님을 경배하는 것은 그러한 하나님을 나의 생명과 인생의 주님으로 섬기며 하나님의 백성이 되어 주님의 뜻에 순종하며 살아가는 것이다(롬12:1).

5. 하나님은 천지에 충만하셔서 언제 어디서든 내가 찾으면 나를 만나주시고 도와 주시고 하나님의 백성으로 인도하시고 평강과 희락을 누리게 하신다(롬14:17).

6. 거룩하신 하나님 앞에 나아가려면 먼저 하나님께 지은 죄를 모두 회개하여 죄 사함을 받아야 한다. 사람에게 지은 죄가 있어도 먼저 해소하여야 한다(마5:23-24). 그리고 하나님을 경외하는 마음, 온전히 순종하는 마음, 진실한 마음을 드려야 한다.

066 　　　　　　　　　　 하나님을 알게 하신다

- 전도서 3:11 하나님께서 – 사람들에게는 영원을 사모하는 마음을 주셨느니라. 그러나 하나님이 하시는 일의 시종을 사람으로 측량할 수 없게 하셨도다.

- 출애굽기 3:14-15 하나님이 모세에게 이르시되, 나는 스스로 있는 자이니라 – 너희 조상의 하나님 여호와 – 이는 나의 영원한 이름이요 대대로 기억할 나의 칭호니라.

- 민수기 15:41 나는 너희의 하나님이 되려고 너희를 애굽 땅에서 인도해 내었느니라. 나는 여호와 너희의 하나님이라.

- 신명기 29:5-6 주께서 사십 년 동안 너희를 광야에서 인도하게 하셨거니와 – 주는 너희의 하나님 여호와이신 줄을 알게 하려 하심이라.

- 신명기 7:6,9 너는 여호와 네 하나님의 성민이라. 네 하나님 여호와께서 지상 만민 중에서 너를 자기 기업의 백성으로 택하셨나니, 그런즉 너는 알라. 오직 네 하나님 여호와는 하나님이시요 신실하신 하나님이시라. 그를 사랑하고 그의 계명을 지키는 자에게는 천 대까지 그의 언약을 이행하시며 인애를 베푸시되,

- 신명기 6:24-25 여호와께서 우리에게 이 모든 규례를 지키라 명령하셨으니, 이는 우리가 우리 하나님 여호와를 경외하여 항상 복을 누리게 하기 위하심이며 – 이 모든 명령을 우리 하나님 여호와 앞에서 삼가 지키면 그것이 곧 우리의 의로움이니라

- 요한복음 1:18 본래 하나님을 본 사람이 없으되 아버지 품속에 있는 독생하신 하나님이 드러내셨느니라.

- 요한복음 6:40 내 아버지의 뜻은 아들을 보고 믿는 자마다 다 영생을 얻는 이것이니, 마지막 날에 내가 이를 다시 살리리라.

- 요한복음 14:6 예수께서 이르시되, 내가 곧 길이요 진리요 생명이니 나로 말미암지 않고는 아버지께로 올 자가 없느니라.

- 요한복음 20:31 오직 이것을 기록함은 너희로 예수께서 하나님의 아들 그리스도이심을 믿게 하려 함이요 또 너희로 믿고 그 이름을 힘입어 생명을 얻게 하려 함이니라.

- **고린도전서 2:9-10** 하나님이 자기를 사랑하는 자들을 위하여 예비하신 모든 것은 눈으로 보지 못하고 귀로 듣지 못하고 사람의 마음으로 생각하지도 못하였다 함과 같으니라. 오직 하나님이 성령으로 이것을 우리에게 보이셨으니, 성령은 모든 것 곧 하나님의 깊은 것까지도 통달하시느니라.
- **예레미야 9:24** 자랑하는 자는 이것으로 자랑할지니, 곧 명철하여 나를 아는 것과 나 여호와는 사랑과 정의와 공의를 땅에 행하는 자인 줄 깨닫는 것이라.

* 묵 상 *

1. 하나님은 차원이 높으신 신령이시므로(사55:9), 사람의 능력으로는 하나님을 볼 수 없고 알 수 없다. 그래서 하나님을 사람에게 계시하시기 위하여, 하나님께서 사람을 위하여 하신 일을 성경에 기록하게 하셨고 성령을 보내어 가르치신다(고전2:10).

2. 하나님은 천지만물을 창조하시면서 각각 독특한 모습과 성능과 생존 질서를 주셔서 하나님의 창조 능력과 신성을 드러내게 하신다(롬1:20). 그렇게 창조된 아름다운 세상에서 사람이 살면서 천지만물과 함께 창조주 하나님을 찬양하게 하셨다.

3. 그런데 사람이 하나님의 명령을 어기는 죄를 짓고 하나님의 다스림을 이탈하여 죽게 되자(엡4:18). 하나님께서 죄인 구원 계획을 구상하시고 예고하셨다(창3:15).

4. 하나님께서 아들이 없는 아브람에게 후손 민족을 약속하시고, 야곱의 가족들을 애굽의 비옥한 땅으로 이주시켜 430년간 거주하게 하시고 이스라엘 민족을 이루셨다.

5. 하나님께서 모세에게 자기 이름을 알려주시고 이스라엘 민족을 이끌게 하시고, 열 가지 이적과 권능을 보이셔서 이스라엘 민족에게 살아계신 여호와 하나님을 알게 하시고 애굽의 우상들과 노예 생활에서 구원하여 하나님의 백성으로 삼으신다.

6. 하나님은 이스라엘 민족을 40년간 인간의 힘으로 살아가기 어려운 광야에 두시고, 날마다 하나님 은혜(만나, 물)를 체험하게 하시고, 불 기둥과 구름 기둥의 인도에 따라 가고 서게 하시며, 율법을 주어 하나님의 백성으로 살아가게 하셨다.

7. 하나님은 죄인을 구원하여 백성으로 삼으시는 계획을 세우시고 메시야를 예언하셨고 (사11:1-9), 하나님의 아들을 예수 그리스도로 보내셔서 실현하셨다(요3:16).

8. 예수님은 하나님의 죄인 구원 계획을 이루시는 그리스도로 오셔서 죄인 구원의 복음과 하나님 나라를 선포하시고 십자가에서 죽으심으로 사람들의 모든 죄를 대속하시고 부활하셔서 죄인 구원의 길을 만드셨고, 성령을 보내셔서 구원의 길로 인도하신다.

067 ── 성경 말씀 속에 계시는 하나님

- **요한복음 1:1,4** 태초에 말씀이 계시니라. 이 말씀이 하나님과 함께 계셨으니 곧 하나님이시니라. 그 안에 생명이 있었으니 이 생명은 사람들의 빛이라.
- **요한복음 1:18** 본래 하나님을 본 사람이 없으되 아버지 품속에 있는 독생하신 하나님이 드러내셨느니라.
- **요한복음 14:10** 내가 너희에게 이르는 말은 스스로 하는 것이 아니라 아버지께서 내 안에 계셔서 그의 일을 하시는 것이라.
- **요한복음 6:63** 살리는 것은 영이니 – 내가 너희에게 이른 말은 영이요 생명이라.
- **요한복음 17:17** 그들을 진리로 거룩하게 하옵소서. 아버지의 말씀은 진리니이다.
- **누가복음 1:37** 대저 하나님의 모든 말씀은 능하지 못하심이 없느니라.
- **히브리서 4:12** 하나님의 말씀은 살아있고 활력이 있어 좌우에 날선 어떤 검보다도 예리하여 혼과 영과 및 관절과 골수를 찔러 쪼개기까지 하며 또 마음의 생각과 뜻을 판단하나니,
- **이사야 55:11** 내 입에서 나가는 말도 이와 같이 헛되이 내게로 되돌아오지 아니하고 나의 기뻐하는 뜻을 이루며 내가 보낸 일에 형통함이니라.
- **누가복음 11:28** 하나님의 말씀을 듣고 지키는 자가 복이 있느니라
- **요한복음 20:31** 오직 이것을 기록함은 너희로 예수께서 하나님의 아들 그리스도이심을 믿게 하려 함이요 또 너희로 믿고 그 이름을 힘입어 생명을 얻게 하려 함이니라.
- **디모데후서 3:15** 성경은 능히 너로 하여금 그리스도 예수 안에 있는 믿음으로 말미암아 구원에 이르는 지혜가 있게 하느니라.
- **디모데후서 3:16-17** 모든 성경은 하나님의 감동으로 된 것으로 교훈과 책망과 바르게 함과 의로 교육하기에 유익하니, 이는 하나님의 사람으로 온전하게 하며 모든 선한 일을 행할 능력을 갖추게 하려 함이라.

- **시편 19:7-8** 여호와의 율법은 완전하여 영혼을 소성시키며, 여호와의 증거는 확실하여 우둔한 자를 지혜롭게 하며, 여호와의 교훈은 정직하여 마음을 기쁘게 하고, 여호와의 계명은 순결하여 눈을 밝게 하시도다.
- **데살로니가전서 2:13** 하나님의 말씀을 받을 때에 사람의 말로 듣지 아니하고 하나님의 말씀으로 받음이니 - 이 말씀이 또한 너희 믿는 자 가운데서 역사(役事)하느니라.
- **사도행전 19:20** 이와 같이 주의 말씀이 힘이 있어 흥왕하여 세력을 얻으니라.

* 묵 상 *

1. 성경은 창조주 하나님께서 아름다운 세상과 사람을 창조하시고 죄인을 구원하여 의인으로 재창조하셔서 성령님의 인도로 하나님의 백성으로 살아가게 하신다는 지극한 사랑의 드라마를 담고 있다.

2. 성경은 하나님께서 사람을 백성으로 삼아 사랑하기 위하여 태초부터 지금까지 하신 일과 앞으로 하실 일을 기록하여, 여호와가 살아계신 유일신 하나님이심을 밝히고, 하나님의 말씀과 일하심을 통하여 하나님의 성품과 사랑과 뜻과 능력을 보여준다.

3. 하나님의 말씀에는 하나님의 생명과 영과 뜻과 능력이 담겨 있으므로, 그 말씀으로 천지 만물을 창조하셨고(창1장), 말씀으로 우주 만물을 붙드시며(히1:3), 말씀으로 하나님의 기쁘신 뜻을 이루신다(사55:11).

4. 성경은 하나님께서 드러내신 것을 성령의 감동에 따라 기록된 것이다. 40여명의 사람이 시대와 장소를 달리하여 기록한 것인데도 내용의 통일성을 가진다. 하나님과 하나님의 사랑·은혜·구원을 알게 하고 영원히 변하지 않고 그대로 실현되는 진리이다.

5. 성경 안에는 하나님의 온갖 사랑과 은혜, 죄인이 죄를 벗고 하나님의 자녀로 살아가는 길, 생명 구원과 영생의 길, 하나님의 다스림을 받으면서 영적 세계의 신령한 복을 누리는 법이 담겨 있다. 성경은 사람이 복되게 살아가는 인생법(人生法)이다.

6. 성경의 내용은 영적인 것이어서 성령의 인도를 받아야 제대로 알 수 있다. 육에 속한 사람은 성령의 인도를 받지 못하므로 성경을 읽어도 하나님의 영적인 일들을 온전히 알지 못한다(고전2:14).

7. 성경은 살아계신 하나님에 관한 말씀이고 하나님의 영이 들어있어서 그것을 읽거나 듣는 사람의 처지에 맞는 진리를 가르쳐 주신다. 그래서 같은 말씀이 여러 관점의 설교를 낳고 동일한 말씀 설교가 듣는 사람들에게 각자 필요한 깨우침을 준다.

068 하나님 말씀을 읽고 듣고 묵상하자

- **마태복음 4:4** 사람이 떡으로만 살 것이 아니요 하나님의 입으로부터 나오는 모든 말씀으로 살 것이라
- **요한복음 6:63** 내가 너희에게 이른 말은 영이요 생명이라.
- **요한복음 17:17** 그들을 진리로 거룩하게 하옵소서. 아버지의 말씀은 진리니이다.
- **시편 19:7-8** 여호와의 율법은 완전하여 영혼을 소성시키며, 여호와의 증거는 확실하여 우둔한 자를 지혜롭게 하며, 여호와의 교훈은 정직하여 마음을 기쁘게 하고, 여호와의 계명은 순결하여 눈을 밝게 하시도다.
- **요한복음 20:31** 오직 이것을 기록함은 너희로 예수께서 하나님의 아들 그리스도이심을 믿게 하려 함이요 또 너희로 믿고 그 이름을 힘입어 생명을 얻게 하려 함이니라.
- **베드로전서 1:23** 너희가 거듭난 것은 썩어질 씨로 된 것이 아니요 썩지 아니할 씨로 된 것이니, 살아 있고 항상 있는 하나님의 말씀으로 된 것이니라.
- **로마서 10:17** 믿음은 들음에서 나며 들음은 그리스도의 말씀으로 말미암았느니라
- **누가복음 11:28** 하나님의 말씀을 듣고 지키는 자가 복이 있느니라
- **디모데후서 3:15-17** 성경은 능히 너로 하여금 그리스도 예수 안에 있는 믿음으로 말미암아 구원에 이르는 지혜가 있게 하느니라. 모든 성경은 하나님의 감동으로 된 것으로 교훈과 책망과 바르게 함과 의로 교육하기에 유익하니, 이는 하나님의 사람으로 온전하게 하며 모든 선한 일을 행할 능력을 갖추게 하려 함이라.
- **베드로전서 2:2** 갓난 아기들 같이 순전하고 신령한 젖을 사모하라. 이는 그로 말미암아 너희로 구원에 이르도록 자라게 하려 함이라.
- **히브리서 4:12** 하나님의 말씀은 살아있고 활력이 있어 – 혼과 영과 및 관절과 골수를 찔러 쪼개기까지 하며 또 마음의 생각과 뜻을 판단하나니
- **여호수아 1:8** 율법책을 네 입에서 떠나지 말게 하며 주야로 그것을 묵상하여 그 안에 기록된 대로 다 지켜 행하라. 그리하면 네 길이 평탄하게 될 것이며 네가 형통하리라.

- **야고보서 1:21** 너의 영혼을 능히 구원할 바 마음에 심어진 말씀을 온유함으로 받으라.
- **골로새서 3:16-17** 그리스도의 말씀이 너희 속에 풍성히 거하여, 모든 지혜로 피차 가르치며 권면하고 - 또 무엇을 하든지 말에나 일에나 다 주 예수의 이름으로 하고 그를 힘입어 하나님 아버지께 감사하라.
- **요한계시록 1:3** 이 예언의 말씀을 읽는 자와 듣는 자와 그 가운데에 기록한 것을 지키는 자는 복이 있나니, 때가 가까움이라.

* 묵 상 *

1. 성경은 창조주 하나님께서 사람을 한없이 사랑하셔서, 죄인 구원 법칙을 세우시고, 독생자를 예수 그리스도로 보내 모든 사람이 죄와 사망에서 구원받을 수 있는 길을 만드시고, 죄에서 벗어난 성도에게 성령을 보내 하나님의 자녀로 살아갈 수 있게 하시고, 예수 그리스도를 다시 보내 구원을 완성하신다는 복음을 계시한다.

2. 성도는 성경 말씀을 읽고 듣고 묵상하여 하나님의 생명력을 흡수하여 구원의 믿음과 소망을 키우고 구원의 길로 나아간다(요17:14-17). 말씀 묵상과 기도가 성령의 인도와 신앙생활의 에너지를 받아들여 세상 속에서 거룩하게 살아가게 한다.

3. 성경 말씀은 신령이신 하나님의 영적 세계가 영적으로 기록된 것이므로 성경 말씀을 묵상할 때에 성령님의 도움을 구해야 깨우침을 받을 수 있다(고전2:9-10).

4. 말씀을 묵상할 때에 성령님께서 특별히 깨닫게 하시는 내용은 구체적으로 삶에 적용하라고 주시는 개인 지도의 음성(Rhema)이다. 그 가르침에 순종하면 하나님과 친밀하게 교제하며 하나님 뜻에 따라 살아갈 수 있다.

5. 말씀 묵상을 통하여 하나님께서 나에게 주시는 음성을 들으려면, 하나님께서 나를 다스리시는 주인이심을 인정하고 죄를 회개하고 순종하겠다는 마음으로 나에게 주시는 주님의 뜻과 인도하심을 간구한다.

6. 하나님의 말씀은 완전하고 다 이루어진다(마5:18). 일점 일획이라도 소홀히 하면, 아담과 하와처럼 타락하거나(창3:3) 나답과 아비후처럼 진노를 받을 수 있다(레10:1-2).

7. 성경 말씀을 사람의 수준에서 해석하면 거기에 담긴 하나님 뜻을 벗어나거나 왜곡시킬 위험이 있다(벧후1:20-21). 묵상한 내용이 하나님 성품과 성경의 진리에 맞지 않으면 나의 욕심이나 생각이 끼어든 것으로 보고 회개하고 다시 간구해야 한다(잠30:6).

069   하나님의 성도로 지으신다

- **고린도후서 5:17** 누구든지 그리스도 안에 있으면 새로운 피조물이라. 이전 것은 지나갔으니, 보라, 새 것이 되었도다.
- **디도서 3:5** 우리를 구원하시되 우리가 행한 바 의로운 행위로 말미암지 아니하고 오직 그의 긍휼하심을 따라 중생의 씻음과 성령의 새롭게 하심으로 하셨나니,
- **로마서 6:22** 이제는 너희가 죄로부터 해방되고 하나님께 종이 되어 거룩함에 이르는 열매를 맺었으니 그 마지막은 영생이라.
- **요한복음 16:13** 진리의 성령이 오시면 그가 너희를 모든 진리 가운데로 인도하시리니,
- **에베소서 3:16** 그의 성령으로 말미암아 너희 속사람을 능력으로 강건하게 하시오며,
- **에베소서 4:13,15** 우리가 다 하나님의 아들을 믿는 것과 아는 일에 하나가 되어 온전한 사람을 이루어 그리스도의 장성한 분량이 충만한 데까지 이르리니, 오직 사랑 안에서 참된 것을 하여 범사에 그에게까지 자랄지라. 그는 머리니 곧 그리스도라.
- **디모데후서 3:15-17** 성경은 능히 너로 하여금 그리스도 예수 안에 있는 믿음으로 말미암아 구원에 이르는 지혜가 있게 하느니라. 모든 성경은 하나님의 감동으로 된 것으로 교훈과 책망과 바르게 함과 의로 교육하기에 유익하니, 이는 하나님의 사람으로 온전하게 하며 모든 선한 일을 행할 능력을 갖추게 하려 함이라.
- **에베소서 2:22** 너희도 성령 안에서 하나님이 거하실 처소가 되기 위하여 그리스도 예수 안에서 함께 지어져 가느니라 .
- **로마서 12:2** 너희는 이 세대를 본받지 말고 오직 마음을 새롭게 함으로 변화를 받아 하나님의 선하시고 기뻐하시고 온전하신 뜻이 무엇인지 분별하도록 하라.
- **에베소서 4:22-24** 너희는 – 옛사람을 벗어 버리고, 오직 너희의 심령이 새롭게 되어, 하나님을 따라 의와 진리의 거룩함으로 지으심을 받은 새 사람을 입으라.
- **갈라디아서 5:24** 그리스도 예수의 사람들은 육체와 함께 그 정욕과 탐심을 십자가에 못 박았느니라.

- **요한일서 2:15** 이 세상이나 세상에 있는 것들을 사랑하지 말라. 누구든지 세상을 사랑하면 아버지의 사랑이 그 안에 있지 아니하니,
- **야고보서 1:27** 하나님 아버지 앞에서 정결하고 더러움이 없는 경건은 - 자기를 지켜 세속에 물들지 아니하는 그것이니라.

* 묵 상 *

1. 하나님은 사람을 하나님의 형상대로 지으셔서 하나님과 교제하며 살아가게 하셨다. 사람이 하나님과 함께 살면서 영화와 존귀를 누리는 것이 창조주 하나님의 뜻이다(시 8:5). 사람이 하나님 명령을 어기고 하나님을 떠나자 하나님의 아들을 희생시켜 사람들의 죄를 대속하시고 성령을 주셔서 하나님 뜻에 따라 살아가게 인도하신다.

2. 내가 하나님의 구원을 받아들여 예수 그리스도를 나의 구주로 영접하고 내 죄를 회개하여 용서받고 성령을 받으면, 성령님께서 영원히 내주하시는 성전이 되고(고전3:16), 죄로 죽었던 내 영이 살아나서(엡2:5) 말씀 묵상과 기도로 하나님과 교제하며 하나님의 성도로 살아갈 수 있다.

3. 성도로 살아가는 것은 하나님을 떠났던 죄인이 예수님의 대속 은혜로 죄를 용서받고 하나님의 성도로 거듭나서 성령님의 인도로 하나님과 교제하며 하나님 뜻에 따라 살아가는 것이다. 성령님을 내 삶의 주님으로 섬기며 나의 뜻과 삶을 다스리시게 하여 내 이기심과 정욕을 절제하고, 인간 세상의 가치보다 하나님의 선하시고 온전하신 뜻을 따르고, 마귀의 지배를 거부하고 하나님의 다스림을 받는 것이다(딤후2:26).

4. 내가 성령님을 인생의 주님으로 섬기며 그 인도를 구하고 순종하면, 성령님께서 하나님의 다스림과 은혜를 깨닫게 하시고(고전2:10,12) 하나님을 사랑하게 하신다. 하나님의 말씀과 기도를 통하여 하나님과 교제하여 하나님 뜻을 구하고 따르도록 인도하신다(요14:21). 하나님의 아들로 변화시켜 하나님의 사랑과 은혜를 누리며 성령의 열매를 맺게 하시고(갈5:22-23), 하나님 나라를 상속받게 하신다(롬8:14,17). 세상의 가치와 마귀의 유혹에 매이지 않고 영원하고 완전한 하나님의 나라를 추구하게 하신다(요일2:15-17). 그래서 하나님의 성도로 성장해 간다(요일2:12-14).

5. 성도의 삶은 인간 세상에 속하지 않고 하나님의 뜻에 따르기 때문에 세상이 미워하고(요15:19) 육신의 정욕이 거스르고(갈5:17) 마귀가 필사적으로 대적하지만(벧전5:8), 모든 대적을 이기시는 하나님께서 이겨내게 하신다(롬8:37,고전15:57,요일4:4).

070 하나님을 주님으로 섬긴다

- **신명기 10:12-13** 네 하나님 여호와께서 네게 요구하시는 것이 무엇이냐, 곧 네 하나님 여호와를 경외하여 그의 모든 도를 행하고 그를 사랑하며 마음을 다하고 뜻을 다하여 네 하나님 여호와를 섬기고, 내가 오늘 네 행복을 위하여 네게 명하는 여호와의 명령과 규례를 지킬 것이 아니냐.

- **예레미야 10:10** 오직 여호와는 참 하나님이시요 살아계신 하나님이시요 영원한 왕이시라

- **사도행전 17:24-25,28** 하나님께서는 천지의 주재(主宰)시니 – 만민에게 생명과 호흡과 만물을 친히 주시는 이심이라. 우리가 그를 힘입어 살며 기동하며 존재하느니라.

- **시편 95:6-7** 우리가 굽혀 경배하며 우리를 지으신 여호와 앞에 무릎을 꿇자. 그는 우리의 하나님이시요 우리는 그가 기르시는 백성이며 그의 손이 돌보시는 양이기 때문이라.

- **갈라디아서 2:20** 내가 그리스도와 함께 십자가에 못박혔나니 그런즉 이제는 내가 사는 것이 아니요 오직 내 안에 그리스도께서 사시는 것이라.

- **고린도전서 3:23** 너희는 그리스도의 것이요, 그리스도는 하나님의 것이니라.

- **요한복음 20:28** 도마가 대답하여 이르되, 나의 주님이시요 나의 하나님이시니이다.

- **여호수아 24:14** 그러므로 이제는 여호와를 경외하며 온전함과 진실함으로 그를 섬기라.

- **로마서 12:2** 너희는 이 세대를 본받지 말고 오직 마음을 새롭게 함으로 변화를 받아 하나님의 선하시고 기뻐하시고 온전하신 뜻이 무엇인지 분별하도록 하라.

- **빌립보서 1:20-21** 온전히 담대하여 살든지 죽든지 내 몸에 그리스도가 존귀하게 되게 하려 하나니, 이는 내게 사는 것이 그리스도니 죽는 것도 유익함이라.

- **요한복음 12:26** 사람이 나를 섬기려면 나를 따르라. 나 있는 곳에 나를 섬기는 자도 거기 있으리니, 사람이 나를 섬기면 내 아버지께서 그를 귀히 여기시리라.

- **마태복음 7:21** 나더러 주여 주여 하는 자마다 다 천국에 들어갈 것이 아니요 다만

하늘에 계신 내 아버지의 뜻대로 행하는 자라야 들어가리라.
- 잠언 3:5-6 너는 마음을 다하여 여호와를 신뢰하고 네 명철을 의지하지 말라. 너는 범사에 그를 인정하라. 그리하면 네 길을 지도하시리라.
- 다니엘 6:16 네가 항상 섬기는 너의 하나님이 너를 구원하시리라
- 야고보서 4:10 주 앞에서 낮추라. 그리하면 주께서 너희를 높이시리라.

* 묵 상 *

1. 하나님은 나를 창조하시고 다스리시고 생사화복을 주관하시는 주인이시고, 나를 죄와 사망에서 구원하여 하나님의 백성으로 살아가도록 이끌어주시는 구주이시고 선도자이시다. 하나님은 처음부터 끝까지 완벽하게 나의 주님이시다.

2. 하나님을 주님으로 섬기는 것은 하나님을 내 생명과 인생의 주님으로 섬기며 주님의 다스림을 받으며 주님의 뜻에 따라 살아가는 것이다, 성령님의 인도를 구하여 말씀과 기도로 하나님과 교제하여 하나님의 뜻을 구하고 순종한다. 나의 뜻을 주님의 뜻에 맞추고, 나의 필요보다 하나님의 영광과 나라를 먼저 구한다(마6:9-10).

3. 하나님을 주님으로 섬기는 것은 피조물 사람이 창조주 하나님의 자녀로 되어 하나님과 함께 살아가며 하나님 형상에 맞는 존귀한 인생을 살아가는 길이다(시8:5). 그것이 하나님께서 나를 창조하시고 구원하시는 뜻이고(살전5:10), 하나님을 찬양하는 것이고(사43:21), 피조물의 본분에 맞는 올바른 삶이다(전12:13).

4. 하나님께 지은 죄가 있으면 하나님과 분리되어 주님으로 섬기지 못한다(사59:2). 예수님의 보혈로 죄를 씻고 용서받아 의롭다고 여겨져야 하나님과 화목하게 되어 하나님을 주님으로 섬길 수 있고(히9:14), 하나님께 예배와 기도를 드릴 수 있다(요9:31).

5. 하나님은 스스로 영원히 존재하시는 유일신이시므로, 유일한 주님으로 경외해야 한다(출20:3). 하나님을 사람이 만든 신이나 하나님의 피조물과 견주거나 다른 것을 하나님보다 더 사랑하는 것은 하나님을 온전히 주님으로 섬기지 않는 죄이다.

6. 사람의 능력으로는 하나님의 뜻과 섭리를 온전히 알 수 없으므로 성령님의 도움을 구하여 깨우쳐 주시는 그대로 믿고 순종하여야 한다. 하나님의 뜻을 내 마음대로 해석하면 징벌을 받을 수 있다(레10:1-2,잠30:6).

7. 내가 하나님을 주님으로 섬기면, 하나님께서 하나님의 백성으로 삼아 차원 높은 행복을 누리게 하신다(롬14:17). 그러나 내 뜻을 하나님 뜻보다 앞세우면, 내가 죄를 회개하고 하나님을 주님으로 경외할 때까지 나를 죄악 속에 내버려 두신다(롬1:28).

071 영과 진리로 예배드린다

- **요한복음 4:23-24** 아버지께 참되게 예배하는 자들은 영과 진리로 예배할 때가 오나니 곧 이 때라. 아버지께서는 자기에게 이렇게 예배하는 자들을 찾으시느니라. 하나님은 영이시니 예배하는 자가 영과 진리로 예배할지니라.

- **요한복음 14:6** 예수께서 이르시되, 내가 곧 길이요 진리요 생명이니, 나로 말미암지 않고는 아버지께로 올 자가 없느니라.

- **히브리서 10:19-20** 우리가 예수의 피를 힘입어 성소에 들어갈 담력을 얻었나니, 그 길은 우리를 위하여 휘장 가운데로 열어 놓으신 새로운 살길이요, 휘장은 곧 그의 육체라

- **히브리서 4:16** 우리는 긍휼하심을 받고 때를 따라 돕는 은혜를 얻기 위하여 은혜의 보좌 앞에 담대히 나아갈 것이니라.

- **요한복음 1:17** 율법은 모세로 말미암아 주어진 것이요, 은혜와 진리는 예수 그리스도로 말미암아 온 것이라.

- **요한복음 17:17** 그들을 진리로 거룩하게 하옵소서. 아버지의 말씀은 진리니이다.

- **요한복음 14:26** 보혜사 곧 아버지께서 내 이름으로 보내실 성령 그가 너희에게 모든 것을 가르치고 내가 너희에게 말한 모든 것을 생각나게 하리라.

- **고린도전서 2:10** 하나님이 성령으로 이것을 우리에게 보이셨으니, 성령은 모든 것 곧 하나님의 깊은 것까지도 통달하시느니라.

- **요한복음 16:13** 진리의 성령이 오시면 그가 너희를 모든 진리 가운데로 인도하시리니

- **요한복음 8:32** 진리를 알지니 진리가 너희를 자유롭게 하리라.

- **역대하 16:9** 여호와의 눈은 온 땅을 두루 감찰하사 전심으로 자기에게 향하는 자들을 위하여 능력을 베푸시나니,

- **로마서 12:1** 너희 몸을 하나님이 기뻐하시는 거룩한 산 제물로 드리라. 이는 너희가 드릴 영적 예배니라.

- **역대상 28:9** 솔로몬아, 너는 네 아버지의 하나님을 알고 온전한 마음과 기쁜 뜻으로 섬길지어다. 여호와께서는 모든 마음을 감찰하사 모든 의도를 아시나니,
- **여호수아 24:14** 이제는 여호와를 경외하며 온전함과 진실함으로 그를 섬기라.
- **야고보서 4:10** 주 앞에서 낮추라. 그리하면 주께서 너희를 높이시리라.
- **야고보서 4:8** 하나님을 가까이하라. 그리하면 너희를 가까이하시리라. 죄인들아 손을 깨끗이 하라. 두 마음을 품은 자들아 마음을 성결하게 하라.
- **시편 16:11** 주께서 생명의 길을 내게 보이시리니, 주의 앞에는 충만한 기쁨이 있고 주의 오른쪽에는 영원한 즐거움이 있나이다.

* 묵 상 *

1. 예배는 성도가 그리스도(하나님께 나아가는 유일한 길과 진리) 안에서 성령님 인도로 하나님께 마음과 몸을 온전히 드리고 하나님을 주님으로 섬기면서 그 뜻에 따라 살아가는 것이다.

2. 예배는 하나님을 주님(창조주, 구원자, 천국 인도자)으로 인정하고 찬양하고 감사하고 사랑하고 뜻을 섬겨 영화롭게 하는 것이다. 나를 낮추고 하나님을 높이는 것이다. 그런 예배자를 하나님께서 찾으시고 기뻐하시고 축복하신다(출20:6).

3. 하나님께 죄를 짓고 용서받지 못한 사람은 하나님 앞에 나아가지 못하고 멀리서 예배를 드려도 죄의 장벽에 막힌다(사59:2). 예수 그리스도의 피로 죄를 사함 받아 의인으로 여겨진 성도만 거룩하신 하나님께 예배드릴 수 있으므로, 하나님께 지은 죄가 있으면 예배드리기 전에 죄를 회개하여 성결해져야 한다.

4. 하나님은 영이시므로 성도가 성령을 받아 영적 존재로 회복되어야 성령의 인도를 받아 하나님께 나아가 예배와 기도를 드리고 교제하여 하나님 뜻을 깨달을 수 있다.

5. 하나님은 살아계시고 유일한 주님이시고 영광과 존귀와 권능을 받으시기 합당하신 분이시므로(계4:11), 성도가 하나님께 예배드릴 때에는 하나님을 진실하고 온전히 경외하는 마음을 드려야 한다. 하나님께 예배·찬양·기도·헌금을 드리거나 봉사·헌신을 하더라도 하나님께 온전한 마음을 드리지 않으면 그 예배나 헌신은 무익하다(말1:13).

6. 참된 예배는 하나님께서 기쁘게 받으시고 성령으로 인도하셔서 하나님의 아들로 살아가게 하시고(롬8:14-17) 온전히 거룩하게 하시고 주님 재림하실 때까지 흠 없게 보전되게 하시고(살전5:23) 하나님 나라에서 영생하게 허락하신다.

072 — 하나님을 사랑한다

- **마태복음 22:37-38** 네 마음을 다하고 목숨을 다하고 뜻을 다하여 주 너의 하나님을 사랑하라 하셨으니, 이것이 크고 첫째 되는 계명이요

- **요한일서 4:10-11** 하나님이 우리를 사랑하사 우리 죄를 속하기 위하여 화목 제물로 그 아들을 보내셨음이라. – 하나님이 이같이 우리를 사랑하셨은즉 우리도 서로 사랑하는 것이 마땅하도다.

- **예레미야 10:10** 오직 여호와는 참 하나님이시요 살아계신 하나님이시요 영원한 왕이시라

- **시편 95:6-7** 우리가 굽혀 경배하며 우리를 지으신 여호와 앞에 무릎을 꿇자. 그는 우리의 하나님이시요 우리는 그가 기르시는 백성이며 그의 손이 돌보시는 양이기 때문이라.

- **출애굽기 20:3** 너는 나 외에는 다른 신들을 네게 두지 말라.

- **히브리서 10:22** 참 마음과 온전한 믿음으로 하나님께 나아가자.

- **요한복음 12:26** 사람이 나를 섬기려면 나를 따르라. 나 있는 곳에 나를 섬기는 자도 거기 있으리니, 사람이 나를 섬기면 내 아버지께서 그를 귀히 여기시리라.

- **로마서 14:8** 우리가 살아도 주를 위하여 살고 죽어도 주를 위하여 죽나니, 그러므로 사나 죽으나 우리는 주의 것이로다.

- **야고보서 4:8** 하나님을 가까이하라, 그리하면 너희를 가까이하시리라. 죄인들아 손을 깨끗이 하라. 두 마음을 품은 자들아, 마음을 성결하게 하라.

- **마태복음 6:24,33** 너희가 하나님과 재물을 겸하여 섬기지 못하느니라. 그런즉 너희는 먼저 그의 나라와 그의 의를 구하라.

- **요한일서 5:3** 하나님을 사랑하는 것은 이것이니, 우리가 그의 계명들을 지키는 것이라.

- **시편 91:14** 하나님이 이르시되, 그가 나를 사랑한즉 내가 그를 건지리라. 그가 내 이름을 안즉 내가 그를 높이리라.

- 요한일서 4:21 우리가 이 계명을 주께 받았나니, 하나님을 사랑하는 자는 또한 그 형제를 사랑할지니라.

- 요한일서 2:15 이 세상이나 세상에 있는 것들을 사랑하지 말라. 누구든지 세상을 사랑하면 아버지의 사랑이 그 안에 있지 아니하니,

- 마태복음 10:37-38 아버지나 어머니를 나보다 더 사랑하는 자는 내게 합당하지 아니하고 아들이나 딸을 나보다 더 사랑하는 자도 내게 합당하지 아니하며, 또 자기 십자가를 지고 나를 따르지 않는 자도 내게 합당하지 아니하니라.

- 요한복음 21:15 네가 이 사람들보다 나를 더 사랑하느냐

* 묵 상 *

1. 하나님께서 온 세상과 사람을 창조하시고 다스리시며 사람을 죄악에서 구원하여 하나님과 함께 살아가게 하시며 영생을 약속하신다. 이러한 하나님의 섭리와 사랑과 구원을 깨닫고 받아들인 성도는 하나님을 유일한 주님으로 섬기며 경배하고 하나님의 뜻에 따라 살아간다. 이것이 하나님을 사랑하는 것이고 참된 신앙 생활이다.

2. 하나님을 사랑하는 성도는 하나님을 생명과 인생의 주님으로 섬기고(빌1:20), 마음과 뜻을 하나님의 마음과 뜻에 맞추고(빌2:3), 내게 유익하던 모든 것보다 하나님을 더 존귀하게 여기며(빌3:8), 하나님의 이름이 거룩하게 높여지고 하나님 나라가 임하고 하나님 뜻이 온 세상에 이루어지도록 기도한다(마6:9-10).

3. 하나님을 사랑하는 성도는 하나님을 더 깊이 알기 위하여 하나님의 말씀을 묵상하고 항상 기도하여 하나님의 섭리와 은혜를 깨닫고 하나님과 교제하여 하나님의 뜻을 구하고 모든 일에 하나님의 뜻을 따르며 하나님의 일꾼으로 쓰이기를 원한다.

4. 하나님을 사랑하는 것은 나의 목숨과 마음과 뜻과 능력을 모두 하나님께 드리고 하나님의 뜻대로 다스리시고 사용하시게 하는 것이다. 그래서 내 안에 하나님께서 사시고 하나님 나라가 이루어진다(갈2:20).

5. 하나님께서 나를 먼저 사랑하셨고 지극히 사랑하셨고 자녀로 사랑하시니, 나도 마음과 뜻을 다하여 하나님을 최고로 사랑하여야 한다. 나의 생각이나 욕심보다, 세상의 부귀 영화보다, 육신의 부모나 자녀보다, 하나님을 더 우선적으로 사랑하여야 한다.

6. 성도가 하나님을 사랑하면, 하나님께서 사랑하시는 모든 사람과 모든 피조물을 사랑하고(요일4:20), 하나님의 구원을 이루기 위하여 천하 만민에게 복음을 전파하고(막16:15), 하나님 일을 위하여 능욕을 받아도 기뻐한다(행5:41).

073 하나님 나라를 소망한다

- **베드로전서 1:3-4,13** 예수 그리스도를 죽은 자 가운데서 부활하게 하심으로 말미암아, 우리를 거듭나게 하사 산 소망이 있게 하시며 썩지 않고 더럽지 않고 쇠하지 아니하는 유업을 잇게 하시나니, 곧 너희를 위하여 하늘에 간직하신 것이라. 그러므로 너희 마음의 허리를 동이고 근신하여 예수 그리스도께서 나타나실 때에 너희에게 가져다 주실 은혜를 온전히 바랄지어다.

- **요한계시록 21:3-4** 하나님의 장막이 사람들과 함께 있으매 하나님이 그들과 함께 계시리니 그들은 하나님의 백성이 되고, 하나님은 친히 그들과 함께 계셔서 모든 눈물을 그 눈에서 닦아 주시니 다시는 사망이 없고 – 아픈 것이 다시 있지 아니하리니,

- **히브리서 10:19-20** 우리가 예수의 피를 힘입어 성소에 들어갈 담력을 얻었으니, 그 길은 우리를 위하여 휘장 가운데로 열어 놓으신 새로운 살 길이요

- **로마서 8:16-17** 성령이 친히 – 우리가 하나님의 자녀인 것을 증언하시나니, 자녀이면 또한 상속자 곧 하나님의 상속자요 그리스도와 함께 한 상속자니,

- **골로새서 3:1** 너희가 그리스도와 함께 다시 살리심을 받았으면 위의 것을 찾으라.

- **고린도전서 2:9-10** 기록된 바 하나님이 자기를 사랑하는 자들을 위하여 예비하신 모든 것은 눈으로 보지 못하고 귀로 듣지 못하고 사람의 마음으로 생각하지도 못하였다 함과 같으니라. 오직 하나님이 성령으로 이것을 우리에게 보이셨으니,

- **에베소서 1:17-19** 지혜와 계시의 영을 너희에게 주사 하나님을 알게 하시고, 너희 마음의 눈을 밝히사 그의 부르심의 소망이 무엇이며 – 우리에게 베푸신 능력의 지극히 크심이 어떠한 것을 너희로 알게 하시기를 구하노라.

- **시편 27:4** 내가 여호와께 바라는 한 가지 일 그것을 구하리니, 곧 내 평생에 여호와의 집에 살면서 여호와의 아름다움을 바라보며 그의 성전에서 사모하는 그것이라.

- **로마서 15:13** 소망의 하나님이 모든 기쁨과 평강을 믿음 안에서 너희에게 충만하게 하사 성령의 능력으로 소망이 넘치게 하시기를 원하노라.

- **히브리서 6:19** 우리가 이 소망을 가지고 있는 것은 영혼의 닻 같아서 튼튼하고 견고하여 휘장 안에 들어가나니,

- **요한일서 3:3** 주를 향하여 이 소망을 가진 자마다 그의 깨끗하심과 같이 자기를 깨끗하게 하느니라.
- **히브리서 12:2** 믿음의 주요 또 온전하게 하시는 이인 예수를 바라보자.

＊ 묵 상 ＊

1. 하나님은 이스라엘 민족을 자기 백성으로 선택하여 그들의 소망이 되셨고(시71:5), 메시야를 약속하여 공의와 평강의 왕을 소망하게 하셨고(사11:1-5), 구원의 복음을 선포하셔서 죄와 사망에서 벗어나 하나님의 백성으로 영생하는 소망을 주셨다.

2. 하나님의 나라는 하나님께서 사랑과 은혜로 다스리신다. 하나님의 다스리심 안에서 평화가 충만하고(사11:6-9) 완전한 행복을 영원히 누린다(계21:3-4). 하나님의 나라에서 사는 것은 최고·최선의 행복이고 모든 성도들의 소망이다.

3. 구원의 복음은 이스라엘과 이방의 모든 사람들에게 죄인 구원과 천국 백성의 소망을 주고, 그 소망의 에너지가 예수 그리스도를 나의 구주로 영접하게 하고 죄를 회개하여 죄와 사망에서 구원받게 하고 하나님의 성도로 살아가게 한다.

4. 구원을 시작하시고 완성하시는 예수 그리스도는 죄인들을 구원과 천국에 이르게 하는 유일한 소망이고(요14:6), 성도를 거룩하게 변화시켜 천국으로 이끌어 주는 능력이다.

5. 성도가 하나님 나라를 소망하는 것은 육신의 정욕을 제어하고 영적 존재의 삶을 추구하는 것이고, 인본주의 인간 세상에 매이지 않고 하나님의 섭리에 따르는 것이며, 하나님을 내 인생의 주님으로 섬기며 하나님의 뜻과 다스리심에 따라 살아가는 것이다.

6. 하나님의 다스림을 받는 백성으로 살아가는 것은 성도의 절대 소망이고 신앙 생활의 목적이다. 모든 것을 바쳐서 천국의 삶을 확보하고(마13:44), 하나님과 더 친밀해지기 위하여 말씀과 기도로 거룩하여지고(딤전4:5), 세상에서 핍박을 받더라도, 목숨을 걸더라도, 끝까지 하나님의 뜻을 준행하여 구원을 얻는다(마7:21).

7. 하나님은 하늘에 영원한 천국을 마련하시고, 사람이 천국에 들어가는 길(그리스도)과 천국 백성이 되는 방법(성령 인도)까지 주셨다. 내가 그리스도를 구주로 섬기고 성령님 인도에 순종하면 이 세상에서 하나님 백성으로 살면서 천국의 행복을 맛볼 수 있고 하늘 천국에 들어갈 수 있다. 천국 소망의 성취는 나의 결단과 실행에 달려 있다.

074 ─── 믿음, 소망, 사랑을 키운다

- **고린도전서 13:13** 믿음 소망 사랑 이 세 가지는 항상 있을 것인데, 그 중의 제일은 사랑이라.
- **요한복음 3:16** 하나님이 세상을 이처럼 사랑하사 독생자를 주셨으니, 이는 그를 믿는 자마다 멸망하지 않고 영생을 얻게 하려 하심이라.
- **골로새서 1:26-27** 이 비밀은 만세와 만대로부터 감추어졌던 것인데, 이제는 그의 성도들에게 나타났고 – 이 비밀은 너희 안에 계신 그리스도시니, 곧 영광의 소망이니라.
- **로마서 1:16-17** 이 복음은 모든 믿는 자에게 구원을 주시는 하나님의 능력이 됨이라. – 복음에는 하나님의 의가 나타나서 믿음으로 믿음에 이르게 하나니,
- **히브리서 11:1-2** 믿음은 바라는 것들의 실상이요 보이지 않는 것들의 증거니, 선진들이 이로써 증거를 얻었느니라.
- **로마서 10:17** 믿음은 들음에서 나며 들음은 그리스도의 말씀으로 말미암았느니라
- **베드로전서 1:3-4** 예수 그리스도를 죽은 자 가운데서 부활하게 하심으로 말미암아, 우리를 거듭나게 하사 산 소망이 있게 하시며 썩지 않고 더럽지 않고 쇠하지 아니하는 유업을 잇게 하시나니, 곧 너희를 위하여 하늘에 간직하신 것이라.
- **요한일서 3:3** 주를 향하여 이 소망을 가진 자마다 그의 깨끗하심과 같이 자기를 깨끗하게 하느니라.
- **베드로전서 1:21-22** 너희는 그를 죽은 자 가운데서 살리시고 영광을 주신 하나님을 그리스도로 말미암아 믿는 자니, 너희 믿음과 소망을 하나님께 있게 하셨느니라. 너희가 진리를 순종함으로 너희 영혼을 깨끗하게 하여 거짓이 없이 형제를 사랑하기에 이르렀으니 마음으로 뜨겁게 서로 사랑하라.
- **요한일서 4:21** 하나님을 사랑하는 자는 또한 그 형제를 사랑하느니라.
- **로마서 13:8** 남을 사랑하는 자는 율법을 다 이루었느니라.

- **히브리서 12:2** 믿음의 주요 또 온전하게 하시는 이인 예수를 바라보자. 그는 그 앞에 있는 기쁨을 위하여 십자가를 참으사 부끄러움을 개의치 아니하시더니 하나님 보좌 우편에 앉으셨느니라.
- **로마서 15:13** 소망의 하나님이 모든 기쁨과 평강을 믿음 안에서 너희에게 충만하게 하사 성령의 능력으로 소망이 넘치게 하시기를 원하노라.

✱ 묵 상 ✱

1. 구원의 복음은 죄인들에게 구원의 소망과 믿음을 주어 의인으로 거듭나게 하고, 하나님을 주님으로 섬기게 하고, 천국 백성을 소망하게 하고, 하나님 뜻에 따라 하나님을 사랑하고 이웃을 사랑하게 하여 거룩한 천국 백성이 되게 한다.

2. 복음의 생명력이 믿음·소망·사랑을 낳고 키우고, 소망이 믿음과 사랑을 키우고, 사랑이 믿음과 소망의 열매를 맺게 한다. 그것들이 합력하여 성화를 이루고 영화를 얻게 한다(롬8:28). 복음을 믿고 구원 영생을 소망하고 하나님의 사랑과 구원을 구현하는 것이 신앙의 생명력이다.

3. 죄인 구원의 복음을 들으면 나의 죄성(罪性)과 구원의 필요성을 깨닫고 하나님의 구원을 소망하게 한다. 그 믿음과 소망이 그리스도를 영접하여 죄 사함을 받고 성도로 거듭나 하나님의 뜻에 따라 살아가게 하여 구원을 받게 한다(벧전1:9).

4. 구원 영생의 소망은 하나님의 섭리 속에서 살게 하고, 구원의 주님이신 예수님을 나의 구주로 섬기고, 성령님을 내 안에 모시고 내 삶을 다스리게 하고, 성령님의 인도를 구하고 순종하여 하나님의 뜻을 따르는 백성으로 살아가게 한다.

5. 사랑은 내 마음과 이 세상에 하나님 나라를 이루고 천국의 행복을 맛보게 하고 하늘 천국으로 올려지게 하는 에너지이고, 가장 크고 소중한 은사이다(고전12:31). 세상에 사랑이 식어지면 종말이 온다(마24:12).

6. 사랑은 기독교 신앙의 생명이다. 천지만물을 주재하시는 하나님께서 사람을 죄악에서 구원하여 백성으로 사랑하시기 위하여 구원을 시작하시고 완성하신다. 그 사랑과 구원을 받아들여 하나님의 은혜를 누리고 널리 전파하는 것이 신앙생활이다.

7. 성도의 믿음·소망·사랑이 튼튼하면 그에게 하나님 나라가 임하고 하나님 아버지의 사랑과 은혜가 충만해져서 이웃에게 흘려보낸다. 구원 복음을 따르면 따를수록 하나님 나라가 확장되고 하나님의 사랑과 은혜가 더욱 커지고 깊어진다.

075 하나님 나라에 속한다

- **요한복음 3:5** 예수께서 대답하시되, 진실로 진실로 네게 이르노니, 사람이 물과 성령으로 나지 아니하면 하나님의 나라에 들어갈 수 없느니라.
- **골로새서 1:13** 그가 우리를 흑암의 권세에서 건져내사 그의 사랑의 아들의 나라로 옮기셨으니,
- **에베소서 1:3,5** 찬송하리로다. 하나님 곧 우리 주 예수 그리스도의 아버지께서 그리스도 안에서 하늘에 속한 모든 신령한 복을 우리에게 주시되 – 예수 그리스도로 말미암아 자기의 아들들이 되게 하셨으니
- **고린도전서 3:23** 너희는 그리스도의 것이요, 그리스도는 하나님의 것이니라.
- **요한복음 1:12-13** 영접하는 자 곧 그 이름을 믿는 자들에게는 하나님의 자녀가 되는 권세를 주셨으니, 이는 – 오직 하나님께로부터 난 자들이니라.
- **베드로전서 2:9-10** 너희는 택하신 족속이요 왕 같은 제사장들이요 거룩한 나라요 그의 소유가 된 백성이니 – 너희가 전에는 백성이 아니더니 이제는 하나님의 백성이요,
- **고린도전서 6:19-20** 너희 몸은 너희가 하나님께로부터 받은 바 – 너희는 너희 자신의 것이 아니라 값으로 산 것이 되었으니, 그런즉 너희 몸으로 하나님께 영광을 돌리라
- **요한복음 12:26** 사람이 나를 섬기려면 나를 따르라. 나 있는 곳에 나를 섬기는 자도 거기 있으리니, 사람이 나를 섬기면 내 아버지께서 그를 귀히 여기시리라.
- **여호수아 24:14** 그러므로 이제는 여호와를 경외하며 온전함과 진실함으로 그를 섬기라.
- **베드로전서 1:15** 너희를 부르신 거룩한 이처럼 너희도 모든 행실에 거룩한 자가 되라.
- **마태복음 6:33** 너희는 먼저 그의 나라와 그의 의를 구하라.
- **로마서 14:17-18** 하나님의 나라는 – 오직 성령 안에 있는 의와 평강과 희락이라. 이로써 그리스도를 섬기는 자는 하나님을 기쁘시게 하며 사람에게도 칭찬을 받느니라.
- **로마서 8:14** 무릇 하나님의 영으로 인도함을 받는 사람은 곧 하나님의 아들이라.

- **마태복음 7:21** 나더러 주여 주여 하는 자마다 다 천국에 들어갈 것이 아니요, 다만 하늘에 계신 내 아버지의 뜻대로 행하는 자라야 들어가리라.
- **요한일서 5:3** 하나님을 사랑하는 것은 이것이니, 우리가 그의 계명들을 지키는 것이라.
- **로마서 12:2** 너희는 이 세대를 본받지 말고 오직 마음을 새롭게 함으로 변화를 받아 하나님의 선하시고 기뻐하시고 온전하신 뜻이 무엇인지 분별하도록 하라.
- **요한일서 2:15,17** 이 세상이나 세상에 있는 것들을 사랑하지 말라. 누구든지 세상을 사랑하면 아버지의 사랑이 그 안에 있지 아니하니 - 이 세상도 그 정욕도 지나가되, 오직 하나님의 뜻을 행하는 자는 영원히 거하느니라.
- **야고보서 4:4** 세상과 벗이 되고자 하는 자는 스스로 하나님과 원수 되는 것이니라.

* 묵 상 *

1. 하나님께서 성자를 희생시켜 사람들의 죄를 대속하게 하시고 성도 안에 성령을 내주시켜 인도하게 하시는 것은 하나님의 백성으로 살아가게 하시려는 것이다(살전5:10).

2. 하나님 나라는 하나님께서 친히 다스리시는 영적 세계이므로, 예수님의 대속을 받아들여 죄를 사함 받고 성령을 받아 그 인도를 받아야 하나님 나라에 들어갈 수 있다.

3. 하나님 나라에 속하는 것은 하나님을 내 생명과 인생의 주님으로 섬기며 세속의 가치를 제치고 하나님의 다스림을 받으며 하나님 백성으로 살아가는 것이다. 성령님께서 내 생각과 삶을 다스리시게 하고 온전히 순종하여 하나님 뜻에 따라 살아가는 것이다.

4. 성도가 말씀 묵상과 기도로 하나님의 뜻을 구하고 그 뜻에 따라 살아가면, 하나님의 자녀로 되고 하나님 나라에 속하게 된다(롬8:14.17). 내 생각이나 세속의 가치와 다르더라도 성령님의 인도와 하나님의 뜻을 따르면 하나님 나라가 이루어져 의와 평강과 희락을 누리게 된다(롬14:17).

5. 하나님 뜻에 따르면 따를수록 하나님의 사랑과 은혜가 더욱 커지고 깊어진다. 성도는 하나님 나라에서 살아가는 것을 인간 세상의 부귀영화와 견줄 수 없는 최고·최선의 보배로 여기고, 세상의 영예를 포기하더라도 하나님 나라 백성으로 살기를 원한다.

6. 사람이 육신의 정욕이나 세상의 부귀영화를 추구하면 성령의 인도를 거스르고 하나님 나라에서 멀어지고(갈5:16-17, 요일2:15-17) 하나님의 진노를 불러오게 된다(골3:5-6). 하나님 나라에 속했던 성도가 고의로 하나님의 다스림을 이탈해도 같다(히10:26-27).

076 — 내가 거룩하니 너희도 거룩하라

- **레위기 19:2** 너희는 거룩하라. 이는 나 여호와 너희 하나님이 거룩함이니라.
- **신명기 7:6** 너는 여호와 네 하나님의 성민(聖民)이라. 네 하나님 여호와께서 지상 만민 중에서 너를 자기 기업의 백성으로 택하셨나니,
- **베드로전서 1:15** 너희를 부르신 거룩한 이처럼 너희도 모든 행실에 거룩한 자가 되라.
- **고린도전서 3:16-17** 너희는 너희가 하나님의 성전인 것과 하나님의 성령이 너희 안에 계시는 것을 알지 못하느냐 – 하나님의 성전은 거룩하니, 너희도 그러하니라.
- **로마서 8:13-14** 너희가 육신대로 살면 반드시 죽을 것이로되 영으로써 몸의 행실을 죽이면 살리니, 무릇 영으로 인도함을 받는 사람은 곧 하나님의 아들이라.
- **에베소서 4:22-24** 너희는 – 옛사람을 벗어 버리고, 오직 너희의 심령이 새롭게 되어, 하나님을 따라 의와 진리의 거룩함으로 지으심을 받은 새 사람을 입으라.
- **요한일서 3:3** 주를 향하여 이 소망을 가진 자마다 그의 깨끗하심과 같이 자기를 깨끗하게 하느니라.
- **디모데전서 4:5** 하나님의 말씀과 기도로 거룩하여짐이라.
- **레위기 20:8** 너희는 내 규례를 지켜 행하라. 나는 너희를 거룩하게 하는 여호와이니라.
- **로마서 6:12-13** 너희는 죄가 너희 죽을 몸을 지배하지 못하게 하여 몸의 사욕에 순종하지 말고, 또한 너희 지체를 불의의 무기로 죄에게 내주지 말고, 오직 너희 자신을 죽은 자 가운데서 다시 살아난 자 같이 하나님께 드리며,
- **로마서 12:1** 너희 몸을 하나님이 기뻐하시는 거룩한 산 제물로 드리라. 이는 너희가 드릴 영적 예배니라.
- **데살로니가전서 5:23** 평강의 하나님이 친히 너희를 온전히 거룩하게 하시고 또 너희의 온 영과 혼과 몸이 우리 주 예수 그리스도께서 강림하실 때에 흠 없게 보전되기를 원하노라.

- **야고보서 1:27** 하나님 아버지 앞에서 정결하고 더러움이 없는 경건은 – 자기를 지켜 세속에 물들지 아니하는 그것이니라.
- **야고보서 4:8** 하나님을 가까이 하라. 그리하면 너희를 가까이 하시리라. 죄인들아 손을 깨끗이 하라. 두 마음을 품은 자들아 마음을 성결하게 하라.
- **디모데후서 2:21** 누구든지 이런 것에서 자기를 깨끗하게 하면, 귀히 쓰는 그릇이 되어 거룩하고 주인의 쓰심에 합당하며 모든 선한 일에 준비함이 되리라.
- **디모데전서 4:8** 경건은 범사에 유익하니 금생(今生)과 내생에 약속이 있느니라.

* 묵 상 *

1. 하나님은 거룩하시고 공의로우셔서 죄악을 미워하시고 죄인과 함께 하지 않으신다.

2. 오직 하나님만 거룩하신 분이고, 하나님의 이름도 거룩하고(출20:7), 하나님 아들 예수님도 거룩하신 분이다(눅1:35). 다른 존재는 모두 거룩하지 않지만 하나님께 속하면 세속과 구별되어 하나님의 거룩하심에 들어가 거룩하게 된다.

   (1) 하나님의 보좌(시47:8), (2) 하나님께서 임재하시는 땅·속죄소·성전(출3:5,레16:2,고전3:17), (3) 하나님께서 구별하신 안식일(출20:11)·희년(레25:12), (4) 하나님께 제사드리는 제사장(출29:44), 하나님께 드려진 나실인(민6:2), 하나님의 소유로 된 백성(레20:26), (5) 하나님께 드리는 제사에 쓰이는 것. (6) 하나님께서 구별하신 처음 난 것(출13:2)과 십일조(레27:30), (7) 하나님께 바쳐진 재물(말3:8)

3. 예수님께서 십자가에서 흘리신 피는 하나님의 피이므로 거룩하고, 죄인을 구원하시려는 하나님의 뜻을 이루기 위하여 바쳐졌으므로 거룩하고, 하나님께서 대속의 능력을 주신 피이므로 거룩하고, 죄인들의 죄를 씻고 의롭다 여김 받게 하시니 거룩하다.

4. 성도는 하나님의 부르심과 택하심을 받아 세속과 구별되어 성별되었지만(골3:12), 사람의 마음이 부패한 탓으로(렘17:9) 자력으로 거룩해질 수 없다. 오직 예수님의 거룩한 피로 죄를 씻어내고 하나님의 말씀과 기도로 하나님과 교제하며 하나님의 뜻을 따르면 하나님의 거룩하게 하시는 은혜로 거룩해질 수 있다(시51:10).

5. 성도는 하나님의 명령에 따라 거룩해져야 한다. 죄를 씻고 죄를 떠나고, 육신의 욕심과 세상의 가치를 벗어나서 하나님께 나아가 하나님께 속하고 그 거룩하심을 받아야 한다(고후6:17-18). 이를 위하여 하나님을 유일한 주님으로 섬기며, 말씀과 기도로 하나님 뜻을 구하고 따르며, 하나님의 다스림을 벗어나지 말아야 한다(히10:29).

077 ─── 하나님의 자녀로 삼으신다

- 요한복음 1:12-13 영접하는 자 곧 그 이름을 믿는 자들에게는 하나님의 자녀가 되는 권세를 주셨으니, 이는 혈통으로나 육정으로나 사람의 뜻으로 나지 아니하고 오직 하나님께로부터 난 자들이니라.

- 로마서 8:17 자녀이면 또한 상속자 곧 하나님의 상속자요 그리스도와 함께 한 상속자니, 우리가 그와 함께 영광을 받기 위하여 고난도 함께 받아야 할 것이니라.

- 에베소서 1:3,5 찬송하리로다. 하나님 곧 우리 주 예수 그리스도의 아버지께서 그리스도 안에서 하늘에 속한 모든 신령한 복을 우리에게 주시되 – 그 기쁘신 뜻대로 우리를 예정하사 예수 그리스도로 말미암아 자기의 아들들이 되게 하셨으니

- 고린도후서 6:16-18 내가 그들 가운데 거하며 두루 행하여 나는 그들의 하나님이 되고 그들은 나의 백성이 되리라 – 내가 너희를 영접하여 너희에게 아버지가 되고 너희는 내게 자녀가 되리라. 전능하신 주의 말씀이니라.

- 갈라디아서 4:6 너희가 아들이므로 하나님이 그 아들의 영을 우리 마음 가운데 보내사 아빠 아버지라 부르게 하셨느니라.

- 고린도전서 1:9 너희를 불러 그의 아들 예수 그리스도 우리 주와 더불어 교제하게 하시는 하나님은 미쁘시도다.

- 예레미야 3:19 너희가 나를 나의 아버지라 하고 나를 떠나지 말 것이니라

- 에베소서 5:1-2 그러므로 사랑을 받는 자녀 같이 너희는 하나님을 본받는 자가 되고, 그리스도께서 너희를 사랑하신 것 같이 너희도 사랑 가운데서 행하라.

- 에베소서 4:13,15 우리가 다 하나님의 아들을 믿는 것과 아는 일에 하나가 되어 온전한 사람을 이루어 그리스도의 장성한 분량이 충만한 데까지 이르리니, 오직 사랑 안에서 참된 것을 하여 범사에 그에게까지 자랄지라. 그는 머리니 곧 그리스도라.

- 로마서 8:14 무릇 하나님의 영으로 인도함을 받는 사람은 곧 하나님의 아들이라.

- 베드로전서 1:15 너희를 부르신 거룩한 이처럼 너희도 모든 행실에 거룩한 자가 되라.

- **요한복음 15:19** 너희는 세상에 속한 자가 아니요, 도리어 내가 너희를 세상에서 택하였기 때문에 세상이 너희를 미워하느니라
- **히브리서 12:7,11** 하나님이 아들과 같이 너희를 대우하시나니, 어찌 아버지가 징계하지 않는 아들이 있으리요, 무릇 징계가 당시에는 즐거워 보이지 않고 슬퍼 보이나, 후에 그로 말미암아 연단 받은 자들은 의와 평강의 열매를 얻느니라.
- **요한계시록 14:12** 성도들의 인내가 여기 있나니, 그들은 하나님의 계명과 예수에 대한 믿음을 지키는 자니라.
- **로마서 8:28** 하나님을 사랑하는 자 곧 그의 뜻대로 부르심을 받은 자들에게는 모든 것이 합력하여 선을 이루느니라.

* 묵 상 *

1. 예수 그리스도를 나의 구주로 영접하고 하나님께 지은 죄를 회개하면 하나님께서 그 죄를 다 완전히 용서하시고 의롭다 여기시고 하나님의 자녀로 되는 권세를 주신다.

2. 하나님의 자녀가 되는 권세는 오직 하나님만 주실 수 있는 특혜이고, 하나님의 자녀로 되어 하나님과 함께 살아가며 친밀한 교제를 나누며 하나님 자녀의 특별한 혜택을 누리도록 특허를 주시는 것이다. 그러한 특혜와 특허는 누리라고 주시는 것이다.

3. 하나님을 아버지로 섬기며 함께 살아가면, 전지전능하신 하나님의 돌보심과 다스리심을 받으며(벧전5:7), 하나님 아버지의 무한한 사랑과 은혜를 누리게 된다. 그러나 실제로 하나님과 함께 살아가지 않으면 하나님 자녀의 특혜를 누리지 못한다.

4. 하나님의 자녀가 되는 것은 죄를 씻고 죄를 떠나서 거룩하신 하나님과 함께 살아가는 것이고, 미성년자가 부모의 친권에 복종하듯이 하나님 아버지의 다스리심에 순종하는 것이고, 하나님 아버지의 뜻을 구하고 그 뜻에 따라 살아가는 것이다.

5. 육신의 부모는 불완전하지만, 하나님 아버지는 완전하시고 선하시고 인자하시며(히12:10) 그 자녀를 끝까지 사랑하셔서(요13:1) 징계해서라도 의와 평강의 열매를 맺게 하시고(히12:7,11) 하늘의 하나님 나라까지 내어 주신다.

6. 사람이 하나님 아버지의 다스리심과 돌보심을 받으며 살아가는 것은 최고·최선의 인생이므로, 나의 모든 것을 다 바쳐서라도 확보해야 하고(마13:44-46), 세상의 핍박이나 고난을 받더라도 하나님 품을 벗어나지 말아야 한다(막13:13).

078 ─── 하나님과 함께 살아간다

- 데살로니가전서 5:10 예수께서 우리를 위하여 죽으사 우리로 하여금 깨어 있든지 자든지 자기와 함께 살게 하려 하셨느니라.

- 요한복음 12:26 사람이 나를 섬기려면 나를 따르라. 나 있는 곳에 나를 섬기는 자도 거기 있으리니, 사람이 나를 섬기면 내 아버지께서 그를 귀히 여기시리라.

- 요한복음 10:27-28 내 양은 내 음성을 들으며 나는 그들을 알며 그들은 나를 따르느니라. 내가 그들에게 영생을 주노니, 영원히 멸망하지 아니할 것이요

- 요한복음 17:3 영생은 곧 유일하신 참 하나님과 그가 보내신 자 예수 그리스도를 아는 것이니이다. [아는 것 : 함께 살며 친밀한 것]

- 고린도후서 6:17-18 내가 너희를 영접하여 너희에게 아버지가 되고 너희는 내게 자녀가 되리라. 전능하신 주의 말씀이니라.

- 요한복음 14:16,20 내가 아버지께 구하겠으니 그가 또 다른 보혜사를 너희에게 주사 영원토록 너희와 함께 있게 하리니 - 그 날에는 내가 아버지 안에, 너희가 내 안에, 내가 너희 안에 있는 것을 너희가 알리라.

- 에베소서 5:1-2 그러므로 사랑을 받는 자녀 같이 너희는 하나님을 본받는 자가 되고, 그리스도께서 너희를 사랑하신 것 같이 너희도 사랑 가운데서 행하라.

- 에베소서 1:3 하나님 곧 우리 주 예수 그리스도의 아버지께서 그리스도 안에서 하늘에 속한 모든 신령한 복을 우리에게 주시되

- 로마서 5:1,11 우리가 믿음으로 의롭다 하심을 받았으니, 우리 주 예수 그리스도로 말미암아 하나님과 화평을 누리자. 이제 우리로 화목하게 하신 우리 주 예수 그리스도로 말미암아 하나님 안에서 또한 즐거워하느니라.

- 예레미야 3:19 너희가 나를 나의 아버지라 하고 나를 떠나지 말 것이니라

- 베드로전서 1:15 너희를 부르신 거룩한 이처럼 너희도 모든 행실에 거룩한 자가 되라.

- 로마서 12:2 너희는 이 세대를 본받지 말고 오직 마음을 새롭게 함으로 변화를 받아 하나님의 선하시고 기뻐하시고 온전하신 뜻이 무엇인지 분별하도록 하라.

- **로마서 8:30** 미리 정하신 그들을 또한 부르시고 부르신 그들을 또한 의롭다 하시고 의롭다 하신 그들을 또한 영화롭게 하셨느니라.
- **시편 37:5-6** 네 길을 여호와께 맡기라. 그를 의지하면 그가 이루시고 네 의를 빛 같이 나타내시며 네 공의를 정오의 빛 같이 하시리로다.

* 묵 상 *

1. 하나님은 사람과 함께 살아가기 위하여, ① 사람을 하나님 형상대로 창조하여 하나님과 교제할 수 있게 하셨고, ② 에덴 동산을 창설하셨고, ③ 이스라엘 민족을 선택하여 율법을 주셨고, ④ 예수님을 희생시켜 사람들의 죄를 대속하게 하셨고, ⑤ 성령을 성도 안에 내주시켜 구원의 길로 인도하게 하시고, ⑥ 하나님의 자녀로 되는 권세를 주시고, ⑦ 하늘 천국을 만들어 놓으시고, ⑧ 모든 사람이 구원 받기를 원하신다(딤전2:4).

2. 사람은 하나님을 주님으로 섬기며 하나님 뜻에 따라 살아가야 한다. 이것이 하나님께서 사람을 창조하시고 구원하시는 목적이고 사람의 본분이고 영원히 변하지 않는 진리이다. 하나님의 뜻에 따르는 사람은 인간 세상에서 구별되어 하나님의 나라에 들어가 살아가게 되고, 그 뜻을 어기면 하나님의 정죄 심판을 받게 된다(막16:16).

3. 사람이 하나님과 함께 살아가는 것은 하나님 삼위를 나의 생명을 주시고 주관하시고 구원하시고 영생으로 인도하시는 주님으로 섬기며 주님의 뜻에 따라 살아가는 것이고, 죄와 사망에서 구원 받은 후 하나님께 나아가 전지전능하신 하나님을 아버지로 모시고 친밀하게 교제하며 최고의 사랑과 선도를 받으며 살아가는 것이다. 2단계 구원이다.

4. 내가 하나님을 주님으로 섬기며 하나님의 뜻에 따라 살아가면 내 안에 하나님 나라가 이루어지고 하나님의 백성으로 살아가며 하나님 나라의 행복을 체험하고, 예수님께서 재림하실 때 하늘 천국으로 올려져 하나님과 함께 영생하게 된다.

5. 사람이 하나님과 함께 살아가려면, 죄를 씻고 칭의 받은 후에 하나님께 나아가 나의 생명과 인생을 주님이신 하나님께 맡기고, 하나님 말씀을 묵상하고 기도에 힘써 하나님 뜻을 구하고 순종하여야 한다. 언제나 성령님의 인도를 구하고 순종하여야 한다.

6. 하나님과 함께 살아가는 것은 성령 하나님의 인도를 받아 육신의 정욕과 세상의 영화를 절제하고 하나님 뜻에 따르는 것이고, 믿음의 선한 싸움이고, 하나님의 백성으로 살아가는 수련이고 천국 백성으로 성화되어 가는 과정이다. 신앙생활의 핵심이다.

079 ──── 매사에 하나님 뜻을 따른다

- 디모데전서 2:4 하나님은 모든 사람이 구원을 받으며 진리를 아는 데에 이르기를 원하시느니라.

- 마태복음 7:21 나더러 주여 주여 하는 자마다 다 천국에 들어갈 것이 아니요, 다만 하늘에 계신 내 아버지의 뜻대로 행하는 자라야 들어가리라.

- 요한복음 6:40 내 아버지의 뜻은 아들을 보고 믿는 자마다 영생을 얻는 이것이니, 마지막 날에 내가 이를 다시 살리리라

- 데살로니가전서 5:10 예수께서 우리를 위하여 죽으사 우리로 하여금 깨어 있든지 자든지 자기와 함께 살게 하려 하셨느니라.

- 마가복음 14:36 아빠 아버지여, 아버지께는 모든 것이 가능하오니 이 잔을 내게서 옮기시옵소서. 그러나 나의 원대로 마시옵고 아버지의 원대로 하옵소서.

- 요한일서 5:3 하나님을 사랑하는 것은 이것이니, 우리가 그의 계명들을 지키는 것이라.

- 요한복음 10:27-28 내 양은 내 음성을 들으며 나는 그들을 알며 그들은 나를 따르느니라. 내가 그들에게 영생을 주노니, 영원히 멸망하지 아니할 것이요,

- 에베소서 1:17-19 우리 주 예수 그리스도의 하나님 영광의 아버지께서 지혜와 계시의 영을 너희에게 주사 하나님을 알게 하시고, 너희 마음의 눈을 밝히사 그의 부르심의 소망이 무엇이며 성도 안에서 그 기업의 영광의 풍성함이 무엇이며 - 우리에게 베푸신 능력의 지극히 크심이 어떠한 것을 너희로 알게 하시기를 구하노라.

- 로마서 8:14 무릇 하나님의 영으로 인도함을 받는 사람은 곧 하나님의 아들이라.

- 디모데후서 3:15-17 성경은 능히 너로 하여금 그리스도 예수 안에 있는 믿음으로 말미암아 구원에 이르는 지혜가 있게 하느니라. 모든 성경은 하나님의 감동으로 된 것으로 교훈과 책망과 바르게 함과 의로 교육하기에 유익하니, 이는 하나님의 사람으로 온전하게 하며 모든 선한 일을 행할 능력을 갖추게 하려 함이라.

- 로마서 12:2 너희는 이 세대를 본받지 말고, 오직 마음을 새롭게 함으로 변화를 받

아 하나님의 선하시고 기뻐하시고 온전하신 뜻이 무엇인지 분별하도록 하라.
- **마태복음 6:33** 너희는 먼저 그의 나라와 그의 의를 구하라.
- **사도행전 5:29** 사람보다 하나님께 순종하는 것이 마땅하니라.
- **요한일서 2:15,17** 이 세상이나 세상에 있는 것들을 사랑하지 말라. 누구든지 세상을 사랑하면 아버지의 사랑이 그 안에 있지 아니하니 – 이 세상도 그 정욕도 지나가되, 오직 하나님의 뜻을 행하는 자는 영원히 거하느니라.

* 묵 상 *

1. 하나님께서 사람을 하나님의 형상대로 지으시고 사람이 하나님께 죄를 지어 하나님과 분리되자 예수님을 대속 제물로 희생시켜 사람들을 죄에서 구원하시고 의롭다고 여기시고 성령을 주시는 것은 사람이 창조주 하나님을 주님으로 섬기며 주님의 뜻에 따라 살아가게 하시려는 것이다(살전5:10).

2. 사람이 하나님을 주님으로 섬기며 주님의 뜻에 따라 살아가는 것이 하나님께서 사람을 창조하시고 구원하시는 목적이고, 하늘처럼 높은 하나님의 진리이고(사55:9), 올바른 인생법이다(전12:13). 그래서 이를 가르쳐 성경에 기록하게 하시고 성령을 주셔서 인도하신다. 이에 따라 살아가는 것이 신앙생활이다.

3. 하나님은 죄로 분리된 사람을 구원하여 하나님과 함께 살아가게 하시기 위하여, 성자 하나님을 사람 예수로 보내 사람들의 죄를 대속하게 하여 구원 영생의 길을 만드시고, 성령을 성도 안에 내주시켜 구원 영생의 길로 인도하시고, 성도들이 성령님의 인도에 순종하여 하나님 뜻에 따라 살아가면 하나님 나라를 내어 주어 영생하게 하신다.

4. 성도는 하나님의 구원을 받아들여 죄를 용서받고 성령을 받았으므로, 성령의 인도를 받아 하나님의 뜻을 구하고 깨닫고 따를 수 있다. 성도는 하나님의 자녀로 되어 하나님과 교제하며 하나님과 함께 차원 높은 삶을 살아가는 특혜를 누린다.

5. 〈하나님 뜻에 따라 살기〉 ① 내가 주님이신 하나님의 뜻을 어긴 죄인임을 깨닫는다. ② 예수님을 내 죄를 대속하신 구주로 섬기고 내 죄를 고백하고 회개한다. ③ 성령님을 내 인생의 인도자로 섬기며 나의 마음과 생각과 삶을 다스리시게 한다. ④ 하나님의 일부만 아니라 내 인생의 모든 일에 대하여 말씀 묵상과 기도로 하나님의 뜻을 구하고 온전히 순종한다. ⑤ 나의 욕심과 세상의 부귀영화와 마귀의 유혹을 제치고 하나님의 뜻을 우선한다. ⑥ 내가 가진 모든 힘과 자원을 들여서 내 주 하나님의 뜻을 이룬다.

080   성령님의 인도를 받는다

- 로마서 8:13-14   너희가 육신대로 살면 반드시 죽을 것이로되 영으로써 몸의 행실을 죽이면 살리니, 무릇 하나님의 영으로 인도함을 받는 사람은 곧 하나님의 아들이라.

- 고린도전서 2:9-11   하나님이 자기를 사랑하는 자들을 위하여 예비하신 모든 것은 눈으로 보지 못하고 귀로 듣지 못하고 – 오직 하나님이 성령으로 이것을 우리에게 보이셨으니 – 하나님의 일도 하나님의 영 외에는 아무도 알지 못하느니라.

- 로마서 8:9   누구든지 그리스도의 영이 없으면 그리스도의 사람이 아니라.

- 에베소서 1:17-19   우리 주 예수 그리스도의 하나님 영광의 아버지께서 지혜와 계시의 영을 너희에게 주사 하나님을 알게 하시고, 너희 마음의 눈을 밝히사 그의 부르심의 소망이 무엇이며 성도 안에서 그 기업의 영광의 풍성함이 무엇이며 그의 힘의 위력으로 역사(役事)하심을 따라 믿는 우리에게 베푸신 능력의 지극히 크심이 어떠한 것을 너희로 알게 하시기를 구하노라.

- 요한복음 16:7   내가 떠나가는 것이 너희에게 유익이라. 내가 떠나가지 아니하면 보혜사가 너희에게로 오시지 아니할 것이요, 가면 내가 그를 너희에게로 보내리니,

- 요한복음 14:16-17   내가 아버지께 구하겠으니, 그가 또 다른 보혜사를 너희에게 주사 영원토록 너희와 함께 있게 하리니 – 너희 속에 계시겠음이라.

- 요한복음 16:13   진리의 성령이 오시면 그가 너희를 모든 진리 가운데로 인도하시리니,

- 요한복음 14:26   보혜사 곧 아버지께서 내 이름으로 보내실 성령, 그가 너희에게 모든 것을 가르치고 내가 너희에게 말한 모든 것을 생각나게 하리라.

- 에베소서 5:17-18   어리석은 자가 되지 말고 오직 주의 뜻이 무엇인가 이해하라. – 오직 성령으로 충만함을 받으라.

- 요한일서 4:13   그의 성령을 우리에게 주시므로 우리가 그 안에 거하고 그가 우리 안에 거하시는 줄을 아느니라.

- 에베소서 3:16   그의 성령으로 말미암아 너희 속사람을 능력으로 강건하게 하시오며,

- 로마서 8:26-27 성령도 우리의 연약함을 도우시나니, 우리는 마땅히 기도할 바를 알지 못하나, 오직 성령이 – 하나님의 뜻대로 성도를 위하여 간구하심이니라.
- 고린도전서 3:16 너희는 너희가 하나님의 성전인 것과 하나님의 성령이 너희 안에 계시는 것을 알지 못하느냐
- 에베소서 2:22 너희도 성령 안에서 하나님이 거하실 처소가 되기 위하여 그리스도 예수 안에서 함께 지어져 가느니라.
- 에베소서 4:30 하나님의 성령을 근심하게 하지 말라. 그 안에서 너희가 구원의 날까지 인치심을 받았느니라.

* 묵 상 *

1. 성부·성자·성령 하나님은 한 마음 한 뜻으로 죄인 구원을 계획하시고 이루신다. 성부님의 뜻에 따라, 성자 예수님은 구원의 복음을 선포하시고 죄인이 구원받아 영생하는 길을 만드셨고, 성령님은 성도의 마음 속에 들어가 구원 영생의 길로 인도하신다.

2. 하나님의 죄인 구원은 영적인 일이므로 사람의 지능으로는 알 수 없고 성령의 인도를 받아야 구원 법칙을 깨달을 수 있고 구원을 받을 수 있다. 그래서 예수님의 대속 은혜로 죄를 사함 받은 사람에게 성령을 내주시켜 하나님의 성도로 인치시고 하나님 백성으로 살아가도록 인도하신다. 성도마다 개별 지도하신다.

3. 내가 주인 되어 내 뜻대로 살아가면 성령님의 인도를 받지 못한다. 성령님의 인도를 받으려면 내 영과 혼이 마음을 다하여 성령님을 내 인생의 주님으로 섬기며 성령님께 내 마음과 생각과 삶을 인도하여 달라고 간구하고 온전히 순종하여야 한다. 성령님의 인도가 내 생각과 다르더라도 성령님의 인도에 순종해야 한다.

4. 〈성령님의 구원 인도〉 ① 나를 하나님과 교제할 수 있는 영적 존재로 거듭나게 하시고(요3:5), ② 예수님의 가르침을 따르게 하시고(요14:26), ③ 나의 죄를 회개하게 하시고(요16:8), ④ 거룩하게 하시고(살후2:13), ⑤ 하나님의 은혜를 알게 하시고(고전2:12), ⑥ 구원 영생의 길로 인도하시고(요16:13), ⑦ 하나님께 기도하게 인도하시고(엡6:18), ⑧ 하나님의 아들이 되게 하시고(롬8:14), ⑨ 하나님의 다스림을 받는 행복을 누리게 하신다(롬14:17).

5. 성령님의 인도를 구하고 순종하는 것은 성도의 신앙 생활의 기본이고 천국 백성으로 살아가는 수련이다. 그리하면 성화를 이루어 가고 천국 백성으로 성장하게 된다.

081 ─── 성령으로 충만함을 받는다

- 요한복음 14:16-17 내가 아버지께 구하겠으니, 그가 또 다른 보혜사를 너희에게 주사 영원토록 너희와 함께 있게 하리니 – 너희 속에 계시겠음이라.

- 요한복음 14:20 그 날에는 내가 아버지 안에, 너희가 내 안에, 내가 너희 안에 있는 것을 너희가 알리라.

- 로마서 8:9,14 누구든지 그리스도의 영이 없으면 그리스도의 사람이 아니라. 무릇 하나님의 영으로 인도함을 받는 사람은 곧 하나님의 아들이라.

- 로마서 8:30 미리 정하신 그들을 또한 부르시고 부르신 그들을 또한 의롭다 하시고 의롭다 하신 그들을 또한 영화롭게 하셨느니라.

- 로마서 14:17-18 하나님의 나라는 먹는 것과 마시는 것이 아니요 오직 성령 안에 있는 의와 평강과 희락이라. 이로써 그리스도를 섬기는 자는 하나님을 기쁘시게 하며 사람에게도 칭찬을 받느니라.

- 고린도전서 6:19-20 너희 몸은 너희가 하나님께로부터 받은 바 너희 가운데 계신 성령의 전인 줄을 알지 못하느냐 – 그런즉 너희 몸으로 하나님께 영광을 돌리라.

- 에베소서 5:17-18 그러므로 어리석은 자가 되지 말고 오직 주의 뜻이 무엇인가 이해하라. 술 취하지 말라, 이는 방탕한 것이니, 오직 성령으로 충만함을 받으라.

- 고린도전서 12:7 각 사람에게 성령을 나타내심은 유익하게 하려 하심이라.

- 갈라디아서 5:16 너희는 성령을 따라 행하라. 그리하면 육체의 욕심을 이루지 아니하리라.

- 로마서 12:2 너희는 이 세대를 본받지 말고 오직 마음을 새롭게 함으로 변화를 받아 하나님의 선하시고 기뻐하시고 온전하신 뜻이 무엇인지 분별하도록 하라.

- 에베소서 3:16 그의 성령으로 말미암아 너희 속사람을 능력으로 강건하게 하시오며,

- 로마서 8:26-27 성령도 우리의 연약함을 도우시나니, 우리는 마땅히 기도할 바를 알지 못하나 오직 성령이 – 하나님의 뜻대로 성도를 위하여 간구하심이니라.

- **사도행전 1:8** 오직 성령이 너희에게 임하시면 너희가 권능을 받고 예루살렘과 온 유대와 사마리아와 땅 끝까지 이르러 내 증인이 되리라.
- **요한일서 2:15,17** 이 세상이나 세상에 있는 것들을 사랑하지 말라. 누구든지 세상을 사랑하면 아버지의 사랑이 그 안에 있지 아니하니 - 이 세상도 그 정욕도 지나가되 오직 아버지의 뜻을 행하는 자는 영원히 거하느니라.

∗ 묵 상 ∗

1. 사람은 성령의 인도를 받아야 하나님의 뜻을 깨닫고 따를 수 있다. 그래서 예수님께서 승천하신 후 성령을 보내어 각 성도 안에 내주하면서 구원 영생의 길로 인도하게 하셨다. 그러나 성도가 실제로 성령님의 인도를 간구하고 순종해야 인도받게 된다.

2. 사람이 죄를 용서받고 성령 세례를 받으면 죄로 죽었던 영이 살아나서 다시 하나님과 교제할 수 있게 된다. 성령의 인도를 받으면 말씀 묵상과 기도를 통하여 하나님의 뜻을 깨닫고 따를 수 있다.

3. 성도의 영이 성령의 인도로 하나님과 교제하여 하나님의 뜻을 깨닫고 하나님의 뜻에 따라 혼과 몸을 다스려 하나님의 뜻에 따라 살아가는 것이 성령으로 충만한 것이다. 성도가 성령님을 인생의 주님으로 섬기며 자기의 삶 전체를 다스리시게 하고 온전히 순종하는 것이 성령 충만이고 신앙생활의 핵심이다.

4. 성령 세례는 그리스도를 영접하고 죄를 회개한 사람에게 성령님께서 내주하셔서 하나님의 성도로 거듭나게 하고 인치시는 것이고 1회적으로 주어지는 하나님의 선물이다. 성령 충만은 거듭난 성도가 인생의 모든 일에 성령님의 인도를 구하고 순종하는 것이고 신앙 생활의 핵심이므로 끊기지 않고 계속되어야 한다.

5. 성령 충만은 내 생각과 환경을 뛰어넘어 항상 모든 일에 계속적으로 성령님의 인도를 구하고 순종하여 내 인생을 통째로 하나님의 섭리에 맡기는 것이다. 성령님의 인도에 따라 하나님의 뜻대로 살아가는 것이다. 성도의 신앙 생활이고, 천국 백성의 삶을 훈련하면서 성화를 이루어 영화를 얻는 방법이다(롬8:30).

6. 성령님의 인도에 온전히 순종하면, 성령님께서 하나님의 뜻과 진리를 깨닫게 하시고(요16:13), 하나님의 뜻대로 기도하게 하시고(롬8:27), 나의 욕심을 다스리시고(갈5:16), 나를 변화시켜 성령의 열매를 맺게 하시고(갈5:22-23), 나에게 맞는 은사를 주시고(고전12:4-11) 권능을 주셔서 그리스도의 증인이 되게 하신다(행1:8).

082 성령의 열매를 맺는다

- **갈라디아서 5:22-23** 성령의 열매는 사랑과 희락과 화평과 오래 참음과 자비와 양선과 충성과 온유와 절제니, 이같은 것을 금지할 법이 없느니라.

- **베드로전서 2:10** 너희가 전에는 백성이 아니더니 이제는 하나님의 백성이요

- **에스겔 36:27** 내 영을 너희 속에 두어 너희로 내 율례를 행하게 하리니, 너희가 내 규례를 지켜 행할지라.

- **에베소서 4:13,15** 우리가 다 하나님의 아들을 믿는 것과 아는 일에 하나가 되어 온전한 사람을 이루어 그리스도의 장성한 분량이 충만한 데까지 이르리니, 오직 사랑 안에서 참된 것을 하여 범사에 그에게까지 자랄지라. 그는 머리니 곧 그리스도라.

- **골로새서 1:9-11** 너희로 하여금 모든 신령한 지혜와 총명에 하나님의 뜻을 아는 것으로 채우게 하시고, 주께 합당하게 행하여 범사에 기쁘시게 하고, 모든 선한 일에 열매를 맺게 하시며, 하나님을 아는 것에 자라게 하시고, 그의 영광의 힘을 따라 모든 능력으로 능하게 하시며, 기쁨으로 모든 견딤과 오래 참음에 이르게 하시고,

- **골로새서 3:12-14** 너희는 하나님이 택하사 거룩하고 사랑 받는 자처럼 긍휼과 자비와 겸손과 온유와 오래 참음을 옷 입고 - 서로 용납하고 피차 용서하여 주께서 너희를 용서하신 것 같이 너희도 그러하고, 이 모든 것 위에 사랑을 더하라.

- **로마서 12:2** 너희는 이 세대를 본받지 말고 오직 마음을 새롭게 함으로 변화를 받아 하나님의 선하시고 기뻐하시고 온전하신 뜻이 무엇인지 분별하도록 하라.

- **베드로전서 2:4-5** 사람에게는 버린 바 되었으나 하나님께는 택하심을 입은 보배로운 산 돌이신 예수께 나아가, 너희도 산 돌 같이 신령한 집으로 세워지고 예수 그리스도로 말미암아 하나님이 기쁘게 받으실 신령한 제사를 드릴 거룩한 제사장이 될지니라.

- **에베소서 4:22-24** 너희는 유혹의 욕심을 따라 썩어져 가는 구습을 따르는 옛 사람을 벗어 버리고, 오직 너희의 심령이 새롭게 되어, 하나님을 따라 의와 진리의 거룩함으로 지으심을 받은 새 사람을 입으라.

- **갈라디아서 5:16** 내가 이르노니, 너희는 성령을 따라 행하라. 그리하면 육체의 욕심

을 이루지 아니하리라.
- 로마서 8:14 무릇 하나님의 영으로 인도함을 받는 사람은 곧 하나님의 아들이라.
- 에베소서 2:22 너희도 성령 안에서 하나님이 거하실 처소가 되기 위하여 그리스도 예수 안에서 함께 지어져 가느니라.
- 마태복음 7:19 아름다운 열매를 맺지 아니하는 나무마다 찍혀 불에 던져지느니라.

＊ 묵 상 ＊

1. 성도가 성령님을 주님으로 섬기며 그 인도를 간구하고 온전히 순종하면, 성령님께서 순종의 열매를 맺게 하신다. 성령님께서 성도의 가치관과 마음과 생각과 언행과 삶을 다스리셔서 예수님을 닮아 세속을 따르지 않고 하나님 뜻에 따라 살아가게 하신다.

2. 성도가 성령 충만하면, 하나님의 지극하신 사랑과 구원을 깨닫고 누리며(고전2:12), 하나님 아버지와 화평하고 친밀하며(롬5:1), 인간 세상에서 찾을 수 없는 기쁨과 즐거움을 누리며(롬5:11) 그리스도의 향기를 온 세상에 퍼뜨린다(고후2:14).

3. 하나님의 사랑과 화평과 희락이 충만한 성도는 천국 소망을 가지고 성령님의 인도에 따라 고난과 핍박을 이기고 이웃과 화평하며〈오래 참음〉, 주님의 자비하신 마음으로 이웃을 구원하고 섬기며〈자비〉, 모든 사람에게 친절하고 악을 선으로 갚는다〈양선〉.

4. 성도는 성령의 다스림으로 자기 마음과 생각과 언행을 다스려 주님을 닮아서, 하나님 뜻에 충실하고 신실하며〈충성〉, 하나님의 뜻에 순종하고 다른 사람을 존중하며〈온유〉, 하나님 뜻에 따르기 위하여 자신의 뜻과 욕심과 세상 자랑을 내려 놓는다〈절제〉.

5. 성령의 열매는 성령님께서 나를 온전히 다스려서 빚어내는 성도의 성품이고, 주님을 닮아 성화를 이루어 가는 모습이고, 인간 세상의 가치 기준에서 구별된 삶이다.

6. 성령의 열매는 일회적인 성령 세례나 간헐적인 성령 충만으로 얻어지는 것이 아니다. 성령 충만한 신앙 생활이 습관처럼 계속되어야 거룩한 삶이 싹 트고 자라고 이삭을 맺고 익어서 거룩한 삶의 열매를 거두게 된다(막4:28).

7. 이 땅에서 성령님의 인도에 온전히 순종하여 하나님 백성의 성품으로 변화되면, 성화의 열매를 맺고 하늘의 하나님 나라로 올려져 구원이 완성된다. 그러나 이 세상에서 살아있는 동안에 성화의 열매를 맺지 못하면 하늘 천국의 영생을 기대하기 어렵다.

083 성령 안에 있는 의와 평강과 희락

- 로마서 14:17-18 하나님의 나라는 먹는 것과 마시는 것이 아니요 오직 성령 안에 있는 의와 평강과 희락이라. 이로써 그리스도를 섬기는 자는 하나님을 기쁘시게 하며 사람에게도 칭찬을 받느니라.

- 로마서 3:21-22,24 이제는 율법 외에 하나님의 한 의가 나타났으니 – 곧 예수 그리스도를 믿음으로 말미암아 모든 믿는 자에게 미치는 하나님의 의니 – 그리스도 예수 안에 있는 속량으로 말미암아 하나님의 은혜로 값없이 의롭다 하심을 얻었느니라.

- 베드로전서 2:10 너희가 전에는 백성이 아니더니 이제는 하나님의 백성이요, 전에는 긍휼을 얻지 못하였더니 이제는 긍휼을 얻은 자니라

- 고린도후서 6:17-18 내가 너희를 영접하여 너희에게 아버지가 되고 너희는 내게 자녀가 되리라. 전능하신 주의 말씀이니라.

- 에베소서 1:3,5 찬송하리로다. 하나님 곧 우리 주 예수 그리스도의 아버지께서 그리스도 안에서 하늘에 속한 모든 신령한 복을 우리에게 주시되 – 예수 그리스도로 말미암아 자기의 아들들이 되게 하셨으니

- 요한복음 10:27-28 내 양은 내 음성을 들으며 나는 그들을 알며 그들은 나를 따르느니라. 내가 그들에게 영생을 주노니, 영원히 멸망하지 아니할 것이요, 또 그들을 내 손에서 빼앗을 자가 없느니라.

- 로마서 5:1,11 우리가 믿음으로 의롭다 하심을 받았으니, 우리 주 예수 그리스도로 말미암아 하나님과 화평을 누리자. 이제 우리로 화목하게 하신 우리 주 예수 그리스도로 말미암아 하나님 안에서 또한 즐거워하느니라.

- 고린도후서 13:11 형제들아 기뻐하라. 온전하게 되며 위로를 받으며 마음을 같이하며 평안할지어다. 또 사랑과 평강의 하나님이 너희와 함께 계시리라.

- 요한복음 14:27 나의 평안을 너희에게 주노라. 내가 너희에게 주는 것은 세상이 주는 것과 같지 아니하니라. 너희는 마음에 근심하지도 말고 두려워하지도 말라.

- 빌립보서 4:6-7 아무 것도 염려하지 말고 다만 모든 일에 기도와 간구로 너희 구할

것을 감사함으로 하나님께 아뢰라. 그리하면 모든 지각에 뛰어난 하나님의 평강이 그리스도 예수 안에서 너희 마음과 생각을 지키시리라.

- 시편 16:11 주께서 생명의 길을 내게 보이시리니, 주의 앞에는 충만한 기쁨이 있고 주의 오른쪽에는 영원한 즐거움이 있나이다.
- 하박국 3:17-18 비록 - 밭에 먹을 것이 없으며 - 외양간에 소가 없을지라도, 나는 여호와로 말미암아 즐거워하며 나의 구원의 하나님으로 말미암아 기뻐하리로다.
- 골로새서 3:15 그리스도의 평강이 너희 마음을 주장하게 하라. 너희는 평강을 위하여 한 몸으로 부르심을 받았나니, 너희는 또한 감사하는 자가 되라.

* 묵 상 *

1. 하나님께서 사람을 창조하시고 구원하시는 목적은 하나님의 다스림을 받으며 하나님의 백성으로 살아가게 하시려는 것이다(살전5:10). 사람이 하나님의 구원을 영접하면 하나님의 성민으로 삼아 하나님 나라의 차원 높은 행복을 누리게 하신다(신28:1).

2. 사람은 하나님의 다스림을 받으며 살아갈 수 있도록 하나님 형상대로 창조되었으나, 하나님께 죄를 짓고 하나님 나라를 벗어나 불행하게 살다가 죽게 되었다. 이에 하나님께서 예수님을 희생시켜 죄인을 구원하시고 성령님을 내주시켜 하나님 백성으로 영생하도록 인도하신다. 하나님의 의로우심이고(롬3:24-26) 사랑과 은혜이다.

3. 내가 예수님의 대속 은혜로 하나님께 지은 죄를 용서받고 성령님 인도에 순종하면, 내가 하나님 앞에 의롭다고 여겨져 하나님과의 관계가 회복된다. 내가 하나님의 다스림을 받으며 하나님 백성으로 살아가게 되고, 내 안에 하나님 나라가 이루어지고, 하나님 나라의 풍성한 사랑과 은혜를 누리며 구원의 기쁨으로 충만해진다.

4. 내가 성령님의 인도에 순종하여 하나님 뜻에 따라 살아가면, 하나님께서 나를 창조하시고 구원하시는 뜻이 이루어지므로 하나님께서 기뻐하시고, 하나님 나라의 백성으로 삼으시고 나를 만드신 하나님의 지혜와 능력으로 차원 높은 인생으로 인도하신다. 내 인생을 전부 하나님의 섭리에 맡기면 하나님 나라의 의와 평강과 희락을 주신다.

5. 하나님께서 자기 백성에게 주시는 의로움과 평강과 희락은 사람의 상상을 뛰어넘는 신령한 행복이고, 하늘 천국에 들어가야 완전하고 영원하게 된다. 천국 소망을 더욱 단단하게 다지고 모든 것을 바쳐 지키게 하고 세상의 핍박과 고난을 이겨내게 한다.

084   하나님께 기도한다

- 디모데전서 4:5 　하나님의 말씀과 기도로 거룩하여짐이라.
- 이사야 30:18 　여호와께서 기다리시나니 이는 너희에게 은혜를 베풀려 하심이요, 일어나시리니 이는 너희를 긍휼히 여기려 하심이라.
- 이사야 59:2 　오직 너희 죄악이 너희와 너희 하나님 사이를 갈라 놓았고, 너희 죄가 그의 얼굴을 가리어서 너희에게서 듣지 않으시게 함이니라.
- 에스겔 36:37 　주 여호와께서 이같이 말씀하셨느니라. 그래도 이스라엘 족속이 이같이 자기들에게 이루어 주기를 내게 구하여야 할지라.
- 마태복음 7:7 　구하라 그리하면 너희에게 주실 것이요, 찾으라 그리하면 찾아낼 것이요, 문을 두드리라 그리하면 너희에게 열릴 것이니,
- 요한복음 16:24 　지금까지는 너희가 내 이름으로 아무 것도 구하지 아니하였으나, 구하라 그리하면 받으리니 너희 기쁨이 충만하리라.
- 요한일서 5:14 　그를 향하여 우리가 가진 바 담대함이 이것이니, 그의 뜻대로 무엇을 구하면 들으심이라.
- 요한복음 14:13 　너희가 내 이름으로 무엇을 구하든지 내가 행하리니,
- 요한복음 15:7 　너희가 내 안에 거하고 내 말이 너희 안에 거하면 무엇이든지 원하는 대로 구하라. 그리하면 이루리라.
- 로마서 12:2 　너희는 이 세대를 본받지 말고 오직 마음을 새롭게 함으로 변화를 받아 하나님의 선하시고 기뻐하시고 온전하신 뜻이 무엇인지 분별하도록 하라.
- 빌립보서 4:6-7 　아무 것도 염려하지 말고 다만 모든 일에 기도와 간구로 너희 구할 것을 감사함으로 하나님께 아뢰라. 그리하면 모든 지각에 뛰어난 하나님의 평강이 그리스도 예수 안에서 너희 마음과 생각을 지키시리라.
- 야고보서 1:5 　너희 중에 누구든지 지혜가 부족하거든 모든 사람에게 후히 주시고 꾸짖지 아니하시는 하나님께 구하라. 그리하면 주시리라.

- **예레미야 33:3** 너는 내게 부르짖으라. 내가 네게 응답하겠고, 네가 알지 못하는 크고 은밀한 일을 네게 보이리라.
- **에베소서 6:18** 모든 기도와 간구를 하되 항상 성령 안에서 기도하고, 이를 위하여 깨어 구하기를 항상 힘쓰며, 여러 성도를 위하여 기도하라.
- **마가복음 11:24** 무엇이든지 기도하고 구하는 것은 받은 줄로 믿으라. 그리하면 너희에게 그대로 되리라.

* 묵 상 *

1. 하나님의 백성으로 하나님의 뜻에 따라 살아가려면 하나님께 기도하여 하나님의 뜻을 구해야 한다. 기도하기 전에 하나님께 지은 죄를 회개하여 분리 장벽을 없애야 한다.

2. 기도는 하나님과의 영적 교제이고 하나님의 뜻과 생명력을 공급받는 길이다. 성도는 기도를 통하여 하나님 아버지와 교제하여 하나님을 더 깊이 알고 친밀해지고, 하나님께서 다스리시는 영적 세계에 들어가 신앙생활의 보배를 캐낸다.

3. 기도는 하나님을 내 생명과 인생의 주님으로 섬기며 하나님의 뜻을 구하고 따르는 것이다. 내가 하나님께 기도하지 않으면 내가 주인 행세를 하기 쉽고, 성령님의 인도를 받지 못하여 하나님의 뜻을 벗어나기 쉽다.

4. 기도는 성도의 모든 것을 하나님께 알리고 하나님의 응답을 듣고 순종하는 것이다(요10:27). 기도할 때에는 반드시 응답을 기다리고 그대로 순종해야 한다. 하나님 아버지의 응답은 나의 요구를 거절하는 것이라도 가장 지혜롭고 가장 좋은 것이다.

5. 기도는 하나님의 뜻을 깨닫고 그에 맞추어 하나님과 동행하며 살아가는 방법이고, 나의 인생을 주관하시는 하나님을 의지하면서 마음의 평강을 누리는 요령이다.

6. 성도의 기도는 하나님께 하는 것이지만 예수님의 이름으로 한다. 예수님의 십자가 보혈로 죄를 씻어야 하나님께 나아갈 수 있고(요14:6), 예수님이 사람과 하나님 사이의 유일한 중보자이시고(딤전2:5), 예수님께서 온전히 구원하시기 때문이다(히7:25).

7. 성도가 기도하는 이유 ①예수님께서 기도하라고 명령하셨다(마7:7). ②하나님과 교제하는 성도의 특권이다(요16:24). ③거룩하여지고 신앙이 성숙해진다(딤전4:5). ④하나님의 평강이 마음과 생각을 지켜주신다(빌4:7). ⑤하나님의 뜻을 알게 된다(행13:2). ⑥하나님의 뜻을 따르고 이룬다(눅22:42, 행11:7-9,17).

085 이렇게 기도하라

- 요한복음 9:31 하나님이 죄인의 말을 듣지 아니하시고 경건하여 그의 뜻대로 행하는 자의 말은 들으시는 줄 우리가 아나이다
- 시편 66:18 내가 나의 마음에 죄악을 품었더라면 주께서 듣지 아니하시리라
- 유다서 1:20 너희는 너희의 지극히 거룩한 믿음 위에 자신을 세우며 성령으로 기도하며,
- 예레미야 29:13 너희가 온 마음으로 나를 구하면 나를 찾을 것이요 나를 만나리라.
- 요한복음 14:13 너희가 내 이름으로 무엇을 구하든지 내가 행하리니,
- 마태복음 6:9-13 이렇게 기도하라. 하늘에 계신 우리 아버지여, 이름이 거룩히 여김을 받으시오며, 나라가 임하시오며, 뜻이 하늘에서 이루어진 것 같이 땅에서도 이루어지이다. 오늘 우리에게 일용할 양식을 주시옵고, 우리가 우리에게 죄 지은 자를 사하여 준 것 같이 우리 죄를 사하여 주시옵고, 우리를 시험에 들게 하지 마시옵고 다만 악에서 구하시옵소서. 나라와 권세와 영광이 아버지께 영원히 있사옵나이다. 아멘
- 마태복음 6:31-33 무엇을 먹을까 무엇을 입을까 염려하지 말라 - 너희 하늘 아버지께서 이 모든 것이 너희에게 있어야 할 줄을 아시느니라. 그런즉 너희는 먼저 그의 나라와 그의 의를 구하라. 그리하면 이 모든 것을 너희에게 더하시리라.
- 마가복음 14:36 아빠 아버지여, 아버지께는 모든 것이 가능하오니 이 잔을 내게서 옮기시옵소서. 그러나 나의 원대로 마시옵고 아버지의 원대로 하옵소서
- 에베소서 6:18 모든 기도와 간구를 하되 항상 성령 안에서 기도하고, 이를 위하여 깨어 구하기를 항상 힘쓰며, 여러 성도를 위하여 구하라.
- 야고보서 5:15-16 믿음의 기도는 병든 자를 구원하리니 주께서 그를 일으키시리라. 혹시 죄를 범하였을지라도 사하심을 받으리라 - 의인의 간구는 역사하는 힘이 큼이니라.
- 마태복음 18:19 너희 중의 두 사람이 땅에서 합심하여 무엇이든지 구하면 하늘에 계신 내 아버지께서 그들을 위하여 이루게 하시리라.

- **마태복음 6:6** 너는 기도할 때에 네 골방에 들어가 문을 닫고 은밀한 중에 계신 네 아버지께 기도하라. 은밀한 중에 보시는 네 아버지께서 갚으시리라.
- **마태복음 6:7** 기도할 때에 이방인과 같이 중언부언하지 말라. 그들은 말을 많이 하여야 들으시는 줄 생각하느니라.
- **마가복음 11:24** 무엇이든지 기도하고 구하는 것은 받은 줄로 믿으라. 그리하면 이루리라.
- **야고보서 1:6-7** 오직 믿음으로 구하고 조금도 의심하지 말라. 의심하는 자는 바람에 밀려 요동하는 바다 물결 같으니, 이런 사람은 무엇이든지 주께 얻기를 생각하지 말라.
- **야고보서 4:2-3** 너희가 얻지 못함은 구하지 아니하기 때문이요, 구하여도 받지 못함은 정욕으로 쓰려고 잘못 구하기 때문이라

* 묵 상 *

1. 기도는 하나님을 나의 생명과 인생을 다스리시는 주님으로 인정하고 찬양하며 나의 인생을 주님의 계획과 뜻과 다스림에 맞추는 것이다. 기도는 나를 드려 주님이신 하나님의 뜻과 나라를 이루는 것이고, 나의 필요를 위하여 주님을 부리는 것이 아니다.
2. 예수님께서 가르쳐 주신 기도 내용은 하나님의 영광과 나라와 뜻이 이루어지는 것, 성도가 하나님의 백성으로 구별되고 성결하게 되는 것과 일용할 양식이다.
3. 기도는 성도가 거룩하신 하나님과 교제하는 것이므로, 기도하기 전에 죄를 회개하여 예수님의 보혈로 죄 사함을 받고 성결한 마음을 하나님께 드려야 한다.
4. 영이신 하나님과 교제하려면, 성령을 받아 영적 존재로 거듭나고 성령님의 인도를 받아야 한다. 성령님께서 나의 마음과 생각과 삶을 다스리시게 하면, 나의 모든 것을 아시는 성령님께서 나의 기도를 도우시고 나를 위하여 친히 간구하시고 하나님의 뜻대로 인도하여 주신다.
5. 기도 방법 ① 죄를 회개하고 하나님 앞에 무릎 꿇는다(대하7:14,눅22:41). ② 주님이신 하나님을 의지하는 마음으로 기도한다(눅18:14). ③ 나의 뜻보다 먼저 주님의 뜻을 따르기 위하여 구한다(눅22:42). ④ 언제나 들으신다고 믿고 기도한다(약1:6). ⑤ 성령 안에서 기도한다(롬8:26-27). ⑥ 예수님의 이름으로 기도한다. ⑦ 욕심에 따라 구하지 않는다(약4:3). ⑧ 중언부언하지 않는다(마6:7). ⑨ 응답을 기다리고 순종한다(시95:7-8). ⑩ 금식 기도(행13:2-3), 간청 기도(마15:22-28), 합심 기도(행1:13-14), 중보 기도(출32:32), 방언 기도(고전14:14)

086 쉬지 말고 기도하라

- **데살로니가전서 5:15-18** 항상 선을 따르라. 항상 기뻐하라. 쉬지 말고 기도하라. 범사에 감사하라. 이것이 그리스도 예수 안에서 너희를 향하신 하나님의 뜻이니라.
- **디모데전서 4:5** 하나님의 말씀과 기도로 거룩하여짐이라.
- **이사야 48:17** 여호와께서 이르시되, 나는 네게 유익하도록 가르치고 너를 마땅히 행할 길로 인도하는 네 하나님 여호와라.
- **이사야 30:18** 여호와께서 기다리시나니 이는 너희에게 은혜를 베풀려 하심이요, 일어나시리니 이는 너희를 긍휼히 여기려 하심이라.
- **에스겔 36:37** 주 여호와께서 이같이 말씀하셨느니라. 그래도 이스라엘 족속이 이같이 자기들에게 이루어 주기를 구하여야 할지라.
- **마태복음 7:7** 구하라, 그리하면 너희에게 주실 것이요, 찾으라 그리하면 찾아낼 것이요, 문을 두드리라, 그리하면 너희에게 열릴 것이니,
- **시편 145:18-19** 여호와께서는 자기에게 간구하는 모든 자 곧 진실하게 간구하는 모든 자에게 가까이 하시는도다. 그는 자기를 경외하는 자들의 소원을 이루시며, 또 그들의 부르짖음을 들으사 구원하시리로다.
- **로마서 12:11-12** 열심을 품고 주를 섬기라. 소망 중에 즐거워하며 환난 중에 참으며 기도에 항상 힘쓰며,
- **야고보서 5:13** 너희 중에 고난 당하는 자가 있느냐 그는 기도할 것이요, 즐거워하는 자가 있느냐 그는 찬송할지니라.
- **빌립보서 4:6-7** 아무 것도 염려하지 말고 다만 모든 일에 기도와 간구로 너희 구할 것을 감사함으로 하나님께 아뢰라. 그리하면 모든 지각에 뛰어난 하나님의 평강이 그리스도 예수 안에서 너희 마음과 생각을 지키시리라.
- **요한복음 10:27-28** 내 양은 내 음성을 들으며 나는 그들을 알며 그들은 나를 따르느니라. 내가 그들에게 영생을 주노니, 영원히 멸망하지 아니할 것이요, 또 그들을 내 손에서 빼앗을 자가 없느니라.

- **사무엘상 12:23** 나는 너희를 위하여 기도하기를 쉬는 죄를 여호와 앞에 결단코 범하지 아니하고 선하고 의로운 길을 너희에게 가르칠 것인즉,
- **시편 37:5-6** 네 길을 여호와께 맡기라. 그를 의지하면 그가 이루시고 네 의를 빛 같이 나타내시며 네 공의를 정오의 빛 같이 하시리로다.
- **야고보서 5:15-16** 믿음의 기도는 병든 자를 구원하리니 주께서 그를 일으키시리라. 혹시 죄를 범하였을지라도 사하심을 받으리라. 그러므로 너희 죄를 서로 고백하고 병이 낫기를 위하여 서로 기도하라. 의인의 간구는 역사하는 힘이 큼이니라.
- **베드로전서 4:7** 만물의 마지막이 가까이 왔으니, 그러므로 너희는 정신을 차리고 근신하여 기도하라.
- **마태복음 26:41** 시험에 들지 않게 깨어 기도하라.

* 묵 상 *

1. 성도는 하나님을 주님으로 섬기며 주님의 뜻에 따라 살아가는 사람이므로, 모든 일에 주님이신 하나님의 뜻을 구하고 따라야 한다. 성도가 기도하면 성령님께서 하나님의 뜻을 깨닫게 하시고 주님의 뜻에 맞게 살아가도록 인도하신다(고전2:9-10).

2. 기도는 나를 설계하시고 만드신 하나님과 대화하여 올바른 삶을 인도받는 것이고, 하나님을 의지하고 삶을 하나님의 섭리에 맡기는 것이고, 하나님 뜻에 맞추어 동행하며 화합하는 것이고, 하나님 뜻 안에서 구원 영생을 이루어 가는 신앙생활이다.

3. 성도의 삶과 신앙생활이 중단될 수 없으므로 기도도 끊임없이 계속되어야 한다. 하나님의 나라와 뜻을 이루기 위하여 성도들이 한 마음으로 기도하여야 한다. 마지막 때가 가까울수록 더욱더 정신 차려 기도하면서 구원 영생의 길을 벗어나지 말아야 한다.

4. 하나님은 영이시므로 성령을 통하여 기도에 응답하신다. 내가 성경 말씀을 읽고 묵상하거나 설교를 듣거나 기도할 때에 내가 기도한 내용에 관한 진리를 깨닫게 하시는 방법으로(요14:26) Rhema의 말씀을 주신다. 매우 다양한 방법으로 응답하신다.

5. Rhema는 나에게 개별적으로 주시는 구체적인 인도하심이고 순종하라는 명령이다(행11:7-9). 경외하는 마음으로 받고 하나님의 말씀과 성품에 맞는 것인지 분별하고 나의 생각과 다르더라도 하나님의 뜻에 순종하여야 한다(행11:17).

087 ─── 하나님과 친밀하게 교제한다

- 데살로니가전서 5:10 예수께서 우리를 위하여 죽으사 우리로 하여금 깨어 있든지 자든지 자기와 함께 살게 하려 하셨느니라.
- 베드로전서 2:10 너희가 전에는 백성이 아니더니 이제는 하나님의 백성이요, 전에는 긍휼을 얻지 못하였더니 이제는 긍휼을 얻은 자니라
- 요한복음 14:16,20,26 내가 아버지께 구하겠으니, 그가 또 다른 보혜사를 너희에게 주사 영원토록 너희와 함께 있게 하리니 - 그 날에는 내가 아버지 안에, 너희가 내 안에, 내가 너희 안에 있는 것을 너희가 알리라 - 아버지께서 내 이름으로 보내실 성령 그가 너희에게 모든 것을 가르치고 내가 너희에게 말한 모든 것을 생각나게 하리라.
- 로마서 5:1,11 우리가 믿음으로 의롭다 하심을 받았으니 우리 주 예수 그리스도로 말미암아 하나님과 화평을 누리자. 그뿐 아니라 이제 우리로 화목하게 하신 우리 주 예수 그리스도로 말미암아 하나님 안에서 또한 즐거워하느니라.
- 고린도전서 1:9 너희를 불러 그의 아들 예수 그리스도 우리 주와 더불어 교제하게 하시는 하나님은 미쁘시도다.
- 요한복음 10:27-28 내 양은 내 음성을 들으며 나는 그들을 알며 그들은 나를 따르느니라. 내가 그들에게 영생을 주노니, 영원히 멸망하지 아니할 것이요, 또 그들을 내 손에서 빼앗을 자가 없느니라.
- 요한복음 15:10 내가 아버지의 계명을 지켜 그의 사랑 안에 거하는 것 같이 너희도 내 계명을 지키면 내 사랑 안에 거하리라.
- 빌립보서 2:13 너희 안에서 행하시는 이는 하나님이시니, 자기의 기쁘신 뜻을 위하여 너희에게 소원을 두고 행하게 하시나니,
- 시편 16:11 주께서 생명의 길을 내게 보이시리니, 주의 앞에는 충만한 기쁨이 있고 주의 오른쪽에는 영원한 즐거움이 있나이다.
- 잠언 3:5-6 너는 마음을 다하여 여호와를 신뢰하고 네 명철을 의지하지 말라. 너는 범사에 그를 인정하라. 그리하면 네 길을 지도하시리라.

- 히브리서 12:6 주께서 그 사랑하시는 자를 징계하시고 그가 받아들이시는 아들마다 채찍질하심이라.
- 로마서 8:28 하나님을 사랑하는 자 곧 그의 뜻대로 부르심을 입은 자들에게는 모든 것이 합력하여 선을 이루느니라.

* 묵 상 *

1. 하나님은 사람과 교제하며 함께 살기를 원하신다. 그래서 사람을 하나님의 형상대로 지으셔서 하나님과 교제할 수 있게 하셨고, 사람이 하나님께 죄를 짓고 하나님을 떠난 뒤에는 성자를 희생시켜 사람들의 죄를 대속하시고 사람들이 죄를 벗고 하나님과 돌아오기를 기다리시고(사30:18), 성령을 내주시켜 교제를 인도하신다.

2. 성령님께서 내 안에 상주하시면서 나를 하나님의 백성으로 인도하시려고 대기하신다. 내가 원하기만 하면 말씀 묵상과 기도로 성령님 인도를 받아 하나님과 교제하며 동행할 수 있다. 죄가 있거나 순종하지 않으면 하나님과의 교제가 이루어지지 않는다.

3. 하나님과 교제하며 동행하는 것은 내 안에 계신 성령님의 인도에 순종하여 하나님의 다스림(사랑과 징계)을 받으며 하나님의 뜻에 따라 살아가는 것이다. 하나님과 함께 살아가는 것이고, 신앙생활의 핵심이고, 천국 백성으로 살아가는 훈련이다.

4. 하나님의 지혜와 능력은 무궁무진하고 차원이 높다. 내가 항상 모든 일에 하나님과 동행하면 하나님 백성의 존귀한 인생을 살게 된다. 하나님과 동행하여 요셉은 형통한 자가 되었고(창39:2) 에녹은 죽음을 보지 않고 하나님께서 데려가셨다(창5:24).

5. 하나님은 성도의 기도를 다 들으시고 하나님의 뜻을 구하고 순종하는 자에게 반드시 응답하신다. 인생의 모든 일에 관하여 가장 적절한 때에 하나님의 지혜로 선도하신다. 하나님과 교제할수록 하나님과 친밀해지고 하나님의 인도 음성에 익숙해진다.

6. 내 기도에 하나님께서 응답하셨다고 생각되면 그 내용이 성경 말씀과 하나님 성품에 맞는 것인지 확인하여야 한다. 내가 받은 내용이 성경 말씀이나 하나님 성품에 부합되지 않으면 나의 생각으로 여기고 하나님의 음성을 다시 구해야 한다.

7. 나에게 주시는 하나님의 인도 음성이라고 믿어지면 그대로 순종한다. 내가 원하는 내용이 아니더라도 모든 것을 아시는 하나님께서 최선의 길로 인도하신다고 믿고 따라야 한다. 하나님의 Rhema에 대한 순종은 하나님과 교제하고 동행하는 전제 조건이다.

088 — 겸손하게 전심으로 섬긴다

- **미가 6:8** 여호와께서 네게 구하시는 것은 오직 정의를 행하며 인자(仁慈)를 사랑하며 겸손하게 네 하나님과 함께 행하는 것이 아니냐.

- **야고보서 4:10** 주 앞에서 낮추라. 그리하면 주께서 너희를 높이시리라.

- **잠언 18:12** 사람의 마음의 교만은 멸망의 선봉이요, 겸손은 존귀의 길잡이니라.

- **사도행전 17:24,28** 우주와 그 가운데 있는 만물을 지으신 하나님께서는 천지의 주재(主宰)시니 – 우리가 그를 힘입어 살며 기동(起動)하며 존재하느니라.

- **요한계시록 7:10,12** 구원하심이 보좌에 앉으신 우리 하나님과 어린 양에게 있도다 – 찬송과 영광과 지혜와 감사와 존귀와 권능과 힘이 우리 하나님께 세세토록 있을지어다.

- **베드로전서 2:10** 너희가 전에는 백성이 아니더니 이제는 하나님의 백성이요, 전에는 긍휼을 얻지 못하였더니 이제는 긍휼을 얻은 자니라.

- **시편 95:6-7** 우리가 굽혀 경배하며 우리를 지으신 여호와 앞에 무릎을 꿇자. 그는 우리의 하나님이시요 우리는 그가 기르시는 백성이며 그의 손이 돌보시는 양이기 때문이라.

- **여호수아 24:14** 그러므로 이제는 여호와를 경외하며 온전함과 진실함으로 그를 섬기라.

- **마태복음 22:37-38** 네 마음을 다하고 목숨을 다하고 뜻을 다하여 주 너의 하나님을 사랑하라 하셨으니, 이것이 크고 첫째 되는 계명이요

- **로마서 12:1-2** 너희 몸을 하나님이 기뻐하시는 거룩한 산 제물로 드리라. 이는 너희가 드릴 영적 예배니라. 너희는 이 세대를 본받지 말고 오직 마음을 새롭게 함으로 변화를 받아 하나님의 선하시고 기뻐하시고 온전하신 뜻이 무엇인지 분별하도록 하라.

- **갈라디아서 2:20** 내가 그리스도와 함께 십자가에 못 박혔나니, 그런즉 이제는 내가 사는 것이 아니요 오직 내 안에 그리스도께서 사시는 것이라.

- **로마서 14:8** 우리가 살아도 주를 위하여 살고 죽어도 주를 위하여 죽나니, 그러므로

사나 죽으나 우리는 주의 것이로다.

- 빌립보서 3:7-8 무엇이든지 내게 유익하던 것을 내가 그리스도를 위하여 – 모든 것을 해로 여김은 내 주 그리스도 예수를 아는 지식이 가장 고상하기 때문이라.
- 야고보서 4:8 하나님을 가까이하라, 그리하면 너희를 가까이하시리라. 죄인들아 손을 깨끗이 하라. 두 마음을 품은 자들아, 마음을 성결하게 하라.
- 시편 37:5-6 네 길을 여호와께 맡기라. 그를 의지하면 그가 이루시고 네 의를 빛 같이 나타내시며 네 공의를 정오의 빛 같이 하시리로다.
- 누가복음 9:62 예수께서 이르시되, 손에 쟁기를 잡고 뒤를 돌아보는 자는 하나님의 나라에 합당하지 아니하니라 하시니라.
- 마태복음 6:33 그런즉 너희는 먼저 그의 나라와 그의 의를 구하라.

* 묵 상 *

1. 하나님은 나를 창조하시고 구원하시고 나의 인생을 섭리하시는 주님이시다. 내가 이러한 진실을 인정하고 주님을 떠나 내 멋대로 살아온 죄를 회개하고 하나님의 구원을 받아들이면 하나님께서 나를 자녀로 삼아 하나님과 함께 살아가게 하신다.

2. 성도는 하나님과 교제하며 동행할 특권을 가지지만, 예수님의 대속 은혜와 성령님의 인도하심에서 비롯된 것이다. 주님과 교제하여 친밀해지고 주님께서 나를 친구로 여기신다 해도(요15:15) 왕과 백성의 관계가 대등한 관계의 친구로 변할 수는 없다.

3. 내가 하나님과 함께 살아가는 것은 내 뜻대로 살지 않고 온전히 주님이신 하나님의 뜻에 따라 살아가는 것이다. 내 안에 성령님께서 나의 주님으로 사시고(갈2:20) 나의 생각과 삶을 다스리셔서 주님의 뜻을 이루시는 것이다.

4. 내가 마음을 다하여 하나님을 주님으로 섬기며 주님의 뜻에 따라 살아가면 내 인생이 하나님의 자녀로 존귀하게 된다. 하나님께서 내 인생을 주재하시고 성령님을 내주시켜 하나님 백성으로 살아가게 인도하시고 하나님 나라의 완전한 행복을 누리게 하신다.

5. 하나님은 나의 유일한 주님이시므로, 하나님을 제치고 우상을 섬기거나 다른 피조물이나 부모나 자녀, 재물, 세상의 영예, 육신의 안락을 더 사랑하는 것은 하나님을 주님으로 섬기지 않는 죄를 짓는 것이다.

6. 하나님 앞에서 내가 주인 행세를 하거나 내 뜻을 내세우면 안 된다. 하나님을 나의 뜻을 이루거나 나의 필요를 공급하는 전능자로 의지한다면, 하나님을 나의 주님으로 섬기지 않고 나를 돕는 일꾼으로 여기는 것이고 하나님께 죄를 짓는 짓이다.

089 ── 그리스도 예수의 본을 따른다

- 빌립보서 2:5-8   너희 안에 이 마음을 품으라, 곧 그리스도 예수의 마음이니, 그는 근본 하나님의 본체시나 – 사람의 모양으로 나타나사 자기를 낮추시고 죽기까지 복종하셨으니 곧 십자가에 죽으심이라.

- 요한복음 6:38   내가 하늘에서 내려온 것은 내 뜻을 행하려 함이 아니요 나를 보내신 이의 뜻을 행하려 함이니라.

- 누가복음 22:42   아버지여, 만일 아버지의 뜻이거든 이 잔을 내게서 옮기시옵소서. 그러나 내 원대로 마시옵고 아버지의 원대로 되기를 원하나이다

- 베드로전서 2:21   그리스도도 너희를 위하여 고난을 받으사 너희에게 본을 끼쳐 그 자취를 따라오게 하려 하셨느니라.

- 요한복음 13:15   내가 너희에게 행한 것같이 너희도 행하게 하려 하여 본을 보였노라.

- 디도서 2:14   그가 우리를 대신하여 자신을 주심은 모든 불법에서 우리를 속량하시고 우리를 깨끗하게 하사 선한 일을 열심히 하는 자기 백성이 되게 하려 하심이라.

- 마태복음 16:24   예수께서 제자들에게 이르시되, 누구든지 나를 따라오려거든 자기를 부인하고 자기 십자가를 지고 나를 따를 것이니라.

- 빌립보서 4:9   너희는 내게 배우고 받고 듣고 본 바를 행하라. 그리하면 평강의 하나님이 너희와 함께 계시리라.

- 에베소서 4:13,15   우리가 다 하나님의 아들을 믿는 것과 아는 일에 하나가 되어 온전한 사람을 이루어 그리스도의 장성한 분량이 충만한 데까지 이르리니, 오직 사랑 안에서 참된 것을 하여 범사에 그에게까지 자랄지라. 그는 머리니 곧 그리스도라.

- 마태복음 5:48   하늘에 계신 너희 아버지의 온전하심과 같이 너희도 온전하라.

- 히브리서 12:2   믿음의 주요 또 온전하게 하시는 이인 예수를 바라보자. 그는 그 앞에 있는 기쁨을 위하여 십자가를 참으사 부끄러움을 개의치 아니하시더니 하나님 보좌 우편에 앉으셨느니라.

- 베드로전서 3:15   너희 마음에 그리스도를 주로 삼아 거룩하게 하고

- 에베소서 3:17 믿음으로 말미암아 그리스도께서 너희 마음에 계시게 하시옵고 너희가 사랑 가운데서 뿌리가 박히고 터가 굳어져서
- 골로새서 3:17 무엇을 하든지 말에나 일에나 다 주 예수의 이름으로 하고 그를 힘입어 하나님 아버지께 감사하라.
- 요한복음 14:12 나를 믿는 자는 내가 하는 일을 그도 할 것이요 또한 그보다 큰 일도 하리니, 이는 내가 아버지께로 감이라.
- 마가복음 16:15 너희는 온 천하에 다니며 만민에게 복음을 전파하라
- 디모데후서 3:12 그리스도 예수 안에서 경건하게 살고자 하는 자는 박해를 받으리라.

* 묵 상 *

1. 예수님은 그리스도로 오셔서 사람들에게 구원의 복음과 하나님 나라를 가르치시고, 사람들이 죄를 사함 받을 수 있는 길을 만드시고, 승천 후 성도마다 성령을 보내셔서 (요14:16-18) 구원 영생의 길로 인도하시고, 마지막 때 심판주로 오셔서 구원의 복음을 믿고 따른 성도를 하늘 천국으로 들어올려 구원을 완성하신다.

2. 성자 하나님께서 사람 예수로 오셔서 하나님 아버지만 높이고 영화롭게 하셔서 사람들에게 본을 보이셨다. 죄인 구원의 복음을 선포하시면서 아버지의 뜻이라고 가르치셨고,(요7:16) 하나님 아버지의 뜻을 이루기 위하여 십자가에서 죽으셨다.

3. 예수님은 하나님의 죄인 구원 계획을 이루기 위하여 사람들의 죄를 짊어지고 십자가에서 죽으시고 신령한 몸으로 부활하시고 승천하셔서 하나님 우편에 앉으셨다. 사람으로 오셔서 하나님 뜻에 순종, 죄를 십자가에 못 박는 속죄, 영적 부활(거듭남), 천국 영생의 본을 보이셨다(벧전2:21).

4. 예수 그리스도의 은혜로 죄를 사함 받은 성도는 죄 사면에 만족하지 말고 예수님의 본을 따라 마음과 뜻과 목숨을 다하여 하나님 아버지의 뜻을 따라서 자기 구원을 이루고 천하 만민에게 복음을 전파하여 하나님 뜻을 이루어야 한다(마28:19-20).

5. 성도가 예수님의 본을 따르면, 예수님을 닮게 되고, 예수님처럼 하나님 아버지와 한 마음 한 뜻으로 되고(요17:21-23), 성령님의 보호와 인도를 받아 세상의 핍박과 마귀의 방해를 이겨내고 주님 재림하실 때 천국 백성의 이름을 받게 된다(계2:17).

090 ― 하나님께서 자녀를 돌보신다

- **창세기 28:15** 내가 너와 함께 있어 네가 어디로 가든지 너를 지키며 - 내가 네게 허락한 것을 다 이루기까지 너를 떠나지 아니하리라
- **베드로전서 5:7** 너희 염려를 다 주께 맡기라. 이는 그가 너희를 돌보심이라.
- **시편 115:15** 너희는 천지를 지으신 여호와께 복을 받는 자로다.
- **로마서 8:32** 자기 아들을 아끼지 아니하시고 우리 모든 사람을 위하여 내주신 이가 어찌 그 아들과 함께 모든 것을 우리에게 주시지 아니하겠느냐
- **누가복음 15:31** 너는 항상 나와 함께 있으니 내 것이 다 네 것이로되,
- **갈라디아서 4:6** 너희가 아들이므로 하나님이 그 아들의 영을 우리 마음 가운데 보내사 아빠 아버지라 부르게 하셨느니라.
- **에베소서 3:16** 그의 성령으로 말미암아 너희 속사람을 능력으로 강건하게 하시오며,
- **빌립보서 2: 13-15** 너희 안에서 행하시는 이는 하나님이시니 자기의 기쁘신 뜻을 위하여 너희에게 소원을 두고 행하게 하시나니 - 너희가 흠이 없고 순전하여 - 하나님의 흠 없는 자녀로 세상에서 그들 가운데 빛들로 나타내며,
- **로마서 8:26-27** 성령도 우리의 연약함을 도우시나니, 우리는 마땅히 기도할 바를 알지 못하나 오직 성령이 - 하나님의 뜻대로 성도를 위하여 간구하심이니라.
- **요한복음 15:7** 너희가 내 안에 거하고 내 말이 너희 안에 거하면 무엇이든지 원하는 대로 구하라. 그리하면 이루리라.
- **이사야 41:10** 두려워하지 말라, 내가 너와 함께 함이라. 놀라지 말라, 나는 네 하나님이 됨이라. 내가 너를 굳세게 하리라. 참으로 너를 도와 주리라. 참으로 나의 의로운 오른손으로 너를 붙들리라.
- **마태복음 6:31,33** 그러므로 염려하여 이르기를 무엇을 먹을까 무엇을 마실까 무엇을 입을까 하지 말라. 너희는 먼저 그의 나라와 그의 의를 구하라. 그리하면 이 모든 것을 너희에게 더하시리라.

- **빌립보서 4:19** 나의 하나님이 그리스도 예수 안에서 영광 가운데 그 풍성한 대로 너희 모든 쓸 것을 채우시리라.
- **시편 23:1-3** 여호와는 나의 목자시니 내게 부족함이 없으리로다. 그가 나를 푸른 풀밭에 누이시며 쉴 만한 물 가로 인도하시는도다. 내 영혼을 소생시키시고 자기 이름을 위하여 의의 길로 인도하시는도다.
- **히브리서 12:7,11** 어찌 아버지가 징계하지 않는 아들이 있으리요 - 그로 말미암아 연단 받은 자들은 의와 평강의 열매를 얻느니라.

* 묵 상 *

1. 하나님은 사람에게 사랑과 은혜로 다스리시며 하나님 나라의 행복을 베푸시길 원하신다(사48:17). 그렇게 하시기 위하여 사람이 하나님을 주님으로 섬기며 그 뜻에 따라 살아가기를 원하신다(신10:12-13).
2. 그래서 독생자를 희생시켜 사람들의 죄를 대속하시고 자녀로 삼으시고, 성령을 주셔서 하나님을 알게 하시고 구원 영생의 길로 살아가게 인도하신다.
3. 사람이 사탄의 유혹에 넘어가 하나님께 죄를 짓고 하나님을 떠났는데도 하나님께서 성자와 성령을 동원하여 사람들을 죄중에서 구원하여 하나님 백성으로 살아가게 하신다. 헤아릴 수 없도록 크고 고귀한 용서와 구원과 영생의 은혜를 거저 베푸신다.
4. 최상의 은혜는 하나님께서 사람과 함께 살아가시는 것이다. 사람을 자녀로 삼으시고 전지전능하신 지혜와 능력으로 무한한 사랑과 은혜를 베푸신다. 그리하여 풍성한 생명을 누리게 하시고(요10:10) 충만하고 영원한 기쁨을 주신다(시16:11).
5. 게다가 성도마다 성령을 내주시켜 하나님 자녀로 살아갈 수 있게 인도하신다. 영이신 하나님과 영적 세계인 하나님 나라를 알게 하시고, 하나님 아버지의 뜻을 깨닫고 그 뜻에 따라 살아가며 하나님 나라의 신령한 평강을 누리게 하신다(고전2:9-10).
6. 하나님의 돌보심은 하나님의 구원을 베풀어 하나님과 함께 살아가면서 하나님 나라의 행복을 누리게 하시려는 것이다. 이를 위하여 꾸지람과 징계도 하신다(히12:5-6).

091   모두 다 하나님의 은혜

- 고린도후서 12:9 내 은혜가 네게 족하도다.
- 사도행전 17:24,28 우주와 그 가운데 있는 만물을 지으신 하나님께서는 천지의 주재(主宰)시니 - 우리가 그를 힘입어 살며 기동(起動)하며 존재하느니라.
- 신명기 1:31 너희의 하나님 여호와께서 너희가 걸어온 길에서 너희를 안으사 이 곳까지 이르게 하셨느니라
- 디모데전서 2:4 하나님은 모든 사람이 구원을 받으며 진리를 아는 데에 이르기를 원하시느니라.
- 욥기 10:12 생명과 은혜를 내게 주시고 나를 보살피심으로 내 영을 지키셨나이다.
- 로마서 3:23-24 모든 사람이 죄를 범하였으매 하나님의 영광에 이르지 못하더니, 그리스도 예수 안에 있는 속량으로 말미암아 하나님의 은혜로 값없이 의롭다 하심을 얻은 자 되었느니라.
- 로마서 8:32 자기 아들을 아끼지 아니하시고 우리 모든 사람을 위하여 내주신 이가 어찌 그 아들과 함께 모든 것을 우리에게 주시지 아니하겠느냐
- 요한복음 14:16,18 내가 아버지께 구하겠으니, 그가 또 다른 보혜사를 너희에게 주사 영원토록 너희와 함께 있게 하리니, 내가 너희를 고아와 같이 버려두지 아니하고 너희에게로 오리라.
- 에베소서 2:8 너희는 그 은혜에 의하여 믿음으로 말미암아 구원을 받았으니, 이것은 너희에게서 난 것이 아니요 하나님의 선물이라.
- 고린도전서 15:10 내가 나 된 것은 하나님의 은혜로 된 것이니, 내게 주신 그의 은혜가 헛되지 아니하여 내가 모든 사도보다 더 많이 수고하였으나, 내가 한 것이 아니요 오직 나와 함께 하신 하나님의 은혜로라.

* 묵 상 *

1. 하나님께서 나를 창조하시고 하나님께서 아름답게 창조하신 세상 속에서 살게 하시고 하나님의 피조물들을 다스리게 하신다(창1:28). 하나님의 은혜로 살아간다.

2. 하나님께서 나의 생명을 만드시고, 생존에 필요한 공기·물·햇빛과 먹을거리를 공급하시고, 나의 세포를 분열시켜 신체와 장기를 만드시고, 생명에너지를 만들고 심장이 피를 돌려 온 몸에 공급하신다. 하나님의 은혜가 아니면 살아갈 수 없다.

3. 하나님의 구원 은혜 [○ 하나님의 은혜,) 사람의 타락, ( ) 구원 영접]

    ① 하나님께서 사람을 만들어 하나님의 피조물들을 다스리게 하심(창1:26)

    ② 나를 하나님의 형상대로 만드셔서 하나님과 교제할 수 있게 하심

    ③ 에덴 동산을 만들어 함께 사시면서 사랑과 은혜를 베푸심, 완전한 행복

    4) 사람이 하나님 말씀을 어기고 하나님께 죄를 지음, 하나님과 분리됨

    5) 사람들의 욕심과 능력이 경쟁함, 불만·불안·불행, 사망 후 지옥 심판

    ⑥ 하나님께서 성자의 대속으로 죄인을 구원하여 성령 인도로 함께 살아가기로 정하심

    ⑦ 하나님의 아들을 예수로 보내 구원 복음과 하나님 나라를 선포, 사람들의 모든 죄를 대신 속죄, 부활 승천 후 성령을 보내 사람을 하나님께로 인도하시며 중보하심

    ⑻ 내가 예수님을 내 죄를 대속하신 구주로 영접하고 내 죄를 회개함

    ⑨ 하나님께서 내 죄를 용서하시고 의롭다고 여기셔서 하나님께 나아올 수 있게 하심

    ⑩ 내 안에 성령을 내주시켜 하나님의 뜻에 따라 구원 영생의 길로 인도하심

    ⑾ 내가 성령님의 인도에 따라 하나님 뜻을 깨닫고 순종하여 하나님 백성으로 살아감

    ⑫ 하나님께서 주신 재능과 은사로 하나님 일을 하게 하시면서 함께 하심(마28:19-20)

    ⑬ 예수님께서 재림하셔서 천국 백성으로 적합한 성도를 천국으로 들어올려 구원 완성

4. 하나님께서 나를 구원하시기로 정하셨고, 구원의 길을 만들어 부르셨고, 죄를 용서하셔서 의롭게 하셨고, 자녀로 삼아 함께 살아가며 영화롭게 하신다(롬8:30).

5. 하나님의 구원 은혜는 완비되어 있고, 내가 ⑻⑾과 같이 받아들이면 주신다(계3:20). 지금은 구원의 은혜를 받을 만한 때이다(고후6:2). 내가 온전히 성화되지 못해도 주님의 긍휼과 은혜로 채우시고 구원하여 하늘 천국으로 올리실 것이다. 아멘.

092　고난도 유익이라

- 요한복음 15:19 너희는 세상에 속한 자가 아니요 도리어 내가 너희를 세상에서 택하였기 때문에 세상이 너희를 미워하느니라
- 디모데후서 3:12 무릇 그리스도 예수 안에서 경건하게 살고자 하는 자는 박해를 받으리라.
- 사도행전 14:22 우리가 하나님의 나라에 들어가려면 많은 환난을 겪어야 할 것이라
- 로마서 8:17 자녀이면 또한 상속자 곧 하나님의 상속자요 그리스도와 함께 한 상속자니, 우리가 그와 함께 영광을 받기 위하여 고난도 함께 받아야 할 것이니라.
- 호세아 5:15 그들이 고난 받을 때에 나를 간절히 구하리라.
- 시편 119:67,71 고난 당하기 전에는 내가 그릇 행하였더니, 이제는 주의 말씀을 지키나이다. 고난 당한 것이 내게 유익이라. 이로 말미암아 내가 주의 율례들을 배우게 되었나이다.
- 로마서 5:3-4 우리가 환난 중에도 즐거워하나니, 이는 환난은 인내를, 인내는 연단을, 연단은 소망을 이루는 줄 앎이로다.
- 야고보서 1:2,4 너희가 여러 가지 시험을 당하거든 온전히 기쁘게 여기라. 인내를 온전히 이루라. 이는 너희로 온전하고 구비하여 조금도 부족함이 없게 하려 함이라.
- 고린도전서 10:13 하나님은 미쁘사 너희가 감당하지 못할 시험 당함을 허락하지 아니하시고, 시험 당할 즈음에 또한 피할 길을 내사 너희로 능히 감당하게 하시느니라.
- 베드로전서 5:10 모든 은혜의 하나님 곧 그리스도 안에서 너희를 부르사 자기의 영원한 영광에 들어가게 하신 이가 잠깐 고난을 당한 너희를 친히 온전하게 하시며 굳건하게 하시며 강하게 하시며 터를 견고하게 하시리라.
- 욥기 23:10 그가 나를 단련하신 후에는 내가 순금 같이 되어 나오리라.
- 고린도후서 4:8,11 우리가 사방으로 욱여쌈을 당하여도 싸이지 아니하며, 답답한 일을 당하여도 낙심하지 아니하며 - 우리 살아 있는 자가 항상 예수를 위하여 죽음에

넘겨짐은 예수의 생명이 또한 우리 죽을 육체에 나타나게 하려 함이라.
- 베드로전서 2:20 선을 행함으로 고난을 받고 참으면 이는 하나님 앞에 아름다우니라.
- 히브리서 10:36 너희에게 인내가 필요함은 너희가 하나님의 뜻을 행한 후에 약속하신 것을 받기 위함이라.
- 야고보서 1:12 시험을 참는 자는 복이 있나니, 이는 시련을 견디어 낸 자가 주께서 자기를 사랑하는 자들에게 약속하신 생명의 면류관을 얻을 것이기 때문이라.
- 로마서 8:18,35 현재의 고난은 장차 우리에게 나타날 영광과 비교할 수 없도다. 누가 우리를 그리스도의 사랑에서 끊으리요, 환난이나 곤고나 박해나 기근이나 적신이나 위험이나 칼이랴.
- 사도행전 5:41 사도들은 그 이름을 위하여 능욕 받는 일에 합당한 자로 여기심을 기뻐하면서 공회 앞을 떠나니라.   [능욕(凌辱) : 업신여기고 욕보임]
- 골로새서 1:24 나는 이제 너희를 위하여 받는 괴로움을 기뻐하고 그리스도의 남은 고난을 그의 몸된 교회를 위하여 내 육체에 채우노라.

* 묵 상 *

1. 예수님은 하나님의 뜻을 이루기 위하여 사람들의 모든 죄 값을 대신 치르는 고난과 죽음을 감수하셨다. 그리고 부활하시고 승천하셔서 하나님 우편에 앉으셨다.
2. 성도는 하나님의 구원을 받아들여 세속을 벗어나 하나님 나라에 속하게 되므로 세상의 핍박을 받게 되지만, 주님과 함께 하면 이기게 된다(계17:14).
3. 고난은 인간의 한계를 느끼고 전심으로 하나님을 찾고 의지하게 하므로(신4:30), 하나님을 만나 천국에 들어가게 하는 은혜로 이어진다.
4. 그래서 하나님은 성도의 고난을 제거하거나 해결하여 주시지 않고, 고난 가운데 함께 하시며 기쁨으로 고난을 이겨낼 수 있도록 인도하여 선을 이루게 하신다(골1:11). 성도는 고난 속에서 보호하시고 건져 주시는 하나님의 은혜를 깨닫고 감사한다.
5. 성도가 하나님 나라에 들어가 누리게 되는 영광과 행복은 지극히 고귀하고 영원하다. 그러나 세상에서 구별되며 받는 고난은 가볍고 일시적이다(고후4:17-18). 성도가 고난을 이겨내면 그의 천국 소망과 신앙이 더욱 튼튼하고 강하게 다져진다.

093 — 범사에 감사하라

- **데살로니가전서 5:18** 범사에 감사하라. 이것이 그리스도 예수 안에서 너희를 향하신 하나님의 뜻이니라.
- **고린도후서 12:9** 내 은혜가 네게 족하도다.
- **고린도전서 2:12** 우리가 — 하나님으로부터 온 영을 받았으니 이는 우리로 하여금 하나님께서 우리에게 은혜로 주신 것들을 알게 하려 하심이라.
- **사도행전 17:24,28** 우주와 그 가운데 있는 만물을 지으신 하나님께서는 천지의 주재(主宰)시니 — 우리가 그를 힘입어 살며 기동(起動)하며 존재하느니라.
- **레위기 26:3,4,12** 너희가 내 규례와 계명을 준행하면, 내가 너희에게 철따라 비를 주리니 땅은 그 소산을 내고 밭의 나무는 열매를 맺으리라. 나는 너희 중에 행하여 너희의 하나님이 되고 너희는 내 백성이 될 것이니라.
- **요한복음 3:16** 하나님이 세상을 이처럼 사랑하사 독생자를 주셨으니, 이는 그를 믿는 자마다 멸망하지 않고 영생을 얻게 하려 하심이라.
- **로마서 3:24** 그리스도 예수 안에 있는 속량(贖良)으로 말미암아 하나님의 은혜로 값 없이 의롭다 하심을 얻은 자 되었느니라.
- **데살로니가전서 5:10** 예수께서 우리를 위하여 죽으사 우리로 하여금 깨어 있든지 자든지 자기와 함께 살게 하려 하셨느니라.
- **골로새서 2:6-7** 너희가 그리스도 예수를 주로 받았으니, 그 안에서 행하되 그 안에 뿌리를 박으며 세움을 받아 교훈을 받은 대로 믿음에 굳게 서서 감사함을 넘치게 하라.
- **갈라디아서 4:6** 너희가 아들이므로 하나님이 그 아들의 영을 우리 마음 가운데 보내사 아빠 아버지라 부르게 하셨느니라.
- **로마서 8:16-17** 성령이 친히 우리의 영과 더불어 우리가 하나님의 자녀인 것을 증언하시나니, 자녀이면 또한 상속자 곧 하나님의 상속자요 그리스도와 함께 한 상속자니,
- **에베소서 5:20-21** 범사에 우리 주 예수 그리스도의 이름으로 항상 아버지 하나님께

감사하며, 그리스도를 경외함으로 피차 복종하라.

- 시편 50:14-15 감사로 하나님께 제사를 드리며 지존하신 이에게 네 서원(誓願)을 갚으며 환난 날에 나를 부르라. 내가 너를 건지리니 네가 나를 영화롭게 하리로다.
- 빌립보서 4:6-7 아무 것도 염려하지 말고 다만 모든 일에 기도와 간구로 너희 구할 것을 감사함으로 하나님께 아뢰라. 그리하면 모든 지각에 뛰어난 하나님의 평강이 그리스도 예수 안에서 너희 마음과 생각을 지키시리라.
- 골로새서 3:15 그리스도의 평강이 너희 마음을 주장하게 하라. 너희는 평강을 위하여 한 몸으로 부르심을 받았나니 너희는 또한 감사하는 자가 되라.
- 시편 107:1,9 여호와께 감사하라. 그는 선하시며 인자하심이 영원함이로다. 그가 사모하는 영혼에게 만족을 주시며 주린 영혼에게 좋은 것으로 채워주심이로다.
- 로마서 8:28 우리가 알거니와 하나님을 사랑하는 자 곧 그의 뜻대로 부르심을 입은 자들에게는 모든 것이 합력하여 선을 이루느니라.

* 묵 상 *

1. 하나님께서 천지만물을 종류대로 아름답게 창조하시고 밤낮과 계절을 순환시키시고 빛과 비와 바람을 주셔서 온갖 식물과 동물을 키우신다. 그렇게 아름다운 세상을 사람에게 주시고 하나님께서 만드신 세상을 다스리게 하신다(창1:28).

2. 하나님께서 나에게 생명을 주시고 주관하셔서 생존하게 하신다. 하나님과 교제하게 하시고 가정과 일터를 주시고 서로 사랑하고 도우며 행복을 나누게 하신다.

3. 하나님께서 나를 죄와 사망의 처지에서 구원하여 하나님의 자녀로 살아가게 하시고 성령님의 개별 지도로 하나님의 지극한 사랑과 은혜를 누리며 존귀하고 행복하게 살아가도록 인도하신다.

4. 내가 하나님의 구원을 받아들여 하나님 자녀로 되고 성령님 인도에 순종하여 하나님 뜻에 따라 살아가면 가장 행복한 인생을 이루고 하나님을 기쁘시게 한다.

5. 나의 인생은 모든 것이 다 하나님의 은혜이다. 이러한 사실을 인정하고 하나님을 찬양하는 것이 하나님의 피조물로 살아가는 것이고 하나님 은혜에 감사하는 것이다.

6. 내가 고난과 역경 속에 있을 때에는 그 속에서 하나님의 은혜를 찾아내고, 내가 배부르고 형통할 때에는 모든 복을 주신 하나님을 잊어버리지 않아야 한다(신8:12-14).

094 ── 주님께 맡기고 염려하지 말라

- 베드로전서 5:7 너희 염려를 다 주께 맡겨라. 이는 그가 너희를 돌보심이라.
- 민수기 6:24-26 여호와는 네게 복을 주시고 너를 지키시기를 원하며, 여호와는 그의 얼굴을 네게 비추사 은혜 베푸시기를 원하며, 여호와는 그 얼굴을 네게로 향하여 드사 평강 주시기를 원하노라
- 야고보서 1:17 온갖 좋은 은사와 온전한 선물이 다 위로부터 빛들의 아버지께로부터 내려오나니,
- 요한일서 5:14 그를 향하여 우리가 가진 바 담대함이 이것이니, 그의 뜻대로 무엇을 구하면 들으심이라.
- 요한복음 3:27 만일 하늘에서 주신 바 아니면 사람이 아무 것도 받을 수 없느니라.
- 시편 37:5-6 네 길을 여호와께 맡기라. 그를 의지하면 그가 이루시고 네 의를 빛 같이 나타내시며 네 공의를 정오의 빛 같이 하시리로다.
- 잠언 16:9 사람이 마음으로 자기의 길을 계획할지라도 그의 걸음을 인도하시는 이는 여호와시니라.
- 빌립보서 4:6-7 아무 것도 염려하지 말고, 다만 모든 일에 기도와 간구로 너희 구할 것을 감사함으로 하나님께 아뢰라. 그리하면 모든 지각에 뛰어난 하나님의 평강이 그리스도 예수 안에서 너희 마음과 생각을 지키시리라.
- 요한복음 14:27 나의 평안을 너희에게 주노라. 내가 너희에게 주는 것은 세상이 주는 것과 같지 아니하니라. 너희는 마음에 근심하지도 말고 두려워하지도 말라.
- 골로새서 2:6-7 너희가 그리스도 예수를 주로 받았으니, 그 안에서 행하되 그 안에 뿌리를 박으며 세움을 받아 교훈을 받은 대로 믿음에 굳게 서서 감사함을 넘치게 하라.
- 빌립보서 4:13 내게 능력 주시는 자 안에서 내가 모든 것을 할 수 있느니라.
- 이사야 40:31 여호와를 앙망하는 자는 새 힘을 얻으리니 독수리가 날개치며 올라감 같

을 것이요, 달음박질하여도 곤비(困憊)하지 아니하겠고 걸어가도 피곤하지 아니하리로다.

- 마태복음 6:27,31,32 너희 중에 누가 염려함으로 그 키를 한 자라도 더할 수 있겠느냐. 그러므로 염려하여 이르기를, 무엇을 먹을까 무엇을 마실까 무엇을 입을까 하지 말라. 이는 다 이방인들이 구하는 것이라. 너희 하늘 아버지께서 이 모든 것이 너희에게 있어야 할 줄을 아시느니라.
- 마태복음 13:22 가시떨기에 뿌려졌다는 것은 말씀을 들으나 세상의 염려와 재물의 유혹에 말씀이 막혀 결실하지 못하는 자요,
- 고린도후서 7:10 하나님의 뜻대로 하는 근심은 후회할 것이 없는 구원에 이르게 하는 회개를 이루는 것이요, 세상 근심은 사망을 이루는 것이니라.
- 시편 91:15 그가 내게 간구하리니 내가 그에게 응답하리라. 그들이 환난 당할 때에 내가 그와 함께 하여 그를 건지고 영화롭게 하리라.

* 묵 상 *

1. 하나님의 지혜와 능력은 무궁무진하고 차원이 높다. 내 인생을 하나님께 맡기면, 나를 만드신 하나님의 지혜와 능력으로 최고·최선의 인생으로 인도하시고 하나님 나라의 완전 한 행복을 누리게 하신다.

2. 성도는 고난과 역경을 당하더라도 자기 능력 없음을 걱정하지 않고 자기 인생을 주님이신 하나님께 맡기고 말씀 묵상과 기도로 하나님 뜻을 구한다. 마음과 생각과 삶을 모두 성령님의 인도하심에 맡기고 순종하면 어떤 상황에서도 평안하게 된다.

3. 육신을 위하여, 세상 일을 위하여, 재물이나 향락을 위하여 염려하는 것은 온전한 신앙의 성장과 결실을 방해할 뿐(눅8:14) 아무 것도 이루지 못한다. 성도가 염려할 것은 주님의 일을 어찌하여야 주님을 기쁘시게 할까 하는 것이다(고전7:32).

4. 염려는 불신의 틈에서 생기는 것이므로, 전지전능하신 하나님께서 자녀를 돌보신다고 믿고(롬8:32) 내 안에 계신 성령 하나님께 도움을 구하고 나를 온전히 다스리시게 하여 염려와 방해를 물리쳐야 한다(갈5:16).

5. 기도는 인간의 능력을 초월하는 하나님을 의지하는 것이므로, 내 힘으로 어찌할 수 없는 일도 기도로 주님께 맡기면 염려를 벗어나 믿음과 평안을 지킬 수 있다.

6. 굳건한 믿음을 주셔서 세상 일로 염려하지 않고 오직 하나님만 의지하고 하나님 뜻을 따르도록 손잡아 이끌어 주시옵소서!

095 ── 주 안에서 항상 기뻐하라

- **빌립보서 4:4** 주 안에서 항상 기뻐하라. 내가 다시 말하노니 기뻐하라.
- **에베소서 2:12,13,19** 그때에 너희는 그리스도 밖에 있었고 - 세상에서 소망이 없고 하나님도 없는 자이더니, 이제는 전에 멀리 있던 너희가 그리스도 예수 안에서 그리스도의 피로 가까워졌느니라. 그러므로 이제부터 너희는 외인도 아니요 나그네도 아니요 오직 성도들과 동일한 시민이요 하나님의 권속이라.
- **누가복음 10:20** 너희 이름이 하늘에 기록된 것으로 기뻐하라
- **로마서 14:17-18** 하나님의 나라는 먹는 것과 마시는 것이 아니요 오직 성령 안에 있는 의와 평강과 희락이라. 이로써 그리스도를 섬기는 자는 하나님을 기쁘시게 하며 사람에게도 칭찬을 받느니라.
- **하박국 3:17-18** 비록 무화과나무가 무성하지 못하고 - 밭에 먹을 것이 없으며 우리에 양이 없으며 외양간에 소가 없을지라도, 나는 여호와로 말미암아 즐거워하며 나의 구원의 하나님으로 말미암아 기뻐하리로다.
- **시편 16:11** 주께서 생명의 길을 내게 보이시리니, 주의 앞에는 충만한 기쁨이 있고 주의 오른쪽에는 영원한 즐거움이 있나이다.
- **예레미야 3:19** 너희가 나를 나의 아버지라 하고 나를 떠나지 말 것이니라
- **요한복음 16:24** 지금까지는 너희가 내 이름으로 아무 것도 구하지 아니하였으나, 구하라 그리하면 받으리니 너희 기쁨이 충만하리라.
- **요한복음 14:27** 나의 평안을 너희에게 주노라. 내가 너희에게 주는 것은 세상이 주는 것과 같지 아니하니라. 너희는 마음에 근심하지도 말고 두려워하지도 말라.
- **로마서 15:13** 소망의 하나님이 모든 기쁨과 평강을 믿음 안에서 너희에게 충만하게 하사 성령의 능력으로 소망이 넘치게 하시기를 원하노라.
- **고린도후서 13:11** 형제들아 기뻐하라. 온전하게 되며 위로를 받으며 마음을 같이하

며 평안할지어다. 또 사랑과 평강의 하나님이 너희와 함께 계시리라.

- 야고보서 1:2,4 너희가 여러 가지 시험을 당하거든 온전히 기쁘게 여기라. 인내를 온전히 이루라. 이는 너희로 온전하고 구비하여 조금도 부족함이 없게 하려 함이라.
- 로마서 5:3-4 우리가 환난 중에도 즐거워하나니, 이는 환난은 인내를 인내는 연단을 연단은 소망을 이루는 줄 앎이로다.
- 마태복음 5:11-12 나로 말미암아 너희를 욕하고 박해하고 거짓으로 너희를 거슬러 모든 악한 말을 할 때에는 너희에게 복이 있나니, 기뻐하고 즐거워하라. 하늘에서 너희의 상이 큼이라.
- 사도행전 5:41 사도들은 그 이름을 위하여 능욕 받는 일에 합당한 자로 여기심을 기뻐하면서 공회 앞을 떠나니라. [능욕(凌辱) : 업신여기고 욕보임]
- 빌립보서 2:17-18 만일 너희 믿음의 제물과 섬김 위에 내가 나를 전제(奠祭)로 드릴지라도 나는 기뻐하고 너희 무리와 함께 기뻐하리니, 이와 같이 너희도 기뻐하고 나와 함께 기뻐하라. [전제(奠祭) : 제단에 바쳐진 제물 위에 피를 상징하는 포도주를 붓는 의식]

* 묵 상 *

1. 내가 나를 만드신 하나님을 떠나 죄악 속에 빠졌다가, 예수 그리스도께서 십자가에서 죽으심으로 나의 죄를 대신 속죄하신 은혜로 죄인의 처지를 벗어났고, 하나님께서 나를 자녀로 삼으시고 내 안에 성령을 주셔서 하나님과 함께 살아가도록 인도하신다.

2. 예수님의 대속으로 내가 하나님을 떠났던 죄를 용서 받고 정죄 심판을 사면 받은 것, 하나님께서 나를 의롭다 여기시고 자녀로 삼으신 것, 성령님께서 내 안에 상주하시며 나를 생명의 길로 인도하시는 것, 내가 순종하기만 하면 하나님의 백성이 되어 하나님 나라의 신령한 행복을 누릴 수 있는 것은 오로지 하나님의 지극하신 은혜 덕분이다.

3. 나를 구원하신 하나님의 은혜를 인정하고 감사하고 누리며 벗어나지 않는 것이 주 안에서 기뻐하는 것이다. 하나님 안에 있는 것이 참된 행복이고 기쁨의 원천이다.

4. 내가 세속과 다르게 거룩하게 산다는 이유로 세상에서 푸대접이나 핍박을 받더라도, 나의 처지와 상황이 고통스럽더라도, 기쁘게 감수해야 한다. 나는 결코 하나님 나라의 소망과 하나님 자녀의 특권과 천국 백성의 영광과 행복을 포기할 수 없다.

5. 사도들은 주님을 위하여 능욕 받는 일을 기뻐하였고, 바울은 영혼 구원을 위하여 복음을 전파하려고 수고하고 목숨을 주더라도 기뻐한다고 고백하였다(살전2:8).

096 ─── 차원 높은 행복을 추구한다

- **에베소서 1:3,5** 찬송하리로다. 하나님 곧 우리 주 예수 그리스도의 아버지께서 그리스도 안에서 하늘에 속한 신령한 복을 우리에게 주시되 – 예수 그리스도로 말미암아 자기의 아들들이 되게 하셨으니,

- **로마서 6:22** 이제는 너희가 죄로부터 해방되고 하나님께 종이 되어 거룩함에 이르는 열매를 맺었으니, 그 마지막은 영생이라.

- **요한복음 17:3** 영생은 곧 유일하신 참 하나님과 그가 보내신 자 예수 그리스도를 아는 것이니이다.

- **데살로니가전서 5:10** 예수께서 우리를 위하여 죽으사 우리로 하여금 깨어 있든지 자든지 자기와 함께 살게 하려 하셨느니라.

- **골로새서 3:1-2** 너희가 그리스도와 함께 다시 살리심을 받았으면 위의 것을 찾으라. – 위의 것을 생각하고 땅의 것을 생각하지 말라.

- **로마서 8:13-14** 너희가 육신대로 살면 반드시 죽을 것이로되 영으로써 몸의 행실을 죽이면 살리니, 무릇 하나님의 영으로 인도함을 받는 사람은 곧 하나님의 아들이라.

- **에베소서 1:17-19** 지혜와 계시의 영을 너희에게 주사 하나님을 알게 하시고, 너희 마음의 눈을 밝히사 그의 부르심의 소망이 무엇이며 – 믿는 우리에게 베푸신 능력의 지극히 크심이 어떠한 것을 너희로 알게 하시기를 구하노라.

- **로마서 14:17-18** 하나님의 나라는 먹는 것과 마시는 것이 아니요 오직 성령 안에 있는 의와 평강과 희락이라. 이로써 그리스도를 섬기는 자는 하나님을 기쁘시게 하며 사람에게도 칭찬을 받느니라.

- **히브리서 12:2** 믿음의 주요 또 온전하게 하시는 이인 예수를 바라보자. 그는 그 앞에 있는 기쁨을 위하여 십자가를 참으사 – 하나님 보좌 우편에 앉으셨느니라.

- **히브리서 4:16** 그러므로 우리는 긍휼하심을 받고 때를 따라 돕는 은혜를 얻기 위하여 은혜의 보좌 앞에 담대히 나아갈 것이니라.

- **마태복음 6:33** 그런즉 너희는 먼저 그의 나라와 그의 의를 구하라.
- **로마서 12:2** 너희는 이 세대를 본받지 말고 오직 마음을 새롭게 함으로 변화를 받아 하나님의 선하시고 기뻐하시고 온전하신 뜻이 무엇인지 분별하도록 하라.
- **골로새서 1:9-11** 너희로 하여금 모든 신령한 지혜와 총명에 하나님의 뜻을 아는 것으로 채우게 하시고, 주께 합당하게 행하여 범사에 기쁘시게 하고, 모든 선한 일에 열매를 맺게 하시며, 하나님을 아는 것에 자라게 하시고, 그의 영광의 힘을 따라 모든 능력으로 능하게 하시며, 기쁨으로 모든 견딤과 오래 참음에 이르게 하시고,
- **갈라디아서 5:16** 너희는 성령을 따라 행하라. 그리하면 육체의 욕심을 이루지 아니하리라.
- **요한일서 2:15** 이 세상이나 세상에 있는 것들을 사랑하지 말라.
- **디모데전서 6:12** 믿음의 선한 싸움을 싸우라. 영생을 취하라.

* 묵 상 *

1. 예수님의 대속 은혜로 죄를 사함 받은 사람이 하나님께 나아가 하나님과 함께 살아가면 하나님의 자녀가 되어 차원 높고 존귀한 인생을 이루고 구원 영생을 누리게 된다. 이것이 하나님께서 죄인들을 구원하시는 목적이다(요6:40).

2. 하나님의 자녀가 성령의 인도를 받아 하나님의 뜻에 따라 살아가면 하나님과 올바른 관계가 회복되고 하나님 나라의 평강과 희락을 누린다(롬14:17). 이것은 하나님을 주님으로 섬기는 성도에게 베풀어지는 하나님의 은혜이고, 차원 높은 신령한 행복이다.

3. 하나님의 자녀가 누리는 은혜와 행복은 하나님 아버지의 돌보심으로 영혼이 소생되고 부족함이 없는 만족이다(시23:1-3). 인간 세상의 부귀영화보다 고귀한 것이고 하나님을 주님으로 섬기며 그 말씀을 청종할 때 누리게 된다(신10:12-13).

4. 내가 하나님의 자녀로 살아가려면 하나님을 주님으로 섬기며 하나님을 잊거나 떠나지 말아야 하고, 만일 죄를 지으면 즉시 회개하여 용서받아야 한다. 그리고 차원 높은 인생과 행복을 누리기 위하여 성령님의 인도를 받아 육신의 정욕을 제어하고 인간 세상의 부귀영화를 탐하지 않고 마귀의 방해를 물리쳐야 한다.

5. 내가 육신의 정욕과 세상의 영화를 탐하지 않고 하나님을 주님으로 섬기도록 인도하시고 끝까지 하나님을 떠나지 않고 성화를 이루고 영화에 이르게 도와 주시옵소서!

097 ── 구원 영생의 길로 나아간다

- **신명기 30:19-20** 내가 생명과 사망과 복과 저주를 네 앞에 두었은즉, 너와 네 자손이 살기 위하여 생명을 택하고, 네 하나님 여호와를 사랑하고 그의 말씀을 청종하며 또 그를 의지하라.

- **로마서 8:13-14** 너희가 육신대로 살면 반드시 죽을 것이로되 영으로써 몸의 행실을 죽이면 살리니, 무릇 하나님의 영으로 인도함을 받는 사람은 곧 하나님의 아들이라.

- **로마서 6:23** 죄의 삯은 사망이요, 하나님의 은사는 그리스도 예수 우리 주 안에 있는 영생이니라.

- **마태복음 7:13-14** 좁은 문으로 들어가라. 멸망으로 인도하는 문은 크고 그 길이 넓어 그리로 들어가는 자가 많고, 생명으로 인도하는 문은 좁고 길이 협착하여 찾는 자가 적음이라.

- **히브리서 12:2** 믿음의 주요 또 온전하게 하시는 이인 예수를 바라보자. 그는 그 앞에 있는 기쁨을 위하여 십자가를 참으사 - 하나님 보좌 우편에 앉으셨느니라.

- **골로새서 1:9-11** 너희로 하여금 모든 신령한 지혜와 총명에 하나님의 뜻을 아는 것으로 채우게 하시고, 주께 합당하게 행하여 범사에 기쁘시게 하고, 모든 선한 일에 열매를 맺게 하시며, 하나님을 아는 것에 자라게 하시고, 그의 영광의 힘을 따라 모든 능력으로 능하게 하시며, 기쁨으로 모든 견딤과 오래 참음에 이르게 하시고,

- **로마서 12:2** 너희는 이 세대를 본받지 말고 오직 마음을 새롭게 함으로 변화를 받아 하나님의 선하시고 기뻐하시고 온전하신 뜻이 무엇인지 분별하도록 하라.

- **누가복음 12:15** 삼가 모든 탐심을 물리치라. 사람의 생명이 그 소유의 넉넉한 데 있지 아니하니라.

- **요한일서 2:15-16** 이 세상이나 세상에 있는 것들을 사랑하지 말라. 누구든지 세상을 사랑하면 아버지의 사랑이 그 안에 있지 아니하니,

- **마태복음 13:44** 천국은 마치 밭에 감추인 보화와 같으니, 사람이 이를 발견한 후 숨

겨 두고 기뻐하며 돌아가서 자기의 소유를 다 팔아 그 밭을 사느니라.
- 디모데전서 6:12 믿음의 선한 싸움을 싸우라. 영생을 취하라.
- 요한일서 2:17 이 세상도 그 정욕도 지나가되, 오직 하나님의 뜻을 행하는 자는 영원히 거하느니라.

* 묵 상 *

1. 모든 사람 앞에는 죄인의 길과 성도의 길이 나란히 펼쳐져 있다. 어느 길로 가느냐에 따라 인생이 달라지지만, 이 길에서 저 길로 자유롭게 오고 갈 수 있다.

하나님을 떠난 죄인의 인생	구원 받은 성도의 인생
하나님을 떠나 인간의 힘으로 살아간다	살아계신 하나님을 주님으로 섬기며 살아간다
인간 세상의 부귀영화가 눈부시게 유혹한다	성령님의 인도를 받아 하나님의 뜻에 따른다
서로 경쟁하면서 불행을 겪다가 죽는다	하나님의 사랑과 은혜를 누리며 영생한다
하나님과 단절된 지옥에서 영원히 후회한다	하나님의 다스림을 받으며 영원히 행복하다

2. 모든 사람이 하나님을 떠난 죄인이지만, 하나님께서 예수님을 희생시켜 사람들의 죄를 대신 속죄하게 하셔서 죄인들이 죄를 사면 받고 거룩하신 하나님의 자녀로 살아갈 수 있게 하셨다. 이 은혜를 받아들이면 구원 받아 하나님과 함께 영생할 수 있다.

3. 성도의 인생은 그리스도 영접, 죄를 회개함, 성령 받아 거듭남, 성령 인도로 거룩한 삶, 영화로 이어진다. ①하나님을 떠난 죄를 깨달음, ②예수 그리스도께서 죽으심으로 내 죄를 대속하셨음을 인정하고 나의 구주로 영접하고 내 죄를 회개함, ③하나님께서 내 죄를 용서하시고 의롭다 여기심, ④성령을 받아 하나님의 성도로 거듭남, ⑤성령님의 인도를 구하고 순종하여 하나님 뜻에 맞게 살아감, ⑥재림 예수님께서 하늘 천국으로 들어올려 하나님과 함께 영생하게 하심

4. 성도의 인생은 하나님의 은혜가 이끌고 이루어 주지만, 눈에 보이지 않아서 믿음으로 받아들이고 순종해야 한다(히11:1-3). 또 육신의 정욕, 인간 세상의 부귀영화, 마귀의 유혹을 이겨내야 한다.

5. 나의 의지나 능력이나 노력으로는 성도의 길을 지키기 어렵다. 성령님을 내 삶의 주님으로 섬기고 나의 마음과 생각과 언행과 삶을 다스리시게 하고 그 인도에 순종해야 하나님의 백성으로 온전하게 살아갈 수 있다(롬8:14).

098 ─── 육신의 정욕을 제어하라

- 베드로전서 2:11 사랑하는 자들아, 거류민과 나그네 같은 너희를 권하노니, 영혼을 거슬러 싸우는 육체의 정욕을 제어하라.

- 야고보서 1:14-15 오직 각 사람이 시험을 받는 것은 자기 욕심에 끌려 미혹됨이니, 욕심이 잉태한즉 죄를 낳고 죄가 장성한즉 사망을 낳느니라.

- 디모데전서 5:6 향락을 좋아하는 자는 살았으나 죽었느니라.

- 로마서 8:5-6 육신을 따르는 자는 육신의 일을, 영을 따르는 자는 영의 일을 생각하나니, 육신의 생각은 사망이요 영의 생각은 생명과 평안이니라.

- 갈라디아서 5:16-17 너희는 성령을 따라 행하라. 그리하면 육체의 욕심을 이루지 아니하리라. 육체의 소욕은 성령을 거스르고 성령은 육체를 거스르나니, 이 둘이 서로 대적함으로 너희가 원하는 것을 하지 못하게 함이니라.

- 에베소서 4:22-24 너희는 유혹의 욕심을 따라 썩어져 가는 옛사람을 벗어 버리고, 오직 너희의 심령이 새롭게 되어, 하나님을 따라 의와 진리의 거룩함으로 지으심을 받은 새 사람을 입으라.

- 에베소서 5:3 음행과 온갖 더러운 것과 탐욕은 너희 중에서 그 이름조차도 부르지 말라. 이는 성도에게 마땅한 바니라. 음행하는 자나 더러운 자나 탐하는 자 곧 우상 숭배자는 다 그리스도와 하나님의 나라에서 기업을 받지 못하리니,

- 로마서 8:13-14 너희가 육신대로 살면 반드시 죽을 것이로되 영으로써 몸의 행실을 죽이면 살리니, 무릇 영으로 인도함을 받는 사람은 곧 하나님의 아들이라.

- 고린도전서 6:19-20 너희 몸은 너희가 하나님께로부터 받은 바 – 너희는 너희 자신의 것이 아니라 값으로 산 것이 되었으니, 그런즉 너희 몸으로 하나님께 영광을 돌리라

- 마태복음 7:13-14 좁은 문으로 들어가라. 멸망으로 인도하는 문은 크고 그 길이 넓어 그리로 들어가는 자가 많고, 생명으로 인도하는 문은 좁고 길이 협착하여 찾는 자가 적음이라.

- 요한일서 2:15 이 세상이나 세상에 있는 것들을 사랑하지 말라. 누구든지 세상을 사

랑하면 아버지의 사랑이 그 안에 있지 아니하니,

- 요한일서 2:17 이 세상도 그 정욕도 지나가되, 오직 하나님의 뜻을 행하는 자는 영원히 거하느니라.
- 마태복음 6:31,33 그러므로 염려하여 이르기를 무엇을 먹을까, 무엇을 마실까, 무엇을 입을까 하지 말라. - 너희는 먼저 그의 나라와 그의 의를 구하라. 그리하면 이 모든 것을 너희에게 더하시리라.
- 로마서 6:12-13 그러므로 너희는 죄가 너희 죽을 몸을 지배하지 못하게 하여 몸의 사욕에 순종하지 말고, 또한 너희 지체를 불의의 무기로 죄에게 내주지 말고, 오직 너희 자신을 - 하나님께 드리며, 너희 지체를 의의 무기로 하나님께 드리라.
- 마태복음 5:30 만일 네 오른손이 너로 실족하게 하거든 찍어 내버리라. 네 백체 중 하나가 없어지고 온 몸이 지옥에 던져지지 않는 것이 유익하니라.

* 묵 상 *

1. 사람은 영적 존재로 창조되어 영과 혼과 몸을 가진다. 사람의 영이 성령님의 인도를 받아 혼을 다스리고 혼이 몸을 다스리면 하나님의 성도로 살아갈 수 있다. 사람이 하나님께 죄를 지어 하나님과 분리되면 성령님의 인도가 끊어지고 사람의 욕심이 혼과 몸을 지배하게 되어 온갖 죄악에 빠지게 된다(롬1:28-31).

2. 나는 그리스도의 은혜로 죄와 사망에서 구원받은 성도이므로 당연히 죄인의 삶을 버리고 의롭다고 여김받은 성도답게 거룩하게 살아야 한다(롬6:11). 그러나 나의 죄성(이기심·욕심)이 여전하고 나의 의지나 노력으로는 통제하기 어렵다.

3. 이처럼 곤고한 나를 돕기 위하여 하나님께서 거룩하신 성령님을 내 안에 영원히 내주시켜(요14:16-17) 나의 인생을 선도하게 하신다(요16:8). 하나님의 특별 은혜이다.

4. 내 마음 안에 성령 하나님과 나의 죄성이 공존한다. 성령님은 내가 원할 때 구원과 영생의 길로 인도하시고, 육신의 정욕은 내가 하나님의 구원을 원할 때에도 앞장서서 나를 죄악의 길로 이끈다(롬7:21-24). 그래서 내가 구원 영생의 길로 나아가려면 항상 성령님의 인도를 구하고 순종하면서 육신의 정욕을 제어해야 한다.

5. 인간 세상의 부귀영화와 육신의 안락은 달콤하게 모든 사람의 욕심을 부추기지만, 실제로 얻기는 어렵고 얻더라도 일시적이다. 그러나 구원의 행복은 영원하다(요일2:17).

099 　　　　　　　　　　 돈을 사랑하지 말라

- **히브리서 13:5** 돈을 사랑하지 말고, 있는 바를 족한 줄로 알라.
- **전도서 5:19** 어떤 사람에게든지 하나님이 재물과 부요를 그에게 주사 능히 누리게 하시며 제 몫을 받아 수고함으로 즐거워하게 하신 것은 하나님의 선물이라.
- **예레미야 9:23-24** 부자는 그의 부함을 자랑하지 말라. 자랑하는 자는 이것으로 자랑할지니, 곧 명철하여 나를 아는 것과 나 여호와는 사랑과 정의와 공의를 땅에 행하는 자인 줄 깨닫는 것이라.
- **누가복음 12:15** 삼가 모든 탐심을 물리치라. 사람의 생명이 그 소유의 넉넉한 데 있지 아니하니라
- **마태복음 19:21,23** 예수께서 이르시되, 네가 온전하고자 할진대 가서 네 소유를 팔아 가난한 자들에게 주라. 그리하면 하늘에서 보화가 네게 있으리라. 그리고 와서 나를 따르라 - 부자는 천국에 들어가기가 어려우니라.
- **잠언 22:1** 많은 재물보다 명예를 택할 것이요 은이나 금보다 은총을 더욱 택할 것이니라.
- **마태복음 6:24,33** 한 사람이 두 주인을 섬기지 못할 것이니 - 너희가 하나님과 재물을 겸하여 섬기지 못하느니라. 그런즉 너희는 먼저 그의 나라와 그의 의를 구하라.
- **마태복음 6:20-21** 오직 너희를 위하여 보물을 하늘에 쌓아 두라. - 네 보물이 있는 그곳에는 네 마음도 있느니라.
- **디모데전서 6:17-18** 이 세대에서 부한 자들을 명하여, 마음을 높이지 말고 정함이 없는 재물에 소망을 두지 말고 오직 우리에게 모든 것을 후히 주사 누리게 하시는 하나님께 두며, 선을 행하고 선한 사업을 많이 하고 나누어 주기를 좋아하며 너그러운 자가 되게 하라.
- **마태복음 19:23** 예수께서 제자들에게 이르시되, 내가 진실로 너희에게 이르노니 부자는 천국에 들어가기가 어려우니라.
- **디모데전서 6:8-9** 우리가 먹을 것과 입을 것이 있은즉 족한 줄로 알 것이니라. 부하

려 하는 자들은 시험과 올무와 여러 가지 어리석고 해로운 욕심에 떨어지나니, 곧 사람으로 파멸과 멸망에 빠지게 하는 것이라.

- **신명기 8:17-18** 네가 마음에 이르기를 내 능력과 내 손의 힘으로 내가 이 재물을 얻었다 말할 것이라. 네 하나님 여호와를 기억하라. 그가 네게 재물 얻을 능력을 주셨음이라.
- **디모데전서 6:10** 돈을 사랑함이 일만 악의 뿌리가 되나니, 이것을 탐내는 자들은 미혹을 받아 믿음에서 떠나 많은 근심으로써 자기를 찔렀도다.
- **사도행전 8:20,23** 베드로가 이르되, 네가 하나님의 선물을 돈 주고 살 줄로 생각하였으니, 네 은과 네가 함께 망할지어다 – 너는 악독이 가득하며 불의에 매인 바 되었도다.

✳ 묵 상 ✳

1. 데나리온은 로마의 동전이고, 드라크마는 헬라의 동전이다. 돈은 일꾼의 품삯을 주고 성전을 짓고 성전세를 내기 위해서 필요했다. 현대 시장 경제에서는 생존과 생활을 위하여 필요하고 유익한 물건이다.
2. 돈은 생명도 영혼도 생각도 없는 물건이지만, 어리석고 해로운 욕심을 일으키고 그 욕심이 온갖 죄악을 낳는다.
3. 돈을 사랑하면, 믿음에서 떠나 많은 근심에 빠지게 되고(딤전6:9-10), 탐욕이 생겨 거짓을 행하고(왕하5:22-26), 성전을 더럽히고(눅19:46), 도둑이 된다(요12:6), 스승을 팔게 되고(마26:15-16), 악독이 가득하고 불의에 매이게 된다(행8:23).
4. 인생을 다스리시는 하나님께서 사람 앞에 생명과 사망, 복과 저주를 두시고 자유의지와 선택권을 주셨다. 모든 것을 소유하며 다스리시는 하나님을 주님으로 섬기며 주님의 말씀을 따르면 된다(신30:19-20).
5. 선하시고 인자하신 하나님께서 그 자녀에게 일용할 양식과 필요한 재물을 공급하여 주신다. 하나님은 사람의 생명과 재물과 행복을 모두 가지고 계시므로, 재물보다 하나님을 택하고 하나님과 함께 살아가는 것이 현명하다(눅15:31).
6. 재물이나 명예나 권력이나 쾌락이나 허영을 탐하는 것은 하나님께 드릴 마음을 빼앗겨 우상을 숭배하는 셈이다(골3:5).
7. 은 삼십에 예수 그리스도를 판 유다는 은을 포기하고도 목숨으로 죄 값을 갚았고(마27:3-5), 엘리사의 사환 게하시는 재물을 탐내다가 나병을 받았다(왕하5:27).

100 ── 거룩하신 소명으로 부르셨다

- **디모데후서 1:9** 하나님이 우리를 구원하사 거룩하신 소명으로 부르심은 우리의 행위대로 하심이 아니요 오직 자기의 뜻과 영원 전부터 그리스도 예수 안에서 우리에게 주신 은혜대로 하심이라.

- **요한복음 1:12-13** 영접하는 자 곧 그 이름을 믿는 자들에게는 하나님의 자녀가 되는 권세를 주셨으니, 이는 – 오직 하나님께로부터 난 자들이니라.

- **베드로전서 2:10** 너희가 전에는 백성이 아니더니 이제는 하나님의 백성이요

- **요한복음 15:16** 너희가 나를 택한 것이 아니요 내가 너희를 택하여 세웠나니, 이는 너희로 가서 열매를 맺게 하고 또 너희 열매가 항상 있게 하여 내 이름으로 아버지께 무엇을 구하든지 다 받게 하려 함이라.

- **로마서 6:22** 이제는 너희가 죄로부터 해방되고 하나님께 종이 되어 거룩함에 이르는 열매를 맺었으니, 그 마지막은 영생이라.

- **고린도전서 6:19-20** 너희 몸은 너희가 하나님께로부터 받은 바 – 너희는 너희 자신의 것이 아니라 값으로 산 것이 되었으니, 그런즉 너희 몸으로 하나님께 영광을 돌리라

- **고린도전서 7:22,24** 부르심을 받은 자는 그리스도의 종이니라. 형제들아, 너희는 각각 부르심을 받은 그대로 하나님과 함께 거하라.

- **에베소서 1:17-19** 지혜와 계시의 영을 너희에게 주사 하나님을 알게 하시고, 너희 마음의 눈을 밝히사 그의 부르심의 소망이 무엇이며 – 믿는 우리에게 베푸신 능력의 지극히 크심이 어떠한 것을 너희로 알게 하시기를 구하노라.

- **에베소서 2:22** 너희도 성령 안에서 하나님이 거하실 처소가 되기 위하여 그리스도 예수 안에서 함께 지어져 가느니라.

- **골로새서 3:12-14** 너희는 하나님이 택하사 거룩하고 사랑 받는 자처럼 긍휼과 자비와 겸손과 온유와 오래 참음을 옷 입고 – 서로 용납하고 피차 용서하여 주께서 너희

를 용서하신 것 같이 너희도 그러하고, 이 모든 것 위에 사랑을 더하라.
- 로마서 12:2 너희는 이 세대를 본받지 말고 오직 마음을 새롭게 함으로 변화를 받아 하나님의 선하시고 기뻐하시고 온전하신 뜻이 무엇인지 분별하도록 하라.
- 갈라디아서 5:22-23 성령의 열매는 사랑과 희락과 화평과 오래 참음과 자비와 양선과 충성과 온유와 절제니, 이같은 것을 금지할 법이 없느니라.
- 고린도전서 12:8-11 어떤 사람에게는 성령으로 말미암아 지혜의 말씀을, 어떤 사람에게는 같은 성령을 따라 지식의 말씀을, - 믿음을, - 병 고치는 은사를, - 능력 행함을, - 예언함을, - 영들 분별함을, - 능력 행함을, - 각종 방언 말함을, - 방언들 통역함을 주시나니, 이 모든 일은 같은 한 성령이 행하사 그의 뜻대로 각 사람에게 나누어 주시는 것이니라.
- 마태복음 5:14,16 너희는 세상의 빛이라 - 너희 빛이 사람 앞에 비치게 하여 그들로 너희 착한 행실을 보고 하늘에 계신 너희 아버지께 영광을 돌리게 하라.
- 빌립보서 4:13 내게 능력 주시는 자 안에서 내가 모든 것을 할 수 있느니라.

* 묵 상 *

1. 사람을 하나님 형상대로 만드신 것은 하나님과 영적 교제를 나누며 살아가라는 소명이고, 사람이 하나님께 죄를 지어 하나님과 분리되었을 때 예수님의 십자가 대속으로 분리 장벽을 해소시킨 것은 하나님께 돌아가 창조주로 섬기라는 소명이다.

2. 하나님께 지은 죄를 회개한 사람을 의롭다 하시고 성령을 선물로 주신 것은 성령의 인도를 받아 하나님과 교제하며 하나님의 뜻에 따라 살아가라는 소명이고, 하나님의 자녀로 삼으신 것은 하나님 아버지와 함께 살면서 하나님의 사랑과 은혜를 누리라는 소명이다.

3. 성도들에게 하나님의 말씀을 주시고(요20:31) 하나님의 뜻대로 기도하게 도우시는(롬8:26-27) 것은 하나님의 다스림을 받아 하나님의 백성으로 성화시키고(딤후3:15-17) 하나님 나라의 행복을 알게 하시려는 소명이다(롬14:17).

4. 성도들이 인간 세상 속에서 살면서도 하나님 나라의 신령한 행복을 맛보게 하신 것은 구원의 복음에 대한 믿음과 소망을 키우고 하나님 나라에 속하며 구원의 복음과 하나님 나라를 온 세상에 전파하라는 소명이다.

5. 성도에게 각자의 적성과 능력, 각종 소유와 생활 영역을 주시고 성령의 은사를 나누어 주시고 생명의 날을 주시는 것은 위와 같은 소명들을 수행하라는 소명이다.

101   빛의 자녀들처럼 행하라

- 요한일서 1:5,7 하나님은 빛이시라 그에게는 어둠이 조금도 없으시다는 것이니라. 그가 빛 가운데 계신 것 같이 우리도 빛 가운데 행하면 우리가 서로 사귐이 있고 그 아들 예수의 피가 우리를 모든 죄에서 깨끗하게 하실 것이요

- 요한복음 8:12 예수께서 또 말씀하여 이르시되, 나는 세상의 빛이니 나를 따르는 자는 어둠에 다니지 아니하고 생명의 빛을 얻으리라.

- 마태복음 4:16 흑암에 앉은 백성이 큰 빛을 보았고 사망의 땅과 그늘에 앉은 자들에게 빛이 비치었도다

- 요한복음 12:36 너희에게 아직 빛이 있을 동안에 빛을 믿으라. 그리하면 빛의 아들이 되리라.

- 에베소서 5:8-9 너희가 전에는 어둠이더니 이제는 주 안에서 빛이라. 빛의 자녀들처럼 행하라. 빛의 열매는 모든 착함과 의로움과 진실함에 있느니라.

- 마태복음 5:14,16 너희는 세상의 빛이라 - 너희 빛이 사람 앞에 비치게 하여 그들로 너희 착한 행실을 보고 하늘에 계신 너희 아버지께 영광을 돌리게 하라.

- 에베소서 5:17-20 오직 주의 뜻이 무엇인가 이해하라 - 오직 성령으로 충만함을 받으라. - 너희의 마음으로 주께 노래하며 찬송하며, 범사에 우리 주 예수 그리스도의 이름으로 항상 아버지 하나님께 감사하며,

- 신명기 6:18 여호와께서 보시기에 정직하고 선량한 일을 행하라.

- 에베소서 5:1-3 그러므로 사랑을 받는 자녀같이 너희는 하나님을 본받는 자가 되고 그리스도께서 너희를 사랑하신 것같이 너희도 사랑 가운데서 행하라. 음행과 온갖 더러운 것과 탐욕은 너희 중에서 그 이름조차도 부르지 말라. 이는 성도에게 마땅한 바니라.

- 야고보서 1:27 하나님 아버지 앞에서 정결하고 더러움이 없는 경건은 곧 고아와 과부를 그 환난 중에 돌보고 또 자기를 지켜 세속에 물들지 아니하는 그것이니라.

- **빌립보서 2:3-4** 오직 겸손한 마음으로 각각 자기보다 남을 낫게 여기고 각각 자기 일을 돌볼뿐더러 또한 각각 다른 사람들의 일을 돌보아 나의 기쁨을 충만하게 하라.
- **에베소서 4:25,29** 그런즉 거짓을 버리고 각각 그 이웃과 더불어 참된 것을 말하라. 무릇 더러운 말은 너희 입 밖에도 내지 말고 오직 덕을 세우는 데 소용되는 대로 선한 말을 하여 듣는 자들에게 은혜를 끼치게 하라.
- **로마서 13:12-14** 밤이 깊고 낮이 가까웠으니, 그러므로 우리가 어둠의 일을 벗고 빛의 갑옷을 입자. 낮에와 같이 단정히 행하고 방탕하거나 술 취하지 말며 – 오직 주 예수 그리스도로 옷 입고 정욕을 위하여 육신의 일을 도모하지 말라.
- **데살로니가전서 5:5,8** 너희는 다 빛의 아들이요 낮의 아들이라. – 우리는 낮에 속하였으니 정신을 차리고 믿음과 사랑의 호심경을 붙이고 구원의 소망의 투구를 쓰자.
- **고린도후서 2:14** 항상 우리를 그리스도 안에서 이기게 하시고 우리로 말미암아 각처에서 그리스도를 아는 냄새를 나타내시는 하나님께 감사하노라.

* 묵 상 *

1. 하나님은 빛이시고 어둠을 싫어하신다. 혼돈과 흑암이 깊은 땅에 빛을 비추어 질서를 세우시고(창1:2-4), 말씀으로 생명의 길을 비추어 주시고(시119:105), 온 세상에 생명의 빛이 충만하고 풍성하길 원하신다(요10:10).

2. 하나님은 선하시고 인자하셔서 사람들에게 사랑과 은혜를 베풀어 행복하게 하시기 원하시고, 하나님을 떠난 죄인들을 구원하여 하나님의 자녀로 살아가게 하신다(롬5:10).

3. 하나님의 아들 예수님은 아버지의 뜻을 따라 생명의 빛을 비추어 사람들이 죄악의 어둠에서 벗어나 하나님의 자녀, 빛의 자녀로 살아갈 수 있게 하신다(요12:36,살전5:5).

4. 예수님의 생명의 빛을 받아 하나님의 자녀로 된 성도도 하나님의 사랑과 은혜 속에서 살아가면서 그러한 하나님의 구원의 빛을 세상 속에 드러내야 한다.

5. 성도가 하나님의 선하신 빛을 받아 하나님의 자녀로 변화되어 하나님 나라의 신령한 행복을 누리며 이웃에게 전파하면 하나님을 기쁘시게 하고 사람들이 하나님의 사랑과 구원을 영접하게 할 것이다(롬14:17-18).

6. 진리의 빛을 받은 성도는 진리를 따라 살아가며 진실해야 한다. 하나님은 진실한 회개를 의롭다 하시고(눅18:13-14) 참되고 정직한 자를 사랑하신다(시15:1-2). 하나님께 거짓말하면 혼이 떠나고(행5:4-5), 거짓말하는 자들은 지옥 불못에 던져진다(계21:8).

102   자비로운 자가 되라

- **누가복음 6:36** 너희 아버지의 자비로우심같이 너희도 자비로운 자가 되라.
- **출애굽기 34:6-7** 여호와라, 자비롭고 은혜롭고 노하기를 더디 하고 인자와 진실이 많은 하나님이라. 인자를 천대까지 베풀며 악과 과실과 죄를 용서하리라.
- **누가복음 6:37** 비판하지 말라, 그리하면 너희가 비판을 받지 아니할 것이요. 정죄하지 말라, 그리하면 너희가 정죄를 받지 않을 것이요. 용서하라, 그리하면 너희가 용서를 받을 것이요
- **마태복음 5:44-45** 너희 원수를 사랑하며 너희를 박해하는 자를 위하여 기도하라. 이같이 한즉 하늘에 계신 너희 아버지의 아들이 되리니, 이는 하나님이 그 해를 악인과 선인에게 비추시며 비를 의로운 자와 불의한 자에게 내려주심이라.
- **누가복음 6:32** 너희가 만일 너희를 사랑하는 자만을 사랑하면 칭찬받을 것이 무엇이냐, 죄인들도 사랑하는 자는 사랑하느니라.
- **고린도후서 9:8** 하나님이 능히 모든 은혜를 너희에게 넘치게 하시나니, 이는 너희로 모든 일에 항상 모든 것이 넉넉하여 모든 착한 일을 넘치게 하게 하려 하심이라.
- **로마서 2:10** 선을 행하는 각 사람에게는 영광과 존귀와 평강이 있으리니,
- **히브리서 13:16** 오직 선을 행함과 서로 나누어 주기를 잊지 말라. 하나님은 이같은 제사를 기뻐하시느니라.
- **신명기 15:11** 땅에는 언제든지 가난한 자가 그치지 아니하겠으므로, 내가 네게 명령하여 이르노니, 너는 반드시 네 땅 안에 네 형제 중 곤란한 자와 궁핍한 자에게 네 손을 펼지니라.
- **잠언 19:17** 가난한 자를 불쌍히 여기는 것은 여호와께 꾸어 드리는 것이니 그의 선행을 그에게 갚아 주시리라.
- **야고보서 1:27** 하나님 아버지 앞에서 정결하고 더러움이 없는 경건은 곧 고아와 과부를 그 환난 중에 돌보고 또 자기를 지켜 세속에 물들지 아니하는 그것이니라.

- 누가복음 6:38 주라, 그리하면 너희에게 줄 것이니 곧 후히 되어 누르고 흔들어 넘치도록 하여 너희에게 안겨 주리라.
- 사도행전 20:35 주는 것이 받는 것보다 복이 있다 하심을 기억하여야 할지니라.
- 디모데전서 6:17-19 정(定)함이 없는 재물에 소망을 두지 말고 오직 우리에게 모든 것을 후히 주사 누리게 하시는 하나님께 두며, 선을 행하고 선한 사업을 많이 하고 나누어 주기를 좋아하며 너그러운 자가 되게 하라. 이것이 장래에 자기를 위하여 좋은 터를 쌓아 참된 생명을 취하는 것이니라.
- 전도서 3:12 사람들이 사는 동안에 기뻐하며 선을 행하는 것보다 더 나은 것이 없는 줄을 내가 알았고,
- 야고보서 4:17 사람이 선을 행할 줄 알고도 행하지 아니하면 죄니라.

* 묵 상 *

1. 하나님은 선하셔서 사람에게 한없는 사랑과 은혜를 베푸신다. 아름다운 세상을 만들어 사람들이 함께 살아가게 하시고 사람의 생존에 필요한 모든 것을 공급하신다. 사람들이 모두 하나님의 사랑과 은혜를 누리며 찬양하기를 원하신다.

2. 하나님은 사람을 영적 존재로 지으셔서 하나님과 교제하며 하나님의 말씀을 청종하며 살아가기를 원하신다. 사람이 그렇게 살아가면 하나님께서 항상 함께 하시며 복을 주신다(신28:2). 복의 통로가 되어 하나님의 복을 흘려보내게 하시고(창12:2-3) 부족함이 없도록 채워주신다(눅6:38). 그리하여 만민이 하나님의 복을 누리길 원하신다.

3. 하나님은 사람마다 고유의 인격과 가치를 주시고 누리고 만족하게 하신다. 인간의 욕심과 능력이 경쟁하여 가난해지거나 불행해진 사람이 생기면 하나님의 선하신 뜻이 일그러지게 되므로 성도들의 사랑과 자비로 하나님의 선을 회복시키길 원하신다.

4. 하나님의 사랑과 은혜는 오병이어처럼 나눌수록 커져서 모든 사람들의 필요를 채우고도 남는다(막6:41-44). 하나님의 사랑과 은혜를 나누어 주면 하나님께서 기뻐하시고 후하게 갚아 주신다. 그래서 주는 것이 받는 것보다 더 행복하다(행20:35).

5. 하나님의 선하심이 성도를 온전하게 하고 선한 일을 할 수 있게 한다(딤후3:16-17). 하나님 말씀을 준행하면 하나님의 선하심을 받아서 하나님의 선하신 뜻에 맞는 성도가 되고 하나님의 선하심을 드러내어 하나님께 영광을 돌리게 된다(마5:16).

103 제일은 사랑이라

- 고린도전서 13:13 믿음, 소망, 사랑 이 세 가지는 항상 있을 것인데, 그 중의 제일은 사랑이라.

- 요한일서 4:16 하나님은 사랑이시라. 사랑 안에 거하는 자는 하나님 안에 거하고 하나님도 그의 안에 거하시느니라.

- 요한복음 3:16 하나님이 세상을 이처럼 사랑하사 독생자를 주셨으니, 이는 그를 믿는 자마다 멸망하지 않고 영생을 얻게 하심이라.

- 요한일서 4:11-12 사랑하는 자들아, 하나님이 이같이 우리를 사랑하셨은즉 우리도 서로 사랑하는 것이 마땅하도다. - 우리가 서로 사랑하면 하나님이 우리 안에 거하시고 그의 사랑이 우리 안에 온전히 이루어지느니라.

- 마태복음 22:37-40 네 마음을 다하고 목숨을 다하고 뜻을 다하여 주 너의 하나님을 사랑하라 하셨으니, 이것이 크고 첫째 되는 계명이요, 둘째도 그와 같으니 네 이웃을 네 자신 같이 사랑하라 하셨으니, 이 두 계명이 온 율법과 선지자의 강령이니라.

- 요한일서 4:21 하나님을 사랑하는 자는 또한 그 형제를 사랑할지니라.

- 에베소서 6:6-7 그리스도의 종들처럼 마음으로 하나님의 뜻을 행하고, 기쁜 마음으로 섬기기를 주께 하듯 하고 사람들에게 하듯 하지 말라.

- 고린도전서 13:4-7 사랑은 오래 참고, 사랑은 온유하며 시기하지 아니하며, 사랑은 자랑하지 아니하며 교만하지 아니하며 무례히 행하지 아니하며, 자기의 유익을 구하지 아니하며 성내지 아니하며, 악한 것을 생각하지 아니하며 불의를 기뻐하지 아니하며, 진리와 함께 기뻐하고, 모든 것을 참으며 모든 것을 믿으며 모든 것을 바라며 모든 것을 견디느니라.

- 로마서 13:10 사랑은 율법의 완성이니라.

- 고린도전서 16:14 너희 모든 일을 사랑으로 행하라

- 베드로전서 4:8 무엇보다도 뜨겁게 서로 사랑할지니, 사랑은 허다한 죄를 덮느니라.
- 야고보서 5:20 죄인을 미혹된 길에서 돌아서게 하는 자가 그의 영혼을 사망에서 구원할 것이며 허다한 죄를 덮을 것임이라
- 고린도전서 13:2-3 내가 예언하는 능력이 있어 모든 비밀과 모든 지식을 알고 또 산을 옮길 만한 모든 믿음이 있을지라도, 사랑이 없으면 내가 아무 것도 아니요, 내가 내게 있는 모든 것으로 구제하고 또 내 몸을 불사르게 내줄지라도 사랑이 없으면 내게 아무 유익이 없느니라.
- 마태복음 5:44-45 너희 원수를 사랑하며 너희를 박해하는 자를 위하여 기도하라. 이같이 한즉 하늘에 계신 너희 아버지의 아들이 되리니, 이는 하나님이 그 해를 악인과 선인에게 비추시며 비를 의로운 자와 불의한 자에게 내려 주심이라.
- 요한일서 3:18 자녀들아, 우리가 말과 혀로만 사랑하지 말고 행함과 진실함으로 하자.

* 묵 상 *

1. 하나님은 사람에게 하나님의 사랑과 은혜를 베풀기 원하신다. 하나님의 사람 사랑은 무조건 베푸는 아가페 사랑이고 지극하고 무한하고 확고하고 영원하다. 사람이 배신해도 변하지 않고 더 나아가 죄인을 구원하여 자녀로 사랑하기 원하신다.

2. 하나님의 사랑은 기독교 신앙의 근원이고 생명이다. 하나님의 아들을 희생시켜 죄인들을 살리는 사랑이고, 사람들의 죄를 대속하여 용서하고 아들로 삼아 함께 살아가는 사랑이고, 이기심을 죽이고 남을 존중하고 모든 허물을 덮어주게 하는 사랑이다.

3. 내가 예수님을 나의 죄를 대속하신 그리스도로 섬기고 회개해야 죄를 용서받게 되고, 성령을 받아 거듭나야 하나님의 자녀로 살아갈 수 있고, 하나님의 자녀답게 하나님을 사랑하고 이웃을 사랑해야 성화를 이루고 하늘 천국에 들어갈 수 있다.

4. 구주 영접과 회개에 따른 죄 사함과 칭의는 구원의 시작이고, 성령으로 거듭나 천국 소망에 이끌려 사랑으로 성화를 이루는 것이 구원의 성숙이고, 성화를 이루어 영화를 얻는 것이 구원의 완성이다. 죄 사함과 칭의를 받은 다음 하나님의 사랑을 드러내고 펼쳐서 성화를 이루어 가는 삶이 신앙생활이다.

5. 사랑은 믿음과 소망의 실천이고 표현이며, 내 마음과 이 세상에 하나님 나라를 이루고 천국의 행복을 맛보게 하고 하늘 천국으로 올려지게 하는 능력이다(롬13:10). 그래서 가장 크고 좋은 은사이다(고전12:31). 사랑이 식어지면 종말이 온다(마24:12).

104 네 이웃을 네 자신같이 사랑하라

- 마태복음 22:39 네 이웃을 네 자신같이 사랑하라.
- 로마서 13:8-9 남을 사랑하는 자는 율법을 다 이루었느니라. 간음하지 말라, 살인하지 말라, 도둑질하지 말라, 탐내지 말라 한 것과 그 외에 다른 계명이 있을지라도 네 이웃을 네 자신과 같이 사랑하라 하신 그 말씀 가운데 다 들었느니라.
- 요한복음 13:34 새 계명을 너희에게 주노니, 서로 사랑하라. 내가 너희를 사랑한 것같이 너희도 서로 사랑하라.
- 요한일서 3:16 그가 우리를 위하여 목숨을 버리셨으니, 우리가 이로써 사랑을 알고 우리도 형제를 위하여 목숨을 버리는 것이 마땅하니라.
- 베드로전서 4:8 무엇보다도 뜨겁게 서로 사랑할지니, 사랑은 허다한 죄를 덮느니라.
- 누가복음 6:27-28 너희 원수를 사랑하며 너희를 미워하는 자를 선대하며 너희를 저주하는 자를 위하여 축복하며 너희를 모욕하는 자를 위하여 기도하라.
- 누가복음 6:31-32 남에게 대접을 받고자 하는 대로 너희도 남을 대접하라. 너희가 만일 너희를 사랑하는 자만을 사랑하면 칭찬 받을 것이 무엇이냐, 죄인들도 사랑하는 자는 사랑하느니라.
- 요한일서 4:12 만일 우리가 서로 사랑하면 하나님이 우리 안에 거하시고 그의 사랑이 우리 안에 온전히 이루어지느니라.
- 에베소서 5:1-2 그러므로 사랑을 받는 자녀같이 너희는 하나님을 본받는 자가 되고 그리스도께서 너희를 사랑하신 것같이 너희도 사랑 가운데서 행하라.
- 요한일서 4:20-21 보는 바 그 형제를 사랑하지 아니하는 자는 보지 못하는 바 하나님을 사랑할 수 없느니라. 우리가 이 계명을 주께 받았나니, 하나님을 사랑하는 자는 또한 그 형제를 사랑할지니라.
- 히브리서 12:14 모든 사람과 더불어 화평함과 거룩함을 따르라. 이것이 없이는 아무

도 주를 보지 못하리라.
- 마태복음 5:22-24 형제에게 노하는 자마다 심판을 받게 되고 – 미련한 놈이라 하는 자는 지옥 불에 들어가게 되리라. 그러므로 예물을 제단에 드리려다가 거기서 네 형제에게 원망들을 만한 일이 있는 것이 생각나거든 – 먼저 가서 형제와 화목하고 그 후에 와서 예물을 드리라.
- 고린도전서 10:24 누구든지 자기의 유익을 구하지 말고 남의 유익을 구하라.
- 로마서 15:2 우리 각 사람이 이웃을 기쁘게 하되 선을 이루고 덕을 세우도록 할지니라.
- 빌립보서 2:3-4 오직 겸손한 마음으로 각각 자기보다 남을 낫게 여기고 각각 자기 일을 돌볼뿐더러 또한 각각 다른 사람들의 일을 돌보아 나의 기쁨을 충만하게 하라.
- 요한일서 3:18 자녀들아, 우리가 말과 혀로만 사랑하지 말고 행함과 진실함으로 하자.

* 묵 상 *

1. 하나님은 사람을 하나님 형상으로 존귀하게 만드시고(시8:5), 성자의 생명까지 희생시켜 사랑하신다. 사람이 하나님 명령을 어기고 떠난 뒤에도 여전히 사랑하시고 사람들이 죄를 회개하고 하나님께 돌아와 하나님의 자녀로 살아가기를 원하신다(벧후3:9).

2. 하나님의 아들이 사람 예수로 오셔서 각종 불치병을 고쳐주시고(마4:23-24), 마귀를 쫓아내시고(막1:25-26), 죄인을 용서하시고(요8:11), 세리와 죄인의 친구가 되셔서(눅7:34), 하나님의 사람 사랑을 나타내셨다.

3. 예수님은 사람들 사이의 계명 6가지를 한 마디로 정리하여 네 이웃을 네 자신과 같이 사랑하라고 말씀하시고, 더 나아가 원수까지도 사랑하라고 명령하신다. 하나님의 온전하심과 같이 온전하라고 가르치신다(마5:48).

4. 남을 자신같이 사랑하는 것은 하나님께서 사랑하시는 사람을 나도 하나님의 마음으로 사랑하는 것이고, 나의 이기심을 버리고 남도 나같이 존귀하게 여기는 것이고, 하나님의 선을 행하여 덕을 세우는 것이고(롬15:2), 율법을 완성하는 것이다(롬13:10).

5. 하나님께서 독생자를 희생시켜 대속하신 은혜로 내가 구원받았으니, 나도 모든 것을 바쳐 이웃이 구원받도록 사랑해야 한다. 하나님께서 나에게 베푸신 사랑을 모든 사람에게 전파하여 받아 누리게 하는 것이 하나님을 사랑하는 것이다(요일4:21).

6. 주님께서 나를 사랑하신 것같이 나도 이웃을 사랑하게 도와 주시옵소서! 나의 이기심을 다스려 주시고 남을 미워하지 않게 붙잡아 주시옵소서!

105 정죄하지 말고 용서하라

- 로마서 3:23-24 모든 사람이 죄를 범하였으매 하나님의 영광에 이르지 못하더니, 그리스도 예수 안에 있는 속량으로 말미암아 하나님의 은혜로 값없이 의롭다 하심을 얻은 자 되었느니라.
- 에베소서 2:8 너희는 그 은혜에 의하여 믿음으로 말미암아 구원을 받았으니 이것은 너희에게서 난 것이 아니요 하나님의 선물이라.
- 요한복음 8:11 예수께서 이르시되, 나도 너를 정죄하지 아니하노니, 가서 다시는 죄를 짓지 말라 하시니라.
- 베드로전서 4:8 사랑은 허다한 죄를 덮느니라.
- 누가복음 6:37 비판하지 말라 그리하면 너희가 비판을 받지 않을 것이요. 정죄하지 말라 그리하면 너희가 정죄를 받지 않을 것이요. 용서하라 그리하면 너희가 용서를 받을 것이요
- 마태복음 6:14-15 너희가 사람의 잘못을 용서하면 너희 하늘 아버지께서도 너희 잘못을 용서하시려니와, 너희가 사람의 잘못을 용서하지 아니하면 너희 아버지께서도 너희 잘못을 용서하지 아니하시리라.
- 마태복음 18:35 너희가 각각 마음으로부터 형제를 용서하지 아니하면 나의 하늘 아버지께서도 너희에게 이와 같이 하시리라.
- 마태복음 18:21-22 베드로가 나아와 이르되, 주여 형제가 내게 죄를 범하면 몇 번이나 용서하여 주리이까 일곱 번까지 하오리이까. 예수께서 이르시되, 네게 이르노니 일곱 번뿐 아니라 일곱 번을 일흔 번까지라도 할지니라.
- 로마서 8:33-34 누가 능히 하나님께서 택하신 자들을 고발하리요, 의롭다 하신 이는 하나님이시니 누가 정죄하리요
- 마태복음 7:2-3 너희가 비판하는 그 비판으로 너희가 비판을 받을 것이요, 너희가

헤아리는 그 헤아림으로 너희가 헤아림을 받을 것이니라. 어찌하여 형제의 눈 속에 있는 티는 보고 네 눈 속에 있는 들보는 깨닫지 못하느냐

- **에베소서 5:1-2** 그러므로 사랑을 받는 자녀같이 너희는 하나님을 본받는 자가 되고 그리스도께서 너희를 사랑하신 것같이 너희도 사랑 가운데서 행하라.
- **요한복음 8:7** 너희 중에 죄 없는 자가 먼저 돌로 치라
- **로마서 12:19** 너희가 친히 원수를 갚지 말고 하나님의 진노하심에 맡기라.
- **야고보서 2:13** 긍휼을 행하지 아니하는 자에게는 긍휼 없는 심판이 있으리라. 긍휼은 심판을 이기고 자랑하느니라.

* 묵 상 *

1. 사람이 하나님께 죄를 짓고 하나님을 떠나갔지만, 하나님은 정죄 심판을 미루시고 독생자를 희생시켜 사람들의 죄를 대신 속죄하게 하시고 다 용서하시고 하나님의 자녀로 삼으시고 성령을 주어 하나님과 함께 살아가게 하신다. 그리고 성도로 된 후에 죄를 지어도 회개하면 다 용서하신다(요일1:9).

2. 예수님은 죄인을 심판하지 않고 구원하시기 위하여 오셨고, 원수를 사랑하고 그를 위하여 기도하라고 가르치셨고(마5:44), 사람들의 죄를 대신 짊어지고 십자가에 못 박혀 죽도록 고통을 당하시면서 "저들을 사하여 주옵소서" 기도하셨다(눅23:34).

3. 나는 하나님을 떠나 내 멋대로 살아온 죄인이었지만, 예수 그리스도의 십자가 대속의 은혜로 모든 죄를 값없이 용서 받았다(롬3:24). 그래서 하나님께 나아가 하나님의 사랑 안에서 살아가게 되었다. 내 능력으로는 바랄 수도 없고 얻을 수도 없는 은혜이다.

4. 하나님의 은혜로 죄에서 구원 받은 내가 어찌 남의 잘못을 비판하고 정죄할 수 있으랴! 나에게 지은 죄라도 내가 죽어야 했던 죄보다 가벼울 텐데 어찌 용서하지 못하랴! 게다가 정죄 심판의 권한은 재림하시는 예수님께 속하는 것이 아닌가!

5. 용서는 하나님의 다스림에 맡기는 신앙이고, 하나님께 받은 용서를 넘쳐흐르게 하는 사랑이고(엡5:2), 죄인을 돌이켜 구원하는 사랑이고(약4:20), 모든 사람을 용서하고 구원하시기 원하시는 하나님의 사랑을 이루고 영광을 얻는 지혜이다(잠19:11).

6. 남의 허물을 비판하면 내 마음이 먼저 거칠어지고, 남이 나에게 지은 죄를 용서하면 내 마음이 먼저 평안해진다.

7. 예수님께서 가르치신 대로 남을 정죄하기 전에 나의 죄를 먼저 회개하게 하소서!

106 그리스도의 제자가 되자

- **마태복음 16:24** 예수께서 제자들에게 이르시되, 누구든지 나를 따라오려거든 자기를 부인하고 자기 십자가를 지고 나를 따를 것이니라.
- **마가복음 3:14-15** 이에 열둘을 세우셨으니, 이는 자기와 함께 있게 하시고, 또 보내사 전도도 하며 귀신을 내쫓는 권능도 가지게 하려 하심이러라.
- **고린도전서 1:26,29** 형제들아, 너희를 부르심을 보라. 육체를 따라 지혜로운 자가 많지 아니하며 능한 자가 많지 아니하며 문벌 좋은 자가 많지 아니하도다. 이는 아무 육체도 하나님 앞에서 자랑하지 못하게 하려 하심이라.
- **요한복음 12:26** 사람이 나를 섬기려면 나를 따르라. 나 있는 곳에 나를 섬기는 자도 거기 있으리니, 사람이 나를 섬기면 내 아버지께서 그를 귀히 여기시리라.
- **요한복음 8:31** 너희가 내 말에 거하면 참으로 내 제자가 되고
- **빌립보서 4:9** 너희는 내게 배우고 받고 듣고 본 바를 행하라. 그리하면 평강의 하나님이 너희와 함께 계시리라.
- **로마서 8:9** 누구든지 그리스도의 영이 없으면 그리스도의 사람이 아니라.
- **에베소서 4:13,15** 우리가 다 하나님의 아들을 믿는 것과 아는 일에 하나가 되어 온전한 사람을 이루어 그리스도의 장성한 분량이 충만한 데까지 이르리니, 오직 사랑 안에서 참된 것을 하여 범사에 그에게까지 자랄지라. 그는 머리니 곧 그리스도라.
- **골로새서 2:6-7** 너희가 그리스도 예수를 주로 받았으니, 그 안에서 행하되 그 안에 뿌리를 박으며 세움을 받아 교훈을 받은 대로 믿음에 굳게 서서 감사함을 넘치게 하라.
- **요한복음 14:12** 나를 믿는 자는 내가 하는 일을 그도 할 것이요 또한 그보다 큰 일도 하리니, 이는 내가 아버지께로 감이라.
- **마태복음 28:19-20** 너희는 가서 모든 민족을 제자로 삼아 아버지와 아들과 성령의 이름으로 세례를 베풀고 내가 너희에게 분부한 모든 것을 가르쳐 지키게 하라. 볼지어

다. 내가 세상 끝날까지 너희와 항상 함께 있으리라

- 요한복음 13:34-35 새 계명을 너희에게 주노니, 서로 사랑하라. 내가 너희를 사랑한 것 같이 너희도 서로 사랑하라. 너희가 서로 사랑하면 이로써 모든 사람이 너희가 내 제자인 줄 알리라.
- 히브리서 12:2 믿음의 주요 또 온전하게 하시는 이인 예수를 바라보자. 그는 그 앞에 있는 기쁨을 위하여 십자가를 참으사 부끄러움을 개의치 아니하시더니, 하나님 보좌 우편에 앉으셨느니라.
- 마태복음 7:13-14 좁은 문으로 들어가라. 멸망으로 인도하는 문은 크고 그 길이 넓어 그리로 들어가는 자가 많고 생명으로 인도하는 문은 좁고 길이 협착하여 찾는 자가 적음이라.
- 디모데후서 2:15 너는 진리의 말씀을 옳게 분별하며 부끄러울 것이 없는 일꾼으로 인정된 자로 자신을 하나님 앞에 드리기를 힘쓰라
- 고린도전서 4:1-2 사람이 마땅히 우리를 그리스도의 일꾼이요 하나님의 비밀을 맡은 자로 여길지어다. 그리고 맡은 자들에게 구할 것은 충성이니라.
- 디모데후서 3:12 그리스도 예수 안에서 경건하게 살고자 하는 자는 박해를 받으리라.

* 묵 상 *

1. 예수님께서 12제자를 불러 가르치셨다(막3:16-19). 그들은 예수님의 그리스도 사명과 가르침과 부활을 증언하며 복음을 전파하다가 순교하거나 유배되었고, 그 이름이 거룩한 성의 열두 기초석에 새겨졌다(계21:14).
2. 예수님을 구주로 영접하여 죄 사함을 받고 성령님의 인도를 받아 하나님의 뜻에 따라 살아가면 예수님의 제자로 되고 그리스도인이라 불려진다(행11:26).
3. 예수님의 제자는 하나님을 주님으로 섬기며 자기 자신이나 부모나 자녀보다 주님을 더 사랑하고(눅14:26-27), 자기의 마음과 뜻을 주님의 마음과 뜻에 맞춘다. 예수님의 가르침을 따라 구원의 복음을 전파하여 구원의 길로 나아가게 한다(마28:19).
4. 예수님께서 고난당할 때에 피신했던 제자들(10명)이 부활하신 예수님을 만나고 참된 제자로 변화되어 순교하기까지 전도하였고, 사울이 예수님을 만나 많은 고난을 당하리라 예고 받고도 선교사 바울의 사명을 완수하였다.
5. 예수님처럼 내 원대로 마시옵고 아버지 원대로 하옵소서 기도하며 따르게 도우소서!

107 구원의 복음을 전파하라

- **디모데전서 2:4** 하나님은 모든 사람이 구원을 받으며 진리를 아는 데에 이르기를 원하시느니라.

- **누가복음 4:43-44** 예수께서 이르시되, 내가 다른 동네들에서도 하나님의 나라 복음을 전하여야 하리니, 나는 이 일을 위해 보내심을 받았노라 하시고, 갈릴리 여러 회당에서 전도하시더라.

- **로마서 1:16-17** 내가 복음을 부끄러워하지 아니하노니, 이 복음은 모든 믿는 자에게 구원을 주시는 하나님의 능력이 됨이라. 먼저는 유대인에게요, 그리고 헬라인에게로다. 복음에는 하나님의 의가 나타나서 믿음으로 믿음에 이르게 하나니, 기록된 바 오직 의인은 믿음으로 말미암아 살리라 함과 같으니라.

- **로마서 10:17** 믿음은 들음에서 나며, 들음은 그리스도의 말씀으로 말미암았느니라.

- **디모데후서 4:2** 너는 말씀을 전파하라. 때를 얻든지 못 얻든지 항상 힘쓰라.

- **고린도전서 1:21** 이 세상이 자기 지혜로 하나님을 알지 못하므로 하나님께서 전도의 미련한 것으로 믿는 자들을 구원하시기를 기뻐하셨도다.

- **마태복음 28:19-20** 너희는 가서 모든 민족을 제자로 삼아 아버지와 아들과 성령의 이름으로 세례를 베풀고 내가 너희에게 분부한 모든 것을 가르쳐 지키게 하라. 볼지어다. 내가 세상 끝날까지 너희와 항상 함께 있으리라

- **마가복음 16:15-16** 너희는 온 천하에 다니며 만민에게 복음을 전파하라. 믿고 세례를 받는 사람은 구원을 얻을 것이요 믿지 않는 사람은 정죄를 받으리라.

- **누가복음 15:7** 죄인 한 사람이 회개하면 하늘에서는 회개할 것 없는 의인 아흔아홉으로 말미암아 기뻐하는 것보다 더하리라.

- **누가복음 9:1-3,6** 예수께서 열두 제자를 불러 모으사, 모든 귀신을 제어하며 병을 고치는 능력과 권위를 주시고 하나님의 나라를 전파하며 앓는 자를 고치게 하려고 내

보내시며 이르시되, 여행을 위하여 아무 것도 가지지 말라. 제자들이 나가 각 마을에 두루 다니며 곳곳에 복음을 전하며 병을 고치더라.

- 에베소서 6:19 나로 입을 열어 복음의 비밀을 담대히 알리게 하옵소서
- 사도행전 1:8 오직 성령이 너희에게 임하시면 너희가 권능을 받고 예루살렘과 온 유대와 사마리아와 땅 끝까지 이르러 내 증인이 되리라
- 고린도전서 2:4-5 내 말과 내 전도함이 설득력 있는 지혜의 말로 하지 아니하고 다만 성령의 나타나심과 능력으로 하여 너희 믿음이 사람의 지혜에 있지 아니하고 다만 하나님의 능력에 있게 하려 하였노라.
- 사도행전 20:24 내가 달려갈 길과 주 예수께 받은 사명 곧 하나님의 은혜의 복음을 증언하는 일을 마치려 함에는 나의 생명조차 귀한 것으로 여기지 아니하노라.
- 야고보서 5:20 죄인을 미혹된 길에서 돌아서게 하는 자가 그의 영혼을 사망에서 구원할 것이며 허다한 죄를 덮을 것임이라.
- 다니엘 12:3 많은 사람을 옳은 데로 돌아오게 한 자는 별과 같이 영원토록 빛나리라.

* 묵 상 *

1. 모든 사람이 창조주 하나님을 떠난 죄인인데(롬3:23), 하나님께서 죄인을 구원하여 자기 백성으로 살아가게 하시려고 예수님을 보내 사람들의 죄를 대속하게 하시고, 누구든지 예수님의 대속 은혜를 받아들이고 죄를 회개하면 그 죄를 용서하시고 의롭다고 여기시고 성령을 주셔서 하나님의 성도로 살아가게 하신다.
2. 하나님의 구원 복음은 하나님께 지은 죄를 깨닫고 그리스도 예수를 구주로 영접하고 죄를 회개하게 하고, 천국을 소망하며 성령의 인도를 구하여 하나님의 성도로 살아가게 한다(골1:4-5). 그래서 모든 사람을 구원하기 원하시는 하나님의 뜻을 이룬다.
3. 하나님의 아들이 아버지의 뜻을 이루기 위하여 사람 예수로 오셔서 천국 복음을 전파하셨고(눅4:43), 사람을 낚는 어부가 되게 하시려고 제자들을 가르치셨고 전도자로 파송하셨고(막3:14) 승천하시면서 만민에게 복음을 전파하라고 명령하셨다(막16:19).
4. 성령님도 하나님의 뜻을 이루기 위하여 안디옥 교회에 지시하셔서 바나바와 바울을 선교사로 세워 지중해와 유럽 지역에 그리스도의 복음을 전파하게 하셨다(행13:2-3).
5. 복음 전파는 하나님의 구원 계획과 하나님 나라를 이루는 일이므로, 능력이 부족한 성도가 전도하여도 성령님께서 함께 하셔서 그 능력으로 구원을 이루신다(막16:20).

108 하나님의 일을 하라

- **요한복음 6:29** 예수께서 대답하여 이르시되, 하나님께서 보내신 이를 믿는 것이 하나님의 일이니라
- **요한복음 14:10** 내가 너희에게 이르는 말은 스스로 하는 것이 아니라 아버지께서 내 안에 계셔서 그의 일을 하시는 것이라.
- **요한복음 4:34** 예수께서 이르시되, 나의 양식은 나를 보내신 이의 뜻을 행하며 그의 일을 온전히 이루는 이것이니라.
- **마태복음 16:21-23** 예수 그리스도께서 자기가 예루살렘에 올라가 – 많은 고난을 받고 죽임을 당하고 제삼일에 살아나야 할 것을 제자들에게 비로소 나타내시니, 베드로가 예수를 붙들고 항변하여 이르되, 주여 그리 마옵소서, – 예수께서 돌이키시며 베드로에게 이르시되, 사탄아 내 뒤로 물러 가라. 너는 나를 넘어지게 하는 자로다. 네가 하나님의 일을 생각하지 아니하고 도리어 사람의 일을 생각하는도다
- **요한복음 14:12-13** 나를 믿는 자는 내가 하는 일을 그도 할 것이요 또한 그보다 큰 일도 하리니 이는 내가 아버지께로 감이라. 너희가 내 이름으로 무엇을 구하든지 내가 행하리니, 이는 아버지로 하여금 아들로 말미암아 영광을 받으시게 하려 함이라.
- **누가복음 9:1-3,6** 예수께서 열두 제자를 불러 모으사, 모든 귀신을 제어하며 병을 고치는 능력과 권위를 주시고 하나님의 나라를 전파하며 앓는 자를 고치게 하려고 내보내시며 이르시되, 여행을 위하여 아무 것도 가지지 말라. 제자들이 나가 각 마을에 두루 다니며 곳곳에 복음을 전하며 병을 고치더라.
- **마태복음 28:19-20** 너희는 가서 모든 민족을 제자로 삼아 아버지와 아들과 성령의 이름으로 세례를 베풀고 내가 너희에게 분부한 모든 것을 가르쳐 지키게 하라.
- **마가복음 16:20** 제자들이 나가 두루 전파할새 주께서 함께 역사하사 그 따르는 표적(表迹)으로 말씀을 확실히 증언하시니라. [역사(役事) : 특별한 능력으로 일함]
- **베드로전서 4:10** 각각 은사를 받은 대로 하나님의 여러 가지 은혜를 맡은 선한 청지

기 같이 서로 봉사하라.

- **고린도전서 4:1-2** 사람이 마땅히 우리를 그리스도의 일꾼이요 하나님의 비밀을 맡은 자로 여길지어다. 그리고 맡은 자들에게 구할 것은 충성이니라.
- **고린도전서 15:58** 항상 주의 일에 더욱 힘쓰는 자들이 되라. 이는 너희 수고가 주 안에서 헛되지 않은 줄 앎이라.
- **골로새서 3:23-24** 무슨 일을 하든지 마음을 다하여 주께 하듯 하고 사람에게 하듯 하지 말라. 이는 기업의 상을 주께 받을 줄 아나니 너희는 주 그리스도를 섬기느니라.
- **마가복음 10:29-30** 예수께서 이르시되, 내가 진실로 너희에게 이르노니, 나와 복음을 위하여 집이나 형제나 자매나 어머니나 아버지나 자식이나 전토를 버린 자는 현세에 있어 집과 형제와 자매와 어머니와 자식과 전토를 백 배나 받되 박해를 겸하여 받고, 내세에 영생을 받지 못할 자가 없느니라.

＊ 묵 상 ＊

1. 하나님께서 이 세상의 죄인들을 구원하여 하나님의 백성으로 살아가게 하시기 위하여 이 세상에서 죄인 구원의 일을 하시고 하나님 나라를 이루신다. 하나님의 일이므로 하나님의 백성을 사용하시고 하나님의 능력으로 일하신다(막16:20).
2. 예수님께서 십자가 대속으로 구원의 길을 만드는 것도 하나님의 일이고(마16:23), 하나님의 복음을 전파하여 하나님 나라로 부르는 것도 하나님의 일이고(막1:14-15), 죄인이 예수님을 구주로 영접하여 구원 받는 것과 구원받은 성도가 하나님 백성으로 살아가는 것도 하나님의 일이다.
3. 구원 받은 성도가 하나님의 백성으로 살아가는 것이 하나님 나라의 일이다. 하나님의 백성이 복음을 전파하여 죄인을 구원하는 것은 하나님 나라를 키우는 큰 일이다(요14:12). 하나님 나라의 일에는 성령님께서 함께 하셔서 하나님의 뜻대로 이루신다.
4. 하나님께서 내게 주신 능력과 은사는 하나님 나라의 일을 하라는 사명이다. 이것을 하나님께 드리면, 하나님께서 나를 사용하여 하나님 나라의 일을 하시고, 하나님의 일하심을 체험하게 하여 영적 희락을 주시고 믿음·소망·사랑을 키운다.
5. 내가 하나님의 일을 할 때에 하나님을 경외하고 사랑하는 마음으로 하면 하나님께서 함께 하시고 나를 사용하시고 더 큰 은혜를 베푸신다. 하나님 일을 하는 수고에 치우쳐 하나님을 사랑하고 동행하는 마음을 잃지 말아야 한다(눅10:41-42).

109 마귀를 대적하라

- **베드로전서 5:8-9** 근신하라. 깨어라. 너희 대적 마귀가 우는 사자 같이 두루 다니며 삼킬 자를 찾나니, 너희는 믿음을 굳건하게 하여 그를 대적하라.

- **요한복음 8:44** 너희는 너희 아비 마귀에게서 났으니, 너희 아비의 욕심대로 너희도 행하고자 하느니라. 그는 - 진리가 그 속에 없으므로 진리에 서지 못하고 거짓을 말할 때마다 제 것으로 말하나니, 이는 그가 거짓말쟁이요 거짓의 아비가 되었음이라.

- **마태복음 24:4-5** 너희가 사람의 미혹을 받지 않도록 주의하라. 많은 사람이 내 이름으로 와서 이르되 나는 그리스도라 하여 많은 사람을 미혹하리라.

- **요한일서 3:8** 죄를 짓는 자는 마귀에게 속하나니, 마귀는 처음부터 범죄함이라. 하나님의 아들이 나타나신 것은 마귀의 일을 멸하려 하심이라.

- **요한일서 5:18,21** 하나님께로부터 난 자는 다 범죄하지 아니하는 줄을 우리가 아노라. 하나님께로부터 나신 자가 그를 지키시매 악한 자가 그를 만지지도 못하느니라. 자녀들아, 너희 자신을 지켜 우상에게서 멀리하라.

- **에베소서 6:12-13** 우리의 씨름은 혈과 육을 상대하는 것이 아니요, 통치자들과 권세들과 이 어둠의 세상 주관자들과 하늘에 있는 악의 영들을 상대함이라. 그러므로 하나님의 전신갑주를 취하라. 이는 악한 날에 너희가 능히 대적하고 모든 일을 행한 후에 서기 위함이라.

- **에베소서 4:22-24** 너희는 유혹의 욕심을 따라 썩어져 가는 구습을 따르는 옛 사람을 벗어버리고 오직 너희의 심령이 새롭게 되어 하나님을 따라 의와 진리의 거룩함으로 지으심을 받은 새 사람을 입으라.

- **로마서 12:21** 악에게 지지 말고 선으로 악을 이기라.

- **에베소서 4:26-27** 거짓을 버리고 각각 그 이웃과 더불어 참된 것을 말하라. - 분을 내어도 죄를 짓지 말며, 해가 지도록 분을 품지 말고, 마귀에게 틈을 주지 말라.

- **에베소서 6:11, 14-17** 마귀의 간계를 능히 대적하기 위하여 하나님의 전신갑주를 입으라. 그런즉 서서 진리로 너희 허리띠를 띠고, 의의 호심경을 붙이고, 평안의 복음이 준비한 것으로 신을 신고, 모든 것 위에 믿음의 방패를 가지고 이로써 능히 악한 자의 모든 불화살을 소멸하고, 구원의 투구와 성령의 검 곧 하나님의 말씀을 가지라.
- **고린도후서 10:4** 우리의 싸우는 무기는 육신에 속한 것이 아니요 오직 어떤 견고한 진도 무너뜨리는 하나님의 능력이라.
- **데살로니가후서 2:4,8** 그는 대적하는 자라. 신이라고 불리는 모든 것과 숭배함을 받는 것에 대항하여 그 위에 자기를 높이고 하나님의 성전에 앉아 자기를 하나님이라고 내세우느니라. 그때에 불법한 자가 나타나리니, 주 예수께서 그 입의 기운으로 그를 죽이시고 강림하여 나타나심으로 폐하시리라.
- **요한계시록 17:14** 그들이 어린 양과 더불어 싸우려니와, 어린 양은 만주의 주시요 만왕의 왕이시므로 그들을 이기실 터이요, 또 그와 함께 있는 자들 곧 부르심을 받고 택하심을 받은 진실한 자들도 이기리로다.

✻ 묵 상 ✻

1. 사탄은 원래 하나님을 섬기도록 아름답게 창조되었는데, 교만해져서 하나님처럼 높아지려 하다가 쫓겨나서(사14:12-14,겔28:14-17) 악한 자(마13:38,요일5:19), 범죄자·거짓말쟁이(요8:44), 세상을 꾀는 자(계12:9)가 되었다.

2. 사탄이 공중으로 쫓겨날 때 하늘의 별 삼분의 일을 끌고 나와(계12:4) 공중의 권세를 잡고 하나님과 성도를 대적한다. 끈질기고 간교하게 성도를 미혹하고(고후4:4) 흑암과 사망의 권세로 죄인들을 지배한다.

3. 그러나 사탄과 마귀의 권세는 하나님의 다스리심 안에 있고(욥2:6), 예수님께서 죽은 자 가운데서 부활하심으로 사망의 권세를 이기셨고(롬15:54) 마지막 때에 오셔서 악한 세력을 완전히 멸하신다(살후2:8).

4. 사람이 사탄의 유혹을 받아들여 하나님께 죄를 짓고 악한 영의 지배를 받게 되었지만, 예수 그리스도의 대속을 영접하여 죄를 용서받으면 성령님의 인도와 보호를 받아 마귀의 지배와 유혹을 거부하고 대적할 수 있다.

5. 사람의 의지와 능력만으로는 죄악의 세력과 대적하여 이기기 어렵다. 사탄의 권세를 이기신 그리스도의 병사가 되고 하나님의 말씀과 성령의 능력으로 완전 무장하여 악한 세력을 물리치고 성도의 마음을 지키고 성화를 이루어야 한다.

110 ─── 믿음의 선한 싸움을 싸우라

- **디모데전서 6:11,12,14** 너 하나님의 사람아 - 의와 경건과 믿음과 사랑과 인내와 온유를 따르며, 믿음의 선한 싸움을 싸우라. 영생을 취하라. 이를 위하여 네가 부르심을 받았고 - 우리 주 예수 그리스도께서 나타나실 때까지 흠도 없고 책망 받을 것도 없이 이 명령을 지키라.

- **로마서 7:21,25** 내가 한 법을 깨달았노니, 곧 선을 행하기 원하는 나에게 악이 함께 있는 것이로다. 내 자신이 마음으로는 하나님의 법을, 육신으로는 죄의 법을 섬기노라.

- **갈라디아서 5:16-17** 너희는 성령을 따라 행하라. 그리하면 육체의 욕심을 이루지 아니하리라. 육체의 소욕은 성령을 거스르고 성령은 육체를 거스르나니,

- **예레미야 7:23** 너희는 내 목소리를 들으라, 그리하면 나는 너희 하나님이 되겠고 너희는 내 백성이 되리라. 너희는 내가 명령한 모든 길로 걸어가라, 그리하면 복을 받으리라.

- **에베소서 5:3** 음행과 온갖 더러운 것과 탐욕은 너희 중에서 그 이름조차도 부르지 말라. 이는 성도에게 마땅한 바니라.

- **요한일서 2:15-17** 이 세상이나 세상에 있는 것들을 사랑하지 말라. 세상에 있는 모든 것이 육신의 정욕과 안목의 정욕과 이생의 자랑이니, 이는 다 아버지께로부터 온 것이 아니요 세상으로부터 온 것이라. 이 세상도 그 정욕도 지나가되, 오직 하나님의 뜻을 행하는 자는 영원히 거하느니라.

- **디모데전서 6:8-9** 우리가 먹을 것과 입을 것이 있은즉 족한 줄로 알 것이니라. 부하려 하는 자들은 시험과 올무와 여러 가지 어리석고 해로운 욕심에 떨어지나니, 곧 사람으로 파멸과 멸망에 빠지게 하는 것이라.

- **에베소서 6:11,17** 마귀의 간계를 능히 대적하기 위하여 하나님의 전신갑주를 입으라 - 구원의 투구와 성령의 검 곧 하나님의 말씀을 가지라.

- **디모데후서 3:12,14** 무릇 그리스도 예수 안에서 경건하게 살고자 하는 자는 박해를 받으리라. 그러나 너는 배우고 확신한 일에 거하라.

- 히브리서 12:2 믿음의 주요 또 온전하게 하시는 이인 예수를 바라보자. 그는 그 앞에 있는 기쁨을 위하여 십자가를 참으사 – 하나님 보좌 우편에 앉으셨느니라.
- 데살로니가후서 3:3 주는 미쁘사 너희를 굳건하게 하시고 악한 자에게서 지키시리라.
- 고린도후서 10:4 우리의 싸우는 무기는 육신에 속한 것이 아니요 오직 어떤 견고한 진도 무너뜨리는 하나님의 능력이라.
- 요한일서 4:4 자녀들아, 너희는 하나님께 속하였고 또 그들을 이기었나니, 이는 너희 안에 계신 이가 세상에 있는 자보다 크심이라.
- 로마서 12:21 악에게 지지 말고 선으로 악을 이기라.
- 빌립보서 2:12 항상 복종하여 두렵고 떨림으로 너희 구원을 이루라.

* 묵 상 *

1. 하나님은 사람을 하나님의 형상대로 선하게 지으셨으나, 하와와 아담이 사탄의 거짓 유혹(창3:5)을 받아들인 탓으로 악한 영의 지배를 받게 되었다.
2. 사탄은 하나님을 대적하고 죄와 사망을 지배하기 위하여, 죄인이 성도로 거듭나서 하나님께 경배하는 것을 방해한다. 마귀는 성도의 이기심과 욕심을 이용하여, 육신의 정욕과 세상의 가치와 안목의 정욕과 이생의 자랑으로 유혹하여 죄를 짓게 한다.
3. 그래서 성도가 예수님의 대속 은혜로 하나님께 지은 죄를 용서받고 하나님께 돌아온 후에 성도로서 하나님 뜻에 따라 살아가려면 먼저 악의 지배로 자기 안에 생긴 욕심과 싸워 이겨야 한다.
4. 사람은 성도가 된 후에도 인간 세상 속에서 살아간다. 인간 세상은 인본주의 가치관에 따라 조직되고 운용되므로 하나님 뜻에 맞지 않을 경우가 생긴다. 그러한 경우에 성도가 하나님 뜻에 따라 살아가려면 인간 세상의 질서를 벗어나야 하고 인간 세상의 불이익이나 핍박을 감수해야 한다.
5. 성도의 의지와 능력만으로는 믿음의 선한 싸움을 감당하기 어렵다. 성령님의 인도를 받아 말씀과 성령의 능력으로 완전 무장해야 믿음을 지키고 성화되어갈 수 있다.
6. 이 세상에는 죄악의 세계와 하나님 나라가 공존하므로 믿음의 선한 싸움을 피할 수 없다. 재림 예수님께 합격 심판을 받아 하늘 천국에 들어가면 죄악의 유혹이 없으므로 하나님의 다스림에 순종하기만 하면 되고 믿음을 지키려고 싸울 필요가 없다.

111 ───── 네 마음을 지키라

- **잠언 4:23** 모든 지킬 만한 것 중에 더욱 네 마음을 지키라. 생명의 근원이 이에서 남이니라.

- **전도서 7:29** 하나님은 사람을 정직하게 지으셨으나 사람이 많은 꾀들을 낸 것이니라.

- **로마서 1:21,22,28** 하나님을 알되 하나님을 영화롭게도 아니하며 감사하지도 아니하고,, 오히려 그 생각이 허망하여지며- 스스로 지혜 있다 하나 어리석게 되어- 마음에 하나님 두기를 싫어하매, 하나님께서 그들을 그 상실한 마음대로 내버려 두사

- **전도서 9:3** 모든 사람의 결국은 일반이라. 이것은 해 아래에서 행해지는 모든 일 중의 악한 것이니, 곧 인생의 마음에는 악이 가득하여 그들의 평생에 미친 마음을 품고 있다가 후에는 죽은 자들에게로 돌아가는 것이라.

- **예레미야 17:9** 만물보다 거짓되고 심히 부패한 것은 마음이라.

- **잠언 16:2** 사람의 행위가 자기 보기에는 모두 깨끗하여도 여호와는 심령을 감찰하시느니라.

- **야고보서 1:14-15** 오직 각 사람이 시험을 받는 것은 자기 욕심에 끌려 미혹됨이니, 욕심이 잉태한즉 죄를 낳고 죄가 장성한즉 사망을 낳느니라.

- **로마서 7:24-25** 오호라, 나는 곤고한 사람이로다. 이 사망의 몸에서 누가 나를 건져내랴 - 내 자신이 마음으로는 하나님의 법을, 육신으로는 죄의 법을 섬기노라.

- **고린도전서 10:12** 그런즉 선 줄로 생각하는 자는 넘어질까 조심하라.

- **베드로전서 3:15-16** 너희 마음에 그리스도를 주로 삼아 거룩하게 하고 - 선한 양심을 가지라.

- **디모데전서 6:11-12** 너 하나님의 사람아 - 의와 경건과 믿음과 사랑과 인내와 온유를 따르며, 믿음의 선한 싸움을 싸우라. 영생을 취하라.

- **야고보서 4:8** 두 마음을 품은 자들아, 마음을 성결하게 하라.

- 갈라디아서 5:16-17 너희는 성령을 따라 행하라. 그리하면 육체의 욕심을 이루지 아니하리라. 육체의 소욕은 성령을 거스르고 성령은 육체를 거스르나니,
- 로마서12:2 너희는 이 세대를 본받지 말고 오직 마음을 새롭게 함으로 변화를 받아 하나님의 선하시고 기뻐하시고 온전하신 뜻이 무엇인지 분별하라.
- 빌립보서 4:6-7 아무 것도 염려하지 말고, 다만 모든 일에 기도와 간구로 너희 구할 것을 감사함으로 하나님께 아뢰라. 그리하면 모든 지각에 뛰어난 하나님의 평강이 그리스도 예수 안에서 너희 마음과 생각을 지키시리라.
- 데살로니가후서 3:3 주는 미쁘사 너희를 굳건하게 하시고 악한 자에게서 지키시리라.

* 묵 상 *

1. 사람의 지성과 감정과 의지가 마음을 움직인다. 생각하고 판단하고 결정한다. 사랑하고 미워한다. 영과 혼이 마음을 정하여 언행을 낳고 삶과 인생을 짓는다. 하나님의 구원을 받아들여 영생을 얻기도 하고 성경의 진리를 믿지 않아 멸망에 이르기도 한다.

2. 사람의 영이 하나님과 교제하여 하나님 뜻을 깨닫고 그에 따라 혼을 다스리고 혼이 순종하여 몸을 다스리면 하나님 뜻에 맞게 살아가게 된다. 영혼이 하나님의 뜻에 따르면 범사가 잘되고(요삼1:2) 하나님 나라의 평강과 희락을 누릴 수 있다(롬14:17).

3. 성도는 하나님의 거룩한 백성이므로 성령님의 인도를 받아 자신의 마음을 다스려서 하나님 뜻에 따라 하나님을 사랑하고 이웃을 사랑하여야 한다. 그것은 사람의 욕심과 사탄의 방해를 이겨야 가능하다. 신앙생활의 영적 싸움이고 천국 백성의 훈련이다.

4. 선하신 하나님께서 사람을 선하게 창조하시고 악을 받아들이지 말라고 명령하셨지만(창2:17), 사람이 사탄의 유혹을 받아 욕심이 생겨서 하나님의 명령을 어기고 사탄의 지배를 받아들였다. 그로 인하여 마음 속에 선과 악이 공존하며 싸우게 되었다.

5. 사탄은 육신의 정욕과 세상의 부귀영화로 사람의 이기심과 욕심을 자극하여 죄짓게 하고, 죄인이 성도로 거듭나는 것과 성도가 하나님 뜻에 따르는 것을 방해한다.

6. 사람이 하나님과 분리되어 영적 교제가 끊어지면, 마음이 교만해져 하나님을 마음에 두기 싫어하고(롬1:28), 불손종하며 회개할 줄 모르고, 우둔하고 부패하여 온갖 죄악을 저지른다(롬1:28-32). 지옥의 진노를 받을 줄 알면서도 그리 한다(롬2:5).

7. 하나님은 죄중에 있는 사람들을 구원하여 자기 백성으로 살아가게 하시려고 그들의 죄를 사면하시고 성령을 내주시켜 믿음의 선한 싸움을 이기도록 인도하시고 도우신다.

112 ── 그리스도의 교회

- **마태복음 16:16,18** 주는 그리스도시요, 살아 계신 하나님의 아들이시니이다. – 내가 이 반석 위에 내 교회를 세우리니, 음부의 권세가 이기지 못하리라.
- **디모데전서 3:15** 이 집은 살아 계신 하나님의 교회요 진리의 기둥과 터니라.
- **마태복음 18:20** 두세 사람이 내 이름으로 모인 곳에는 나도 그들 중에 있느니라.
- **에베소서 1:22** 그를 만물 위에 교회의 머리로 삼으셨느니라.
- **에베소서 5:17-18** 오직 주의 뜻이 무엇인가 이해하라 – 성령으로 충만함을 받으라.
- **에베소서 4:13,15-16** 우리가 다 하나님의 아들을 믿는 것과 아는 일에 하나가 되어 온전한 사람을 이루어 그리스도의 장성한 분량이 충만한 데까지 이르리니 – 오직 사랑 안에서 참된 것을 하여 범사에 그에게까지 자랄지라. 그는 머리니 곧 그리스도라. 그에게서 온 몸이 각 마디를 통하여 도움을 받음으로 연결되고 결합되어 각 지체의 분량대로 역사(役事)하여 그 몸을 자라게 하며 사랑 안에서 스스로 세우느니라.
- **빌립보서 4:9** 너희는 내게 배우고 받고 듣고 본 바를 행하라. 그리하면 평강의 하나님이 너희와 함께 계시리라.
- **에베소서 4:11-12** 그가 어떤 사람은 사도로, 어떤 사람은 선지자로, 어떤 사람은 복음 전하는 자로, 어떤 사람은 목사와 교사로 삼으셨으니, 이는 성도를 온전하게 하여 봉사의 일을 하게 하며 그리스도의 몸을 세우려 함이라.
- **베드로전서 4:10** 각각 은사를 받은 대로 하나님의 여러 가지 은혜를 맡은 선한 청지기 같이 서로 봉사하라.
- **마태복음 5:14,16** 너희는 세상의 빛이라 – 너희 빛이 사람 앞에 비치게 하여 그들로 너희 착한 행실을 보고 하늘에 계신 너희 아버지께 영광을 돌리게 하라.
- **마태복음 28:19-20** 너희는 가서 모든 민족을 제자로 삼아 아버지와 아들과 성령의 이름으로 세례를 베풀고 내가 너희에게 분부한 모든 것을 가르쳐 지키게 하라. 볼지어

다. 내가 세상 끝날까지 너희와 항상 함께 있으리라

* 묵 상 *

1. 교회는 성도들의 신앙공동체이다. 성도는 예수님의 대속 은혜를 받아들여 죄에서 구원받고 하나님을 생명과 인생의 주님으로 섬기며 성령님의 인도를 받아 하나님의 백성으로 변화되어 하나님 뜻에 따라 살아가는 사람이다.

2. 하나님께서 모든 죄인을 구원하기 원하시므로(딤전2:4), 생명의 주님이신 예수께서 교회를 세우시고 주님으로 임재하셔서 생명의 빛을 비추시고(요8:12), 성령님께서 구원·영생의 길로 인도하신다(요16:13). 교회 안의 성도들뿐만 아니라 교회 밖의 세상 사람들에게도 생명과 진리의 빛을 비추어 하나님 나라로 인도하신다.

3. 교회에 속한 사람도 성도로 거듭나야 하나님 나라에 들어갈 수 있고(요3:5), 하나님께 예배와 기도를 드릴 수 있다(요9:31). 사람이 성도로 거듭나려면 예수님을 구주로 영접하고 하나님께 지은 죄를 회개하여 용서받고 성령을 받아야 한다(행2:38).

4. 교회의 사명은 교회 안으로 들어오는 모든 사람이 성도로 거듭나서 하나님의 백성으로 살아가게 하는 것이다. 그래서 말씀과 기도, 교육과 훈련, 전도와 선행으로 하나님의 구원 사역을 구체적으로 실현한다.

5. 성도들은 교회로 모여 말씀과 기도로 하나님과 교제하고, 성도들끼리 서로 사랑을 나누고 신앙생활을 돕는다. 그래서 그리스도의 몸을 이루고 하나님 나라를 이룬다.

6. 하나님의 구원은 사람의 능력이나 행위로는 얻을 수 없고 오직 예수님의 대속 은혜로 죄를 사함 받고 성령님의 인도를 받아야 얻을 수 있다. 교회가 예수님과 성령님을 교회의 주님으로 섬기며 그 다스림을 받아야 구원 사역을 제대로 수행할 수 있다.

7. 그래서 구원의 주님이신 예수님께서 교회의 주인과 머리가 되셔서 하나님의 구원을 실현하신다. 그 지위와 역할은 사람이 대신할 수 없다. 교회의 교역자와 성도들은 항상 구원의 주님이시고 교회의 머리이신 예수님의 다스림을 구하고 따라야 한다.

8. 하나님의 구원 사역은 하나님의 일이므로(요6:29) 하나님께서 함께 하셔서(마28:20) 하나님의 능력으로 이루신다(막16:20). 이를 위하여 교회와 성도들을 각자의 은사대로 사용하시고, 교회와 성도들은 주님의 뜻과 사역에 순종하고 봉사한다.

9. 교회가 사람의 영혼을 구원하면 하나님을 기쁘시게 하지만, 성도를 그릇된 길로 인도하면 연자 맷돌을 목에 달고 깊은 바다에 빠뜨려지는 죄보다 더 악하다(마18:6).

113 주님 안에서 하나가 되라

- 로마서 12:5 우리 많은 사람이 그리스도 안에서 한 몸이 되어 서로 지체가 되었느니라.
- 에베소서 1:22 그를 만물 위에 교회의 머리로 삼으셨느니라.
- 고린도전서 3:23 너희는 그리스도의 것이요, 그리스도는 하나님의 것이니라.
- 에베소서 4:16 그에게서 온 몸이 각 마디를 통하여 도움을 받음으로 연결되고 결합되어 각 지체의 분량대로 역사하여 그 몸을 자라게 하며 사랑 안에서 스스로 세우느니라.
- 요한복음 17:21 아버지께서 내 안에 내가 아버지 안에 있는 것 같이 그들도 하나가 되어 우리 안에 있게 하사 세상으로 아버지께서 나를 보내신 것을 믿게 하옵소서
- 로마서 8:14 무릇 하나님의 영으로 인도함을 받는 사람은 곧 하나님의 아들이라.
- 에베소서 4:3-6 성령이 하나 되게 하신 것을 힘써 지키라. 몸이 하나요 성령도 한 분이시니 - 주도 한 분이시요 믿음도 하나요 세례도 하나요 하나님도 한 분이시니 곧 만유의 아버지시라.
- 고린도전서 12:4-6 은사는 여러 가지나 성령은 같고, 직분은 여러 가지나 주는 같으며, 또 사역은 여러 가지나 모든 것을 모든 사람 가운데서 이루시는 하나님은 같으니,
- 에베소서 5:17-18 그러므로 어리석은 자가 되지 말고 오직 주의 뜻이 무엇인가 이해하라 - 오직 성령으로 충만함을 받으라.
- 사도행전 2:46 날마다 마음을 같이하여 성전에 모이기를 힘쓰고,
- 로마서 15:5 하나님이 너희로 그리스도 예수를 본받아 서로 뜻이 같게 하여 주사
- 고린도전서 1:10 모두가 같은 말을 하고 너희 가운데 분쟁이 없이 같은 마음과 같은 뜻으로 온전히 합하라.
- 에베소서 4:1-2 너희가 부르심을 받은 일에 합당하게 행하여 모든 겸손과 온유로 하고 오래 참음으로 사랑 가운데서 서로 용납하고,
- 에베소서 4:30 하나님의 성령을 근심하게 하지 말라. 그 안에서 너희가 구원의 날까

지 인치심을 받았느니라.

- 고린도전서 1:12-13 너희가 각각 이르되, 나는 바울에게, 나는 아볼로에게, 나는 게바에게, 나는 그리스도에게 속한 자라 한다는 것이니, 그리스도께서 어찌 나뉘었느냐.
- 요한복음 13:35 너희가 서로 사랑하면 이로써 모든 사람이 너희가 내 제자인 줄 알리라.

* 묵 상 *

1. 하나님의 뜻에 따라 모든 사람을 구원하기 위하여 그리스도께서 목숨과 피로 성도를 부르시고 교회를 세우셨다. 성도와 교회의 사명은 하나님과 그리스도의 뜻, 만인 구원을 구현하는 일이다.
2. 성도와 교회가 하나님을 주님으로 모시고 주님 뜻에 따라 주님의 일을 하도록 성령님께서 인도하신다. 성도와 교회가 하나님의 일을 할 때에는 사람의 뜻을 따르지 말고 성령님의 인도를 구하고 하나님의 뜻을 따라야 한다.
3. 신앙공동체는 신앙이 같고 소망이 같고 삶의 목적이 같으므로, 함께 모일수록, 하나님의 사랑과 은혜를 서로 나눌수록, 말씀 묵상의 은혜를 서로 나눌수록, 서로 중보하여 기도할수록, 믿음과 은혜가 더욱 커지고 성화를 이루어 간다.
4. 성령님은 각 성도 안에 내주하시며 하나님의 영과 교제하게 하여 하나님 뜻을 깨닫고 따르게 인도하신다. 그래서 한 마음 한 뜻의 신앙공동체가 되게 하신다. 성도들의 생각이 서로 다를 때에는 성령님의 인도를 받은 것인지 점검해 보아야 한다.
5. 교회가 하나님의 일을 할 때에 주님의 뜻을 따르지 않고 사람의 뜻을 앞세우는 자가 있으면 온유함으로 훈계하여 하나님 뜻을 따르도록 이끌어야 한다(딤후2:25-26).
6. 교회 일에 관하여 구성원의 생각이 나뉘어 대립되는 것은 그리스도의 몸을 나누고(고전1:12-13) 성령의 사역을 방해하는 짓이어서(마12:31-32) 용서받지 못한다. 주님의 뜻을 따르지 않으면 다수결에 따른 것이라도 하나님을 멸시하는 죄이다(민14:26-31).
7. 신앙공동체 안에서 사람의 뜻이나 영예가 앞서면 분열과 대립을 일으켜 혼란에 빠지기 쉽다. 사람의 필요에 따라 교파가 나뉘고 여러 교회로 나뉘어지더라도, 나누임은 사람의 관리에 맡겨진 영역에 국한되어야 한다.
8. 사탄은 교회 안에서 사람의 영예를 구하게 하고, 교파가 분열되고 교회끼리 대립하게 하고, 목회자와 교인이 갈등하고 교인끼리 싸우도록 이간시키고 부추긴다.

114 ── 합력하여 선을 이루어 간다

- 로마서 8:28 하나님을 사랑하는 자 곧 그의 뜻대로 부르심을 입은 자들에게는 모든 것이 합력하여 선을 이루느니라.
- 요한복음 13:34-35 새 계명을 너희에게 주노니, 서로 사랑하라. 내가 너희를 사랑한 것 같이 너희도 서로 사랑하라. 너희가 서로 사랑하면 이로써 모든 사람이 너희가 내 제자인 줄 알리라.
- 에베소서 5:1-2 그러므로 사랑을 받는 자녀같이 너희는 하나님을 본받는 자가 되고 그리스도께서 너희를 사랑하신 것같이 너희도 사랑 가운데서 행하라.
- 빌립보서 2:3-4 오직 겸손한 마음으로 각각 자기보다 남을 낫게 여기고 각각 자기 일을 돌볼뿐더러 또한 각각 다른 사람들의 일을 돌보아 나의 기쁨을 충만하게 하라.
- 빌레몬서 1:6 네 믿음의 교제가 우리 가운데 있는 선을 알게 하고 그리스도께 이르도록 역사하느니라. [역사(役事) : 특별한 능력으로 일함]
- 전도서 4:9,12 두 사람이 한 사람보다 나음은 그들이 수고함으로 좋은 상을 얻을 것임이라. 세 겹 줄은 쉽게 끊어지지 아니하느니라.
- 로마서 12:15-18 즐거워하는 자들과 함께 즐거워하고 우는 자들과 함께 울라. 서로 마음을 같이하며, 높은 데 마음을 두지 말고 도리어 낮은 데 처하며, 스스로 지혜 있는 체 하지 말라. 아무에게도 악을 악으로 갚지 말고, 모든 사람 앞에서 선한 일을 도모하라. 할 수 있거든 너희로서는 모든 사람과 더불어 화목하라.
- 야고보서 2:9 만일 너희가 사람을 차별하여 대하면 죄를 짓는 것이니 율법이 너희를 범법자로 정죄하리라.
- 로마서 14:1,10 믿음이 연약한 자를 받되, 그의 의견을 비판하지 말라. 네가 어찌하여 네 형제를 비판하느냐, 어찌하여 네 형제를 업신여기느냐. 우리가 다 하나님의 심판대 앞에 서리라.
- 로마서 15:1-2 믿음이 강한 우리는 마땅히 믿음이 약한 자의 약점을 담당하고 - 우

리 각 사람이 이웃을 기쁘게 하되, 선을 이루고 덕을 세우도록 할지니라.

- 베드로전서 4:10 각각 은사를 받은 대로 하나님의 여러 가지 은혜를 맡은 선한 청지기 같이 서로 봉사하라.
- 베드로전서 4:8 무엇보다도 뜨겁게 서로 사랑할지니, 사랑은 허다한 죄를 덮느니라
- 요한일서 4:12 우리가 서로 사랑하면 하나님이 우리 안에 거하시고 그의 사랑이 우리 안에 온전히 이루어지느니라.

＊ 묵 상 ＊

1. 하나님은 모든 사람이 하나님의 구원을 알고 받아들여 누리기를 원하신다(딤전2:4). 내가 구원 받고 남도 구원 받게 하는 것이 성도의 소명이고 교회의 사명이다.

2. 교회는 성도들의 신앙공동체이다. 성도는 예수님의 대속 은혜로 죄를 용서받고 성령의 인도를 받아 하나님을 주님으로 섬기며 살아간다. 모든 교인이 성도로 거듭나서 하나님을 주님으로 섬기며 살아가게 하는 것이 교회와 구성원들의 공동 사명이다.

3. 하나님께 지은 죄를 용서받고 의롭다고 여겨져도 성도 안의 죄성, 이기심과 욕심은 없어지지 않고 세상 가치와 마귀의 유혹도 사라지지 않는다. 성도로 된 후에 하나님을 주님으로 섬기며 하나님 뜻에 따라 거룩하게 살아가는 신앙생활은 매우 어렵다.

4. 성도가 성도답게 거룩하게 살아가려면 각 성도의 의지와 노력이 중요하지만, 혼자서 이루기 어렵고 신앙공동체의 합력이 필요하다. 성령님과 목자의 선한 인도를 받아야 하고, 말씀과 기도로 하나님의 뜻과 능력을 받아야 하고, 흔들리거나 넘어질 때마다 성도들의 부축을 받아야 한다.

5. 교회는 성도들의 믿음과 신앙생활을 바르게 선도한다. 성도들이 말씀과 기도로 하나님과 교제하고 성도들끼리 사랑과 은사를 나누며 교제하여 다함께 하나님을 주님으로 섬기는 천국 백성으로 살아가게 훈련시킨다.

6. 교회의 지도자와 성도들이 합력하여 신앙생활에 충실하면, 성령님께서 모든 성도들의 믿음과 천국 소망을 굳건하게 세우고 하나님을 사랑하고 하나님 뜻에 따라 살아가며 하나님의 일을 하게 하여 하나님의 선을 이룬다.

7. 교회의 구원 사역이나 성도들의 신앙생활에 지장을 주거나 방해하는 사람이 있으면, 교회 지도자들이 온유함으로 훈계하여 돌이켜야 한다(딤후2:24-26). 그래도 회개하지 않으면 신앙공동체에서 내쫓아야 한다(고전5:13,고후6:14-15).

115 — 주께 받은 것으로 주께 드린다

- **역대상 29:14** 모든 것이 주께로 말미암았사오니 우리가 주의 손에서 받은 것으로 주께 드렸을 뿐이니이다.
- **역대상 29:12** 부와 귀가 주께로 말미암고 또 주는 만물의 주재가 되사 손에 권세와 능력이 있사오니, 모든 사람을 크게 하심과 강하게 하심이 주의 손에 있나이다.
- **야고보서 1:17** 온갖 좋은 은사와 온전한 선물이 다 빛들의 아버지로부터 내려오나니,
- **요한복음 3:27** 하늘에서 주신 바 아니면 사람이 아무것도 받을 수 없느니라.
- **신명기 8:18** 네 하나님 여호와를 기억하라. 그가 네게 재물 얻을 능력을 주셨음이라.
- **고린도전서 12:8-11** 어떤 사람에게는 성령으로 말미암아 지혜의 말씀을, 어떤 사람에게는 같은 성령을 따라 지식의 말씀을, - 믿음을, - 병 고치는 은사를, - 능력 행함을, - 예언함을, - 영들 분별함을, - 능력 행함을, - 각종 방언 말함을, - 방언들 통역함을 주시나니, 이 모든 일은 같은 한 성령이 행하사 그의 뜻대로 각 사람에게 나누어 주시는 것이니라.
- **베드로전서 4:10** 각각 은사를 받은 대로 하나님의 여러 가지 은혜를 맡은 선한 청지기 같이 서로 봉사하라.
- **누가복음 12:48** 무릇 많이 받은 자에게는 많이 요구할 것이요, 많이 맡은 자에게는 많이 달라 할 것이니라.
- **전도서 5:19** 어떤 사람에게든지 하나님이 재물과 부요를 그에게 주사 능히 누리게 하시며 제 몫을 받아 수고함으로 즐거워하게 하신 것은 하나님의 선물이라.
- **잠언 3:9-10** 네 재물과 네 소산물의 처음 익은 열매로 여호와를 공경하라. 그리하면 네 창고가 가득히 차고 네 포도즙 틀에 새 포도즙이 넘치리라.
- **말라기 3:10** 만군의 여호와가 이르노라. 너희의 온전한 십일조를 창고에 들여 나의 집에 양식이 있게 하고, 그것으로 나를 시험하여 내가 하늘 문을 열고 너희에게 복을 쌓을 곳이 없도록 붓지 아니하나 보라.

- **고린도후서 9:7** 각각 그 마음에 정한 대로 할 것이요 인색함으로나 억지로 하지 말지니, 하나님은 즐겨 내는 자를 사랑하시느니라.
- **마태복음 6:20-21** 오직 너희를 위하여 보물을 하늘에 쌓아 두라. - 네 보물이 있는 그곳에는 네 마음도 있느니라.
- **신명기 8:12-14,17** 네가 먹어서 배부르고 아름다운 집을 짓고 거주하게 되며 네 소와 양이 번성하며 네 은금이 증식되며 네 소유가 다 풍부하게 될 때에 네 마음이 교만하여 네 하나님 여호와를 잊어버릴까 염려하노라. 네가 마음에 이르기를 내 능력과 내 손의 힘으로 내가 이 재물을 얻었다 말할 것이라.
- **마태복음 23:23** 너희가 - 십일조는 드리되 율법의 더 중한 바 정의와 긍휼과 믿음은 버렸도다. 그러나 이것도 행하고 저것도 버리지 말아야 할지니라.
- **고린도전서 15:58** 항상 주의 일에 더욱 힘쓰는 자들이 되라. 이는 너희 수고가 주 안에서 헛되지 않은 줄 앎이라.
- **잠언 22:4** 겸손과 여호와를 경외함의 보상은 재물과 영광과 생명이니라.

* 묵 상 *

1. 나의 생명과 시간, 재능과 은사, 재물은 모두 하나님께서 주신 것이고 하나님의 뜻에 따라 사용하라는 사명이다. 이러한 진리를 인정하고 범사에 감사하고 주일에 주님께 예배드리고 은사를 활용하여 하나님의 일을 하고 십일조를 기꺼이 드려야 한다.

2. 하나님께 드리는 십일조와 헌금·헌물은 하나님을 재물 주권자로 믿는 신앙의 표현이고(대상29:14), 하나님의 재물 부족을 채우려고 드리는 것이 아니다(행17:25). 십일조를 온전히 드리지 않는 것은 하나님의 것을 도둑질하는 것이다(말3:8).

3. 헌금은 구원 받기 위하여 드려야 하는 의무는 아니지만, 하나님의 집에 양식이 있게 하는 하나님 백성의 의무이고, 성도가 하늘 문을 열고 복을 받는 마중물이다(말3:10).

4. 하나님은 헌금의 크기를 보시지 않고 헌금에 담겨진 경배하는 마음의 크기를 보신다. 가난한 과부의 두 렙돈 헌금을 많다고 하셨다(눅21:1-4).

5. 내가 형통하고 배부를 때 그렇게 하신 하나님을 잊으면 패망하게 된다(호13:5-8). 하나님께서 주신 재능과 은사로 하나님의 일은 거들지 않고 나의 안락만 추구하면 어리석고 해로운 욕심에 빠져 파멸과 멸망으로 떨어지게 된다(딤전6:9).

116 ── 성화를 이루어 영화를 얻자

- 로마서 8:30 미리 정하신 그들을 또한 부르시고, 부르신 그들을 또한 의롭다 하시고, 의롭다 하신 그들을 또한 영화롭게 하셨느니라.
- 요한복음 3:5 예수께서 대답하시되, 진실로 진실로 네게 이르노니, 사람이 물과 성령으로 나지 아니하면 하나님의 나라에 들어갈 수 없느니라.
- 요한복음 16:13 진리의 성령이 오시면, 그가 너희를 모든 진리 가운데로 인도하시리니,
- 로마서 8:14 무릇 하나님의 영으로 인도함을 받는 사람은 곧 하나님의 아들이라.
- 마태복음 7:21 나더러 주여 주여 하는 자마다 다 천국에 들어갈 것이 아니요 다만 하늘에 계신 내 아버지의 뜻대로 행하는 자라야 들어가리라.
- 로마서 12:2 너희는 이 세대를 본받지 말고 오직 마음을 새롭게 함으로 변화를 받아 하나님의 선하시고 기뻐하시고 온전하신 뜻이 무엇인지 분별하도록 하라.
- 마태복음 6:33 너희는 먼저 그의 나라와 그의 의를 구하라.
- 베드로전서 1:15 너희를 부르신 거룩한 이처럼 너희도 모든 행실에 거룩한 자가 되라.
- 시편 91:14 하나님이 이르시되, 그가 나를 사랑한즉 내가 그를 건지리라. 그가 내 이름을 안즉 내가 그를 높이리라.
- 요한일서 5:3 하나님을 사랑하는 것은 이것이니, 우리가 그의 계명들을 지키는 것이라.
- 에베소서 5:1-2 그러므로 사랑을 받는 자녀 같이 너희는 하나님을 본받는 자가 되고, 그리스도께서 너희를 사랑하신 것 같이 너희도 사랑 가운데서 행하라.
- 잠언 3:5-6 너는 마음을 다하여 여호와를 신뢰하고 네 명철을 의지하지 말라. 너는 범사에 그를 인정하라. 그리하면 네 길을 지도하시리라.
- 예레미야 3:19 너희가 나를 나의 아버지라 하고 나를 떠나지 말 것이니라
- 요한계시록 21:7 이기는 자는 이것들을 상속으로 받으리라. 나는 그의 하나님이 되고

그는 내 아들이 되리라.

* 묵 상 *

1. 죄인 구원 과정 : 주님께서 시작하시고 인도하시고 완성하신다(히12:2).

   ① 하나님이 나를 창조하시고 다스리시는 주인이심을 믿는다. **〈창조주, 주님〉**

   ② 내가 창조주 하나님을 떠나 내 뜻대로 살아온 죄인임을 인정한다. **〈죄인〉**

   ③ 내가 하나님께 지은 죄는 내 능력과 노력으로 해소할 수 없고 오직 하나님만 해결하실 수 있다. **〈구원 필요성〉**

   ④ 성자 하나님께서 사람 예수로 오셔서 희생 제물로 죽으셔서 사람들의 모든 죄를 대속하시고, 부활하시고 승천·영생하셔서, 구원·영생의 길을 만드셨다. **〈구원의 길〉**

   ⑤ 예수님을 나의 죄를 대속하신 그리스도로 믿고 나의 구주로 영접하고 내 죄를 구주 앞에 내놓고 회개한다. **〈구주 영접, 회개〉**

   ⑥ 하나님께서 내 죄를 용서하시고 의롭다 여기시고 자녀가 되는 권세와 성령을 주신다. **〈죄 사함, 칭의〉**

   ⑦ 내가 하나님의 성도로 거듭나서 하나님을 나의 주님으로 섬긴다. **〈거듭남〉**

   ⑧ 내가 성령님을 삶의 인도자로 섬기며 그 인도를 받아 하나님의 말씀과 기도로 하나님과 교제하여 하나님의 뜻을 깨닫고 그 뜻에 따라 살아간다. **〈성화〉**

   ⑨ 재림 예수님께서 천국 백성으로 적합하다고 여기시고 하늘 천국으로 들어올려 하나님 나라에서 영생하게 하신다. **〈영화〉**

2. 칭의(稱義)는 예수님을 나의 구주로 영접하고 죄를 회개하여 하나님의 은혜로 죄를 용서받고 의롭다고 여김 받는 것이고, 구원의 시작이다. 칭의는 구원의 기본조건이므로 성화를 이루고 영화를 얻어 구원이 완성될 때까지 계속 유지되어야 한다.

3. 성화(聖化)는 칭의 이후 하나님의 성도로 변화되어 성령님의 인도에 따라 하나님을 주님으로 섬기며 주님 뜻에 따라 거룩하게 살아가는 것이다. 성도의 신앙생활의 핵심이고, 천국 백성의 훈련이고, 구원의 신령한 행복을 맛보며 성숙하는 과정이다.

   4. 성도가 성화를 이루어 천국 백성으로 적합하게 성숙되면 재림 주님께서 성도의 몸을 신령한 몸으로 변화시켜(고전15:44,52) 하늘로 올려 하늘 천국에서 영생하게 하신다. 이로써 영화(榮化)에 이르고 구원이 완성된다.

117 　　　　이기면 하늘로 올려진다

- **디모데전서 6:11-12** 너 하나님의 사람아 – 의와 경건과 믿음과 사랑과 인내와 온유를 따르며, 믿음의 선한 싸움을 싸우라. 영생을 취하라.
- **요한계시록 14:12** 성도들의 인내가 여기 있나니 그들은 하나님의 계명과 예수에 대한 믿음을 지키는 자니라.
- **베드로전서 1:7** 너희 믿음의 확실함은 불로 연단하여도 없어질 금보다 더 귀하여 예수 그리스도께서 나타나실 때에 칭찬과 영광과 존귀를 얻게 할 것이니라.
- **디모데후서 4:7-8** 나는 선한 싸움을 싸우고 나의 달려갈 길을 마치고 믿음을 지켰으니, 이제 후로는 나를 위하여 의의 면류관이 예비되었으므로 주 곧 의로우신 재판장이 그날에 내게 주실 것이며, 내게만 아니라 주의 나타나심을 사모하는 모든 자에게도니라.
- **데살로니가전서 4:16-17** 주께서 – 강림하시리니, 그리스도 안에서 죽은 자들이 먼저 일어나고, 그 후에 우리 살아 남은 자들도 그들과 함께 구름 속으로 끌어 올려 공중에서 주를 영접하게 하시리니, 그리하여 우리가 항상 주와 함께 있으리라.
- **고린도전서 15:44,52** 육의 몸으로 심고 신령한 몸으로 다시 살아나나니, 육의 몸이 있은즉 또 영의 몸도 있느니라. 나팔소리가 나매 죽은 자들이 썩지 아니할 것으로 다시 살아나고 우리도 변화되리라.
- **요한계시록 2:7** 이기는 그에게는 내가 하나님의 낙원에 있는 생명나무의 열매를 주어 먹게 하리라.
- **요한계시록 2:11** 이기는 자는 둘째 사망의 해를 받지 아니하리라.
- **요한계시록 2:17** 이기는 그에게는 내가 감추었던 만나를 주고 또 흰 돌을 줄 터인데 그 돌 위에 새 이름을 기록한 것이 있나니,
- **요한계시록 2:26-27** 이기는 자와 끝까지 내 일을 지키는 그에게 만국을 다스리는 권세를 주리니, 그가 철장을 가지고 그들을 다스려 질그릇 깨뜨리는 것과 같이 하리라.

- **요한계시록 3:5** 이기는 자는 이와 같이 흰 옷을 입을 것이요 내가 그 이름을 생명책에서 결코 지우지 아니하고 그 이름을 내 아버지 앞과 그의 천사들 앞에서 시인하리라.
- **요한계시록 3:12** 이기는 자는 내 하나님 성전에 기둥이 되게 하리니 - 내가 하나님의 이름과 - 새 예루살렘의 이름과 나의 새 이름을 그이 위에 기록하리라.
- **요한계시록 3:21** 이기는 그에게는 내가 내 보좌에 함께 앉게 하여 주기를 내가 이기고 아버지 보좌에 함께 앉은 것과 같이 하리라.
- **요한계시록 21:3-4** 그들은 하나님의 백성이 되고 하나님은 친히 그들과 함께 계셔서 모든 눈물을 그 눈에서 닦아 주시니, 다시는 사망이 없고 애통하는 것이나 곡하는 것이나 아픈 것이 다시 있지 아니하리니, 처음 것들이 다 지나갔음이러라.
- **요한계시록 21:6-7** 내가 생명수 샘물을 목마른 자에게 값없이 주리니, 이기는 자는 이것들을 상속으로 받으리라. 나는 그의 하나님이 되고 그는 내 아들이 되리라.
- **야고보서 5:8** 너희도 길이 참고 마음을 굳건하게 하라. 주의 강림이 가까우니라.

* 묵 상 *

1. 예수님께서 죽은 자와 산 자의 심판주로 재림하신다. 주님 재림하실 때까지 성령님의 인도를 구하고 순종하여 하나님의 뜻에 따라 거룩하게 살아온 성도는 주님의 권능으로 신령한 몸으로 부활하거나 변화되어 하늘 천국으로 들어 올려진다. 구원이 완성되어 새 하늘과 새 땅에서 하나님의 다스림 안에서 완전한 행복을 누리며 영생하게 된다.

2. 새 하늘과 새 땅은 죄악의 세력이 없고 하나님의 다스림과 온전한 순종만 있는 곳, 고통과 눈물과 사망이 없는 곳(계21:4), 이리와 어린 양이 함께 먹고 해함도 상함도 없는 곳(사65:25), 완전한 평화와 완전한 행복이 영원한 세상이다.

3. 예수님을 구주로 영접하고 죄를 용서받은 다음 성령님의 인도에 순종하여 하나님의 뜻에 맞게 살아가는 사람이 하나님의 백성으로 성화되어 하늘 천국으로 휴거된다. 내가 믿음의 선한 싸움을 이겨냈는지, 천국 백성으로 적합할 정도로 성화되었는지, 아직 성화가 부족하여도 천국에서는 100% 순종할 것인지 여부는 심판주 예수님께서 판단하신다. 내 신앙생활의 모든 것을 정확하게 아시고 올바르게 판단하실 것이다.

4. 나의 죄성이 여전히 꿈틀대지만, 내가 성화를 원하면 하나님께서 도우신다. 성령님을 내주시켜 내가 죄를 지을 때마다 회개하게 하시고, 내가 성령님 인도에 순종하면 하나님 백성으로 살아가도록 하나님의 능력으로 이끌어 주시고 지켜 주신다.

118 마지막 때가 가까우니 깨어 있으라

- 베드로전서 4:7 만물의 마지막이 가까이 왔으니 그러므로 너희는 정신을 차리고 근신하여 기도하라.

- 하박국 2:3 이 묵시는 정한 때가 있나니, 그 종말이 속히 이르겠고 결코 거짓되지 아니하리라. 비록 더딜지라도 기다리라. 지체되지 않고 반드시 응하리라.

- 베드로후서 3:9 주의 약속은 – 더딘 것이 아니라, 오직 주께서는 너희를 대하여 오래 참으사 아무도 멸망하지 아니하고 다 회개하기에 이르기를 원하시느니라.

- 마태복음 24:14 이 천국 복음이 모든 민족에게 증언되기 위하여 온 세상에 전파되리니, 그제야 끝이 오리라.

- 마태복음 24:36,42 그 날과 그 때는 아무도 모르나니 하늘의 천사도 아들도 모르고 오직 아버지만 아시느니라. 그러므로 깨어 있으라. 어느 날에 너희 주가 임할는지 너희가 알지 못함이니라.

- 누가복음 17:34 그 밤에 둘이 한 자리에 누워 있으매 하나는 데려감을 얻고 하나는 버려둠을 당할 것이요,

- 디모데후서 3:1-5 말세에 고통하는 때가 이르러, 사람들이 자기를 사랑하며 돈을 사랑하며 자랑하며 교만하며 비방하며 부모를 거역하며 감사하지 아니하며 거룩하지 아니하며 무정하며 원통함을 풀지 아니하며 모함하며 절제하지 못하며 사나우며 선한 것을 좋아하지 아니하며 배신하며 조급하며 자만하며 쾌락을 사랑하기를 하나님 사랑하는 것보다 더하며 경건의 모양은 있으나 경건의 능력은 부인하니, 이 같은 자들에게서 네가 돌아서라.

- 베드로후서 3:11-13 거룩한 행실과 경건함으로 하나님의 날이 임하기를 바라보고 간절히 사모하라. 그 날에 하늘이 불에 타서 풀어지고 물질이 뜨거운 불에 녹아지려니와, 우리는 그의 약속대로 의가 있는 곳인 새 하늘과 새 땅을 바라보도다.

- 누가복음 21:10-11 민족이 민족을, 나라가 나라를 대적하여 일어나겠고, 곳곳에 큰

지진과 기근과 전염병이 있겠고, 또 무서운 일과 하늘로부터 큰 징조들이 있으리라.

- 데살로니가후서 2:9,10,12 악한 자의 나타남은 사탄의 활동을 따라 모든 능력과 표적과 거짓 기적과 불의의 모든 속임으로 멸망하는 자들에게 있으리니, 이는 - 진리를 믿지 않고 불의를 좋아하는 모든 자들로 하여금 심판을 받게 하려 하심이라.
- 데살로니가후서 2:4 그는 대적하는 자라 - 자기를 높이고 하나님의 성전에 앉아 자기를 하나님이라고 내세우느니라.
- 마태복음 24:15-16,21 너희가 선지자 다니엘이 말한 바 멸망의 가증한 것이 거룩한 곳에 선 것을 보거든, 그때에 유대에 있는 자들은 산으로 도망할지어다. 이는 그때에 큰 환난이 있겠음이라. 창세로부터 지금까지 이런 환난이 없었고 후에도 없으리라.
- 요한계시록 13:15-17 그가 권세를 받아 - 짐승의 우상에게 경배하지 아니하는 자는 몇이든지 다 죽이게 하더라. 그가 모든 자 곧 - 자유인이나 종들에게 그 오른 손에나 이마에 표를 받게 하고 누구든지 이 표를 가진 자 외에는 매매를 못하게 하니,
- 마태복음 24:9,13 그 때에 사람들이 너희를 환난에 넘겨주겠으며 너희를 죽이리니 너희가 내 이름 때문에 모든 민족에게 미움을 받으리라. 그러나 끝까지 견디는 자는 구원을 받으리라.
- 누가복음 21:34,36 너희는 스스로 조심하라. 그렇지 않으면 방탕함과 술취함과 생활의 염려로 마음이 둔하여지고 뜻밖에 그날이 덫과 같이 너희에게 임하리라. 이러므로 너희는 장차 올 이 모든 일을 능히 피하고 인자 앞에 서도록 항상 기도하며 깨어 있으라
- 베드로전서 4:16 만일 그리스도인으로 고난을 받으면 부끄러워하지 말고 도리어 그 이름으로 하나님께 영광을 돌리라.
- 마태복음 24:23-24 그때에 - 그리스도가 여기 있다 혹은 저기 있다 하여도 믿지 말라. 거짓 그리스도들과 거짓 선지자들이 일어나 큰 표적과 기사를 보여 할 수만 있으면 택하신 자들도 미혹하리라.
- 유다서 1:20-21 사랑하는 자들아, 너희는 너희의 지극히 거룩한 믿음 위에 자신을 세우며, 성령으로 기도하며, 하나님의 사랑 안에서 자신을 지키며, 영생에 이르도록 우리 주 예수 그리스도의 긍휼을 기다리라.

☆ 말세의 고통이 이미 시작되었습니다! 오직 주님만 믿고 의지합니다!
○ 주님께서 나를 굳건하게 하시고 악한 자에게서 지켜 주시옵소서!(살후3:3)

119 — 주님께서 심판주로 오신다

- 히브리서 9:27 한번 죽는 것은 사람에게 정해진 것이요, 그 후에는 심판이 있으리니,
- 로마서 2:6-8 하나님께서 각 사람에게 그 행한 대로 보응하시되, 참고 선을 행하여 영광과 존귀와 썩지 아니함을 구하는 자에게는 영생으로 하시고, – 진리를 따르지 아니하고 불의를 따르는 자에게는 진노와 분노로 하시리라.
- 요한복음 5:22,27 아버지께서 아무도 심판하지 아니하시고 심판을 다 아들에게 맡기셨으니 – 인자됨으로 말미암아 심판하는 권한을 주셨느니라.
- 사도행전 1:11 갈릴리 사람들아 – 너희 가운데서 하늘로 올려지신 이 예수는 하늘로 가심을 본 그대로 오시리라
- 마태복음 16:27 인자가 아버지의 영광으로 그 천사들과 함께 오리니, 그 때에 각 사람이 행한 대로 갚으리라.
- 마태복음 25:31-33 인자가 자기 영광으로 모든 천사와 함께 올 때에 자기 영광의 보좌에 앉으리니, 모든 민족을 그 앞에 모으고 각각 구분하기를 목자가 양과 염소를 구분하는 것같이 하여 양은 그 오른편에 염소는 왼편에 두리라.
- 요한계시록 17:14 그들이 어린 양과 더불어 싸우려니와, 어린 양은 만주의 주시요 만왕의 왕이시므로 이기실 터이요,
- 요한계시록 19:20 짐승이 잡히고 그 앞에서 표적을 행하던 거짓 선지자도 함께 잡혔으니, 이는 짐승의 표를 받고 그의 우상에게 경배하던 자들을 표적으로 미혹하던 자라. 이들이 산 채로 유황불 붙는 못에 던져지고,
- 요한계시록 20:14-15 사망과 음부도 불못에 던져지니 이것은 둘째 사망 곧 불못이라. 누구든지 생명책에 기록되지 못한 자는 불못에 던져지더라.
- 마태복음 25:41,46 저주를 받은 자들아, 나를 떠나 마귀와 그 사자들을 위하여 예비된 영원한 불에 들어가라. 그들은 영벌에, 의인은 영생에 들어가리라.
- 요한계시록 21:7-8 이기는 자는 이것들을 상속으로 받으리라. 나는 그의 하나님이

되고 그는 내 아들이 되리라. 그러나 두려워하는 자들과 믿지 아니하는 자들과 흉악한 자들과 살인자들과 음행하는 자들과 점술가들과 우상숭배자들과 거짓말하는 모든 자들은 불과 유황으로 타는 못에 던져지리니 이것이 둘째 사망이라.

- 요한계시록 22:12 보라, 내가 속히 오리니, 내가 줄 상이 내게 있어 각 사람에게 그가 행한 대로 갚아 주리라.
- 전도서 12:14 하나님은 모든 행위와 모든 은밀한 일을 선악 간에 심판하시리라.
- 누가복음 8:17 숨은 것이 장차 드러나지 아니할 것이 없고, 감추인 것이 장차 알려지고 나타나지 않을 것이 없느니라.
- 요한복음 5:28-29 무덤 속에 있는 자가 다 그의 음성을 들을 때가 오나니, 선한 일을 행한 자는 생명의 부활로, 악한 일을 행한 자는 심판의 부활로 나오리라.

* 묵 상 *

1. 삼위일체 하나님께서 죄인 구원 계획을 세우셨다. 이를 이루기 위하여 성자 하나님께서 사람 예수로 오셔서 사람들의 죄를 대속하는 제물로 죽으셨다가 부활하셔서 죄인 구원을 시작하셨고, 그 구원을 받아들이는 사람들에게 성령을 보내어 구원의 길로 인도하시고, 마지막 때에 다시 오셔서 최종 결산 심판으로 구원을 마감하신다.

2. 예수님은 하나님이시므로 사람들의 모든 행위와 속마음을 정확히 다 아시고 공정하게 심판하신다. 거룩한 신앙생활을 지켜낸 성도들을 하늘 천국으로 올리시고, 죄인들은 마귀들과 함께 지옥 불못에 던져 넣으신다.

3. 예수님은 나의 신앙이 참된 것인지 위선인지, 죄를 모두 회개했는지, 진심으로 죄악을 떠났는지, 하나님 뜻을 구하고 순종하는지, 하나님과 이웃을 사랑하는지 나만 사랑하는지, 하나님의 영광을 구하는지 나의 영광을 구하는지, 내가 하늘 천국에서 하나님 뜻대로 살아갈 수 있는지, 모두 정확하게 아신다.

4. 재림 예수님의 심판은 최종적이고 영원한 심판이다. 하늘 천국에 들어간 사람은 하나님과 함께 완전한 행복을 영원히 누린다. 지옥 불못에 던져진 사람은 하나님과 완전히 단절되고 영원한 고통을 받는다. 회개의 기회도 재심판의 기회도 허용되지 않는다.

5. 예수 그리스도와 성령님께서 일하시는 지금이 바로 구원 은혜를 받을 기회이다(고후 6:2). 내가 아직 생명이 있을 때, 예수님께서 심판주로 재림하시기 전에, 하나님의 구원을 받아들여 천국 백성으로 적합하게 성화되어야 하늘 천국에 들어갈 수 있다.

120 — 주님께서 구원을 완성하신다

- 요한계시록 7:10 구원하심이 보좌에 앉으신 우리 하나님과 어린 양에게 있도다.

- 요한복음 5:22,27 아버지께서 아무도 심판하지 아니하시고 심판을 다 아들에게 맡기셨으니 – 인자됨으로 말미암아 심판하는 권한을 주셨느니라.

- 요한복음 6:40 내 아버지의 뜻은 아들을 보고 믿는 자마다 영생을 얻는 이것이니, 마지막 날에 내가 이를 다시 살리리라.

- 데살로니가전서 4:16-17 주께서 – 강림하시리니, 그리스도 안에서 죽은 자들이 먼저 일어나고, 그 후에 우리 살아 남은 자들도 그들과 함께 구름 속으로 끌어 올려 공중에서 주를 영접하게 하시리니, 그리하여 우리가 항상 주와 함께 있으리라.

- 전도서 12:14 하나님은 모든 행위와 모든 은밀한 일을 선악 간에 심판하시리라.

- 갈라디아서 6:7-8 스스로 속이지 말라. 하나님은 업신여김을 받지 아니하시나니, 사람이 무엇으로 심든지 그대로 거두리라. 자기의 육체를 위하여 심는 자는 육체로부터 썩어질 것을 거두고, 성령을 위하여 심는 자는 성령으로부터 영생을 거두리라.

- 요한계시록 20:15 누구든지 생명책에 기록되지 못한 자는 불못에 던져지더라.

- 요한계시록 21:7 이기는 자는 이것들을 상속으로 받으리라. 나는 그의 하나님이 되고 그는 내 아들이 되리라.

- 요한계시록 7:14-17 어린 양의 피에 그 옷을 씻어 희게 하였느니라. 그러므로 그들이 하나님의 보좌 앞에 있고 – 보좌에 앉으신 이가 그들 위에 장막을 치시니, 그들이 다시는 주리지도 아니하며 목마르지도 아니하며 – 상하지도 아니하리니, 이는 보좌 가운데에 계신 어린 양이 그들의 목자가 되사 생명수 샘으로 인도하시고 하나님께서 그들의 눈에서 모든 눈물을 씻어 주실 것임이라.

- 디모데후서 4:7-8 나는 선한 싸움을 싸우고 나의 달려갈 길을 마치고 믿음을 지켰으니, 이제 후로는 나를 위하여 의의 면류관이 예비되었으므로 주 곧 의로우신 재판장이 그날에 내게 주실 것이며,

- **에베소서 2:8** 너희는 그 은혜에 의하여 믿음으로 말미암아 구원을 받았으니, 이것은 너희에게서 난 것이 아니요 하나님의 선물이라.
- **유다서 1:20-21** 사랑하는 자들아, 너희는 너희의 지극히 거룩한 믿음 위에 자신을 세우며, 성령으로 기도하며, 하나님의 사랑 안에서 자신을 지키며, 영생에 이르도록 우리 주 예수 그리스도의 긍휼을 기다리라.
- **요한계시록 19:1-2** 할렐루야, 구원과 영광과 능력이 우리 하나님께 있도다. 그의 심판은 참되고 의로운지라.

* 묵 상 *

1. 하나님의 아들 예수님께서 구원을 시작하시고 완성하신다(히12:2). 하나님의 죄인 구원 계획에 따라 하나님의 아들이 사람 예수로 오셔서 사람들의 죄를 대속하는 희생제물이 되셔서 죄인 구원의 길을 마련하시고, 마지막 때에 심판주로 다시 오셔서 구원을 받아들여 거룩하게 살아온 성도들을 하늘 천국으로 입국시켜 구원을 완성하신다.

2. 하나님의 날에 예수님께서 심판주로 오시면, 이 세상의 죄악과 불신앙과 마귀 세력을 모두 지옥 불못에 던져 넣으시고, 순전한 신앙을 지킨 하나님의 성도들을 하늘의 하나님 나라로 올리신다. 그러면 인간 세상의 모든 것을 떠나 하나님만 경외하는 마음만 가지고 천국 백성으로 되어 하나님과 함께 영원히 살게 된다.

3. 하나님께 지은 죄를 용서받고 성령님의 인도에 순종하여 하나님 뜻에 따라 거룩하게 살아서 천국 백성으로 적합해져야 천국에 들어가겠지만, 육신을 가지고 인간 세상에서 살아가면서 천국 백성으로 적합할 정도로 거룩해지는 것은 불가능하다.

4. 하나님께서 죄인을 구원하여 하나님의 자녀로 살아가게 하시는 것은 사람에게 구원받을 자격이나 의로움, 공적이 있기 때문이 아니라 오로지 하나님의 은혜 덕분이다. 마지막 심판에서도 성도의 성화가 미흡하더라도 주님의 긍휼하심으로 채워주실 것이다.

5. 바울은 죽기까지 믿음을 지키고 면류관을 기대했지만, 나는 천국을 소망하고 거룩하게 살려고 애를 썼지만 나의 성결이나 행위나 공적으로는 천국에 들어갈 자격을 주장할 수 없다. 오직 주님의 긍휼과 은혜만 바랄 뿐이다.

6. 나도 누가복음 18:13-14의 세리와 같이 죄인임을 자복하고 용서를 간구하오니 구원하여 주시옵소서! 주님께서 나의 천국 소망과 성화 열망을 긍휼히 보시고 천국 백성으로 순종하겠다는 맹서(盟誓)를 받으시고 하늘 천국으로 올려 주시옵소서!

나의 신앙 고백

1. 여호와 하나님은 필요한 생명과 능력을 스스로 창조하셔서 창세 전부터 영원히 살아계신 신이시고, 지혜와 능력이 완전하셔서 우주만물을 창조하시고 존재하게 하십니다. 〈창조주 하나님〉

2. 하나님은 나의 생명과 인생을 창조하시고 다스리시는 주님이십니다. 그러므로 나는 주님의 뜻에 따라 살아가야 합니다. 〈주님〉

3. 나는 하나님 형상대로 창조되어 하나님과 교제하며 살아가야 하는데, 창조주의 뜻을 벗어나 내 뜻대로 살아온 죄인이므로 생명을 회수 당하게 됩니다. 〈죄인〉

4. 내가 하나님께 지은 죄와 그로 인한 사망은 내 능력과 노력으로는 해소할 수 없고, 오직 하나님만 해결하실 수 있습니다. 〈구원 필요성〉

5. 성자 하나님께서 사람 예수로 오셔서 희생 제물로 죽으셔서 사람들의 모든 죄를 대신 속죄하시고, 사망 권세를 이기시고 부활하시고 승천하시고 영생하셔서 구원·영생의 길을 만들어 주셨습니다. 〈구원·영생의 길〉

6. 나는 내 죄를 대속하신 예수님을 나의 구주로 섬기고, 내가 하나님께 지은 죄를 구주 앞에 다 내놓고 회개합니다. 〈구주 영접, 회개〉

7. 내가 죄를 회개할 때 하나님께서 내 죄를 용서하시고 의롭다 여기시고 하나님의 자녀로 되는 권세와 성령을 주십니다. 〈죄 사함, 칭의〉

8. 내가 하나님의 성도로 거듭나서 하나님을 나의 주님으로 섬깁니다. 〈거듭남〉

9. 내가 성령님의 인도를 받아 하나님의 말씀과 기도로 하나님과 교제하여 하나님 뜻을 깨닫고 그 뜻에 맞게 살아갑니다. 〈성화〉

10. 마지막 때에 예수님께서 심판주로 오셔서 내가 천국 백성으로 적합하면 하늘 천국으로 들어 올려 하나님 나라에서 영생하게 하실 것입니다. 아멘. 〈영화〉

초판 1쇄 발행 2015년 5월 20일
초판 2쇄 발행 2015년 6월 24일
초판 3쇄 발행 2015년 8월 13일
증보판 1쇄 발행 2016년 4월 9일
증보판 2쇄 발행 2018년 1월 1일
보충판 1쇄 발행 2020년 9월 1일

지 은 이 | 조대현
발 행 처 | 호산나(주)
디 자 인 | 김현주
인　 쇄 | 창영프로세스
연 락 처 | 1644-9154
홈페이지 | www.HosannaMedia.com
한국 | 경기도 안양시 동안구 벌말로 123 평촌스마트베이 909호
ISBN | 979-11-89851-17-0
값 10,000원

- 호산나출판사는 "네 형제를 굳게하라"(Strengthen your brothers)는 주님의 말씀을 사명으로 알고, 좋은 도서를 출판하여 성도들에게 유익을 드리는 것을 늘 꿈꾸고 있습니다.
- 호산나출판사는 한몸 사역의 일환으로 진행되고 있습니다.

이 도서의 국립중앙도서관 출판시도서목록(CIP)은
서지정보유통지원시스템(http://seoji.nl.go.kr)과
국가자료공동목록시스템(http://www.nl.go.kr/kolisnet)에서
이용하실 수 있습니다.(CIP제어번호 : CIP2015013646)